상담의 연구방법

이장호 · 김순진 · 정남운 · 조성호

博英社

이 책은

한국에서의 상담심리학 40년 역사와

이장호 교수의 서울대학교 재직 30주년을

기념하기 위하여 출간되었습니다.

머 리 말

사회가 점차로 복잡해지고 빠르게 변화해 감에 따라, 적응의 문제가 중요한 쟁점이 되고 있다. 또한 최근들어 삶의 질을 높이는 문제에 많은 사람들이 점차로 관심을 보이고 있음을 볼 수 있다. 요사이 상담과 심리치료 분야에 대한 대중적 수요가 날로 높아지고 있는데는 이러한 사회환경적인 배경이 자리하고 있는 것이다.

이처럼 상담에 대한 사회적 요구가 점증하고 있는 분명한 추세에 비추어 볼 때, 상담 관련 분야 종사자들의 준비와 대응이 과거에 비해 크게 변모하고 발전하지 못했다는 점은 아쉬운 일이다. 상담 관련 분야에서 사회적 요구에 부응하는 비약적인 발전을 이루어 내지 못했던 데에는 여러 가지 이유가 있을 것이다. 일반인을 대상으로 하는 현장 상담의 부족, 불충분한 전문 상담인력, 그리고 우리 실정에 맞는 상담 모형의 부재 등이 그 이유가 될 것이다. 이러한 문제와 더불어 상담분야의 발전적 도약을 저해했던 중요한 원인 중의 하나로, 상담에 대한 과학적 분석을 통해 상담의 질을 높이고 상담에 대한 이해를 확대하는 학문적 영역에서의 지지기반이 취약했다는 점을 꼽지 않을 수 없다. 즉, 무엇이 내담자를 변화하도록 이끄는가? 어떤 문제를 지닌 내담자에게는 어떤 식의 치료적 접근방법이 유용한가? 내담자의 변화를 지속시키기 위한 상담자의 개입으로 무엇이 필요한가? 내담자는 상담자로부터 무엇을 기대하는가? 이와 같은 실제 상담과정에서의 의문들에 대해 과학적인 분석을 통해 객관적인 근거를 제공해 줄 수 있는 학문 영역에서의 지원이 만족스럽지 못했다는 점이다. 그리고 상담에 대한 학문적 영역의 지원이 불충분했던 가장 큰 이유는 무엇보다도 취약한 상담연구방법론에 기인한다고 볼 수 있다.

그럼에도 불구하고, 아직 우리나라에는 본격적인 상담심리학 연구의 방법론을 다룬 교재가 없는 실정이다. 물론 심리학의 연구방법론을 다룬 교재와 참고자료는 있어 왔지만, 상담과 심리치료라는 특수 영역에서의 연구 지침서가 없었던 것이다. 일반 심리학의 연구설계와 방법을 가지고는 상담 특유의 의미를 제대로 포착할 수 없다는 점을 감안한다면, 상담심리학의 연구방법론을 정리하는 작업은 중요하고도 시급한 일이 아닐 수 없다.

이러한 문제의식에서, 필자들은 우선 상담심리학의 연구방법을 소개하고 이론적으로 체계화하는 공동작업의 산물로 본 교재를 집필하였다. 동시에, 실제로 상담연구를 수행하게 될 독자들을 위해 선행 상담연구의 예를 들면서 연구방법을 어떻게 적용할 수 있는지를 해설하는 데 집필의 역점을 두었다. 따라서, 본 교재는 상담 연구방법론에 대한 이론적인 개관을 필요로 하는 독자나, 실제로 상담연구를 수행하게 될 독자 모두에게 구체적인 지침이 될 수 있으리라 믿는다.

끝으로, 이 책은 서울대학교 상담심리학 교실원 모두의 공동 노력으로 이루어진 작품임을 밝히지 않을 수 없다. 여러 명의 필진으로 공식 표기화하는 데 따르는 번잡한 인상을 피하기로 합의되었으나, 선배들과 집필작업을 함께 한 동문 후배들의 참여가 없었더라면 이 책이 세상에 빛을 보기는 어려웠을 것이다. 그 중에서도 문형춘 선생은 2장과 4장, 김정욱 선생은 5장, 신희천 선생은 8장의 초고를 작성해 주었으며, 선임 필자의 또 다른 제자들인 이동귀, 유유정, 신은향, 이정원, 김환, 이명원, 이한주 군 등도 그 밖의 초고 부분을 작성하거나 교정하는 작업에 참여해 주었다. 이들 우수한 후배 상담심리학도들의 열성적인 노고에 대한 고마움과 함께, 당초 선임 필자를 고사했던 이장호 교수님의 오랫동안의 가르침에 대해 깊은 존경을 표하는 바이다.

　그리고 이미 15년 전에 「상담심리학」을, 5년 전에 「상담사례연구집」을 출간해 준 데 이어, 이번에 이 「상담의 연구방법」의 출간을 흔쾌히 지원해 준 박영사의 안종만 사장님과 황인욱 선생 그리고 노현 선생께 감사를 드린다.

1997년 2월

서울대학교 상담심리학교실 대표 씀

차   례

Ⅱ부 상담연구의 방법

5장 집단간 설계

6장 집단내 설계

10 장 과정연구의 방법 : 연계분석과 과업분석

Ⅲ 부 상담에서 측정의 문제

11 장 상담효과의 기준과 측정

Ⅳ부 상담연구의 동향과 전망

12장 상담연구의 동향과 전망

상담연구의 기초

1 장
상담연구의 기초 개념

　　상담자는 내담자의 안녕과 복지를 향상시키고 내담자를 보호하기 위해 자신의 지식과 경험을 총동원하여 상담에 임한다. 이러한 임무를 효과적으로 수행하려면 상담자는 상담의 과정과 성과에 영향을 미치는 여러 변인들의 특징과 그들간의 상호작용의 양상에 대한 바른 지식을 가지고 있어야 한다.

　　바른 지식의 중요성은 잘못된 지식이나 불충분한 지식이 가져올 수 있는 파괴적인 결과를 생각해 볼 때 더욱 분명해진다. 1960년대 초반의 일이다. 미국을 비롯한 여러 나라에서는 임신한 여성들의 입덧 증상을 완화시킬 목적으로 탈리도마이드라는 약이 널리 처방되었다. 당시 영국의 몇몇 과학자들이 이 약의 효과와 부작용에 관한 경험적 연구가 더 필요하다고 주장하였지만, 대세는 효과가 있는 약을 고통을 당하는 사람에게 처방하지 않는 것은 비윤리적이라는 쪽이었다. 몇 년 후 경험적 연구의 성과가 축적되면서 이 약은 태아에게 돌이킬 수 없는 심각한 위해를 초래함이 밝혀졌다. 그러나 이미 때는 늦어 이 약을 처방받은 여성들 중 수천명이 기형아를 출산하였다. 이런 유의 비극을 겪으면서 의학계는 어떤 새로운 약물이나 치료법을 개발할 때 그 효과 및 부작용의 특성이 충분히 알려지기까지는 그것을 환자들에게 투여하지 못하도록 여러 제도적인 장치를 갖추었다.

그런 까닭에 한때 매스컴의 각광을 받으며 등장하였던 수많은 '기적의' 약물들이 집중적인 연구의 과정을 거치면서 환자들의 안타까운 기대를 뒤로 한 채 종적을 감추어 버렸다.

상담과 심리치료에서는 어떠한가? 상담을 통해 도움을 받고자 하는 사람들에게 우리가 하는 일이 도움이 되는지 아니면 해가 되는지 어떻게 알 수 있는가? 어떤 상담자도 의도적으로 내담자에게 피해를 주려고 하지는 않지만, 때로 상담은 내담자에게 해를 입히기도 한다. 내담자의 입장에서 보자면 상담을 받는 것은 '밑져야 본전'인 일이 아니라 많은 비용을 투자하는 일종의 모험이다. 또한, 특정한 내담자에게 특정한 기법이 효과적이라는 주장을 우리는 책과 강의와 워크숍과 슈퍼비전을 통해 듣게 되지만, 과연 효과가 있는지의 여부를 어떻게 알 수 있는가? 상담과 관련된 이러한 여러 주장들을 지지하거나 반박하는 객관적 증거가 있는가? 우리가 상담을 보다 효과적으로 수행하여 내담자에게 유익을 주는 동시에 가능한 위해들로부터 내담자를 보호하며, 상담의 효과를 설득력 있게 주장하고자 한다면 바른 지식을 습득해야만 한다. 그리고 바른 지식을 발견하게 되는 과정에 관한 지식 또한 갖추어야 한다. 그래야 서로 모순되기도 하는 다양한 주장들의 타당성을 편견 없이 검토할 수 있기 때문이다.

바른 지식의 중요성에 대한 강조는 시대가 변해도 달라지지 않으나, 지식의 내용은 변화한다. 그러므로 상담자는 상담과 관련된 자신의 지식의 내용과 그 기반을 계속하여 점검하면서 잘못된 것들은 과감히 버리고, 불충분한 것들은 교정하고 보완하며, 새롭게 발견된 사실들은 자신의 지식체계에 통합하여 상담 실제에 적용하려고 노력하여야 한다.

상담자는 상담 실제로부터 이러한 지식을 얻는다. 다른 사람들과 마찬가지로 상담자도 경험으로부터 배운다. 그러나 전문가로서의 상담자는 다만 자신의 주관적이며 일화적인 경험을 통하여서만 배우지 않는다. 또 상담자는 다른 전문직에 종사하는 사람들이 그러하듯이 스승과 선배들의 지도와 자문, 동료들과의 토론과 논의로부터 실제적인 지식을 얻는다. 그러나 상담자는 다른 상담자들의 경험과 지식을 통하여서만 배우지 않는다. 상담자는 과학적인 방법을 통하여 추구되고 체계화되는 지식, 즉 과학적 지식을 배우고 활용한다. 과학은 현상에 관한 지식을 얻는 수단으로서 이론적 사색이나 정치적 결정 혹은 특정한 권위나 일반 상식적 통념에 의지하지 않고 경험적 탐구의 방법을 사용한다.

이 책은 상담이라고 하는 전문분야에서의 지식, 특히 과학적인 지식이 어떻게 체계적인 방식으로 구축되고 활용될 수 있는지를 논의하려는 목적으로 저술되었다. 이 장에서는 우선 과학적 연구방법의 특성 및 한계와, 상담연구가 상담자 훈련의 한 분야로서 어떻게 자리매김되는지를 검토하고자 한다.

1. 과학적 지식

(1) 과학의 전제와 한계

과학은 그 탐구대상 및 탐구주체의 본질에 관한, 엄밀한 논리적 근거를 가졌다기보다는 오히려 직관적이라고 할 수 있는 몇 가지 전제들을 가지고 있다(이정모, 1988; Rosenthal & Rosnow, 1991). 첫째, 탐구의 대상과 관련해서는 시간, 공간, 물질들이 현실적으로 실재함을, 따라서 인간이 관찰하는 현상과 사건의 속성들이 실재함을 가정한다. 둘째, 우주현상에는 질서가 있으며 이 질서에는 항상성이 있음을 가정한다. 셋째, 모든 자연현상은 선행사건에 의해 발생하며 보편적인 인과율의 법칙을 따른다는 것을 상정하며, 현상들 사이의 관계에서 이러한 인과율을 찾아내는 것이 가능하다는 것을 가정한다. 이런 엄밀한 결정론은 고전적 물리학에 잘 나타난다. 뉴턴(Isaac New-ton)은 이러한 입장에 따라 현재를 정확하게 알 수 있다면 미래 또한 정확하게 계산해 낼 수 있다고 믿었다. 그러나 현대 물리학자들은 이와 같은 결정론이 모든 상황에 적용되는 것이 아님을 발견하였다. 현대의 행동과학자들 또한 인간 행동이 엄밀하게 '결정'된다고 보기보다는 여러 가지 변화하는 환경적 사상들과 인간의 판단에 의해 '영향'을 받는다고 보는 경향이 강하다. 네 번째로 과학은 경험주의를 인정한다. 자연현상이 실재하고 규칙성이 있으며 인과율의 지배를 받는다면 이러한 현상에 대한 지식은 직관에 의해서가 아니라 감각과 지각을 통해 경험적으로 관찰함으로써 획득된다고 본다. 다섯째로, 부분적 현상이 전체를 대표하는 것이 가능하다는 것을 인정한다. 즉 어떤 현상을 완벽하게 모든 시간과 공간에 걸쳐 관찰한다는 것은 불가능하며 따라서 제한된 시·공간에서 일어나는 한정된 부분으로부터 그 현상의 일반적 특성을 추리할 수 있음을 전제한다.

한편 탐구의 주체인 인간의 능력에 관하여서는 우선 현실을 관찰하는 도구가 되는 인간의 지각능력과, 그러한 능력의 연장이라고 볼 수 있는 각종 관찰도구들의 신뢰성을 가정한다. 또한 인간의 추론의 합리성을 가정한다. 그래서 문제에서 관찰로, 관찰에서 설명으로 옮아가는 추상화의 도구인 연역적 추론과 귀납적 추론을 신뢰할 수 있음을 가정한다.

과학자들은 '보편적인 진리'를 추구하지만, 과학적 방법 자체와 그 방법을 적용해 얻어진 과학적 사실들에 한계가 있음을 알아야 한다. 위에 서술된 과학의 기본 전제들은 어떤 면에서는 우리의 희망사항들일 뿐이다. 예컨대 과학은 인간의 지각능력의 신뢰성을 가정하지만, 그것은 일정한 한계 내에서만 사실일 뿐이다. 우리는 우리의 경험을 관찰하고 그것을 표현하는 데 있어 인지적인 능력의 제약을 받는다. 세상이 우리에게 제공하는 무수한 정보들을 처리해 내는 인지적 능력에 한계가 있는 것이다. 게다가 더욱 중요한 문제는 과학적 방법이 변인들간의 보편 타당한 인과관계의 발견을 반드시 보장해 주는 것은 아니라는 점이다. 이 논제는 다음 절에서 보다 상세하게 다루어진다.

(2) 과학적 설명의 역사

어떤 현상의 발생과 그러한 발생의 전제가 되는 조건과의 관계를 인과관계라고 한다. 한 현상이 다른 선행하는 사건에 뒤따라 일어나는 이러한 인과관계에서 사람들은 전자를 결과, 후자를 원인이라고 하여, 후자가 전자를 필연적으로 가져온다고 여긴다. 그러나 문제는 인과성의 개념 정의가 고정되어 있는 것이 아니라 역사적으로 계속 바뀌고 있다는 사실이다.

인과성 개념의 선구자인 아리스토텔레스(Aristotle)는 모든 과학은 원인을 탐색하는 것이라고 보고, 현상의 원인에는 질료인, 형상인, 작용인, 목적인의 네 가지가 있다고 보았다. 중세기 말까지는 이 네 원인 중 작용인과 목적인이 각각 신과 신의 섭리로 개념화되어 모든 현상을 설명해 주는 것으로 받아들여졌다. 이러한 전통은 현상을 설명함에 있어서 보편적 법칙의 개념을 별로 사용하지 않았으며, 사용하였다 하더라도 그 법칙의 타당성 여부는 경험적 사실보다는 이성의 추리에 의해 주어진다고 보았다. 즉 귀납적 추론방법보다는 연역적 추론에 의해 명제를 증명하는 방법에 더 관심을 두었었다. 그러나 14세기 말 옥스퍼드 학파의 베이컨(Bacon), 오캄(Oakham) 등은 과학적 방법이란 현실적 검증을 중심으로 한 귀납적 방법이어야 하고, 자연에 대한 지식을 얻기 위해서는 실험이 필수적임을 주장하였다. 이 주장은 현대과학의 실험논리의 주춧돌이 되고 있다. 르네상스 시기에 이르러 이러한 주장은 이슬람 문화권의 실험적 연구법과 융합되면서

법칙에 의해서 현상을 기술하고 설명하려는 경향을 형성하였다. 갈릴
레이(Galilei)는 법칙성과 필연성으로서의 인과율에 의해 자연현상을
설명하려는 전통을 만드는 데 가장 중요한 역할을 하였다. 그는 목적
론적 작용인에 의해 현상을 설명하기보다는 필연적인 자연의 법칙에
의해 사상들의 관계를 설명하려고 하였다. 뒤이어 뉴턴은 이러한 주
장을 더욱 강화하여 모든 현상은 명확한 인과법칙에 의해 기계적으로
결정된다는 기계적 결정론을 제창하였다.

　　그 후 영국의 경험론자들과 연합론자들은 갈릴레이와 뉴턴의 '필
연적 법칙성으로서의 인과성'을 경험적 자료에 근거하여 도출하여야
한다고 하여 경험론을 강조하는 동시에 인과성의 개념을 다듬으려고
하였다. 그런데 흄(Hume)은 인과성에서 원인과 결과의 연결이 필연
적 연결이라는 생각은 합리적 근거가 없으며, 이는 주관적이고 확률
론적인 개념이므로 경험적 자료의 관찰에서 필연적인 인과관계를 도
출할 수 없다는 회의론을 제기하였다. 그에 따르면 인과관계는 논리
적 필연성도 아니며 단 하나의 사례에서 관찰될 수 있는 것도 아니
다. 인간이 알 수 있는 것은 인간의 감각과 지각에서 도출되는 관념
뿐이다. '인과관계'라는 관념을 분석해 보면 원인과 결과 사이의 근접
성과 연속성이라는 두 개의 관념으로 나누어 볼 수 있다. 이 두 관념
은 자극들에 대한 감각 경험에서 도출된 것이다. 그런데 이를 넘어서
서 인과성에서의 '필연적 연결'이라고 하는 관념은 그 근거가 되는
감각 경험을 관찰할 수 없다. 따라서 인과성이란 근접 또는 연속에
의한 연결일 뿐, 그 사이에 어떤 필연적 연결이 있다는 것은 우리의
주관적 판단일 뿐이다. 즉 인과관계의 필연성은 대상 자체에 실재한
다기보다는 우리의 사고 내의 습성 또는 경향성에 불과하며, 인과관
계란 과거의 경험에서 관찰된 빈도에 의해 형성되는, 다분히 상대적
이고 확률론적인 관계성일 뿐이다.

　　현대의 실증주의자들은 흄의 주장을 받아들여, 원인, 인과관계,

필연성이라는 개념을 버리고 조건과 조건 사이의 '함수관계'라는 개념을 사용하였으며, 물리학에서는 불확정성의 원리를 적용하여 종래의 필연성으로서의 인과성이 타당하지 않음을 보임으로써 실증주의자들의 주장을 뒷받침해 주었다. 과학철학자인 포퍼(Popper)도 흄의 입장을 받아들여 개별관찰과 귀납적 추론으로부터 보편적인 명제의 확인은 불가능하다고 보았다. 그렇다고 하여 귀납법이 무용하다는 것은 아니고, 어떤 명제가 반증될 수 있어야(falsifiable) 과학적 명제가 되며 반증가능하지 않다면 증명될 수 없다고 보았다. 따라서 어떤 현상을 설명할 수 있는 가능한 명제들을 모두 대립시켜서 하나 하나 반증을 통해 제거해 나감으로써 보편적 명제에 도달할 수 있다고 주장하였다. 그러나 이러한 반증주의도 경험적으로 얻은 자료가 과학의 패러다임이나 연구자의 이론에 영향을 받지 않고 독립적으로 존재하며 독립적으로 수집될 수 있다는 전제를 가지고 있다. 최근의 과학철학은 그러나 이러한 전제에 근거가 없음을 보여 주고 있어, 현재로서는 귀납법의 정당화에 대한 논리에 있어서 통일된 지배적인 과학철학 이론이 없는 상태이다.

(3) 과학적 추론의 방법

경험적 자료를 근거로 보편적 원칙을 찾으려는 과학적 방법은 기본적으로 귀납적 추론의 방법이다. 귀납적 추론은 한 개 또는 몇 개의 제한된 경험적 사례에서 아직 경험이 안 된 모든 사례에까지 일반화하여 추론하기 때문에 위험 부담을 안고 있다. 즉 관찰된 경험적 사례에서는 참인 명제일지라도 아직 관찰이 안 된 동일 종류의 사례에서는 참이 아닐 가능성이 있다는 것이다. 과학의 역사는 앞서 언급된 바와 같이 귀납적 추론의 방법이 보편적 법칙의 도출을 반드시 보장해 주지는 못한다는 것을 보여 준다. 이와 같이 모든 경우를 현실적으로 관찰할 수 없는 한계를 가진 과학적 방법은 절대적 진실을 밝히는 방법이 아니라 확률적 진실을 밝히는 방법일 뿐이다. 그러나 불완전하나마 귀납적 추론의 방법은 현대 과학의 초석이며 실제 수행되고 있는 과학활동의 근거가 되고 있다. 여기서는 귀납적 추론의 방법으로 밀(J. S. Mill)이 주장한 것들을 소개하기로 한다. 밀은 흄의 회의론에 반대하여, 원인이란 어떤 현상이 무조건적으로 항상 뒤따르는 선행 충분조건들이라고 정의함으로써 흄이 인과성의 개념에서 제거한 필연성의 개념을 되살려 놓은 사람이다. 그에 따르면 어떤 후행 사건의 원인이 될 수 있는 것은 여러 가지 조건들, 사건들, 속성들의 집합인데, 결과인 후행 사건의 직접적인 원인을 찾아내기 위해서는 이러한 다양한 요소들 중에서 결과 사건과 무관한 요소들을 제외하여 추리하여야 한다. 그는 오캄, 베이컨 등의 논리를 근거로 몇 가지 제외법(소귀납 법칙들)을 정리하였다.

첫째, 일치법이 있다. 이것은 어떤 현상 발생의 필요조건을 탐색하는 데 주로 적용되는 방법으로서, 한 현상의 여러 사례들이 다른 모든 면에서는 다르지만 단 하나의 일치되는 특성을 가지고 있다면 그 특성을 그 현상의 원인으로 추론할 수 있다는 것이다. 이 방법은 주로 자연적 관찰법을 사용하는 연구나 시험적 예비연구에서 원인에 대한 시사점을 얻기 위해 적용된다. 이 방법의 주된 약점은 여러 원인이 한 현상을 일으키는 경우나, 결과 현상의 특성과 원인으로 간주된 특성이 우연에 의해서 공존하는 경우에 적용하기 곤란하다는 것이다.

두 번째 방법은 차이법으로, 실험에서 실험집단과 통제집단을 설정하는 논리를 제공한다. 이 방법은 한 현상(A)이 발생하는 충분조건을 찾기 위하여 그 현상이 나타나는 사례(a)와 나타나지 않는 사례(b)를 비교한다. 두 개의 사례가 하나의 특성을 제외하고 다른 모든 특성에서 같다면, 그리고 그 특성이 사례(a)에서는 나타나지만 사례(b)에서는 나타나지 않는다면, 그 특성을 현상(A)의 원인으로 본다.

이 방법을 적용할 때의 주된 난점은 원인이 되는 특성 이외의 다른 모든 특성이 동등하다는 것을 현실적으로 완전히 파악할 수 있느냐 하는 것과, 파악했다고 하더라도 완전히 통제할 수 있느냐 하는 것이다. 그래서 인과관계를 추출하기 위해서는 체계적 통제가 필요하다는 점이 강조된다.

세 번째 방법은 공변법으로서, 한 현상이 특정 양식으로 변화하는 데 따라 다른 현상이 어떤 양식으로 항상 변화할 때 둘 사이에 인과관계가 있다고 추론하는 방법이다. 이 방법은 원인과 결과간의 양적 관계를 측정하는 방법으로 주로 사용되며, 항상 차이법의 보조를 받는다. 실험에서 독립변인의 수준을 둘 이상으로 달리하여 그에 따른 종속변인의 변화를 관찰하고 둘 사이의 어떤 함수관계를 추론하는 것이 이 방법에 근거한 것이라고 볼 수 있다.

네 번째 방법은 잔여법으로서, 복합되어 있는 현상과 복합되어 있는 조건들 사이에 인과관계가 있음을 밝히고, 매 현상에 대하여 한 요소 현상과 한 조건 사이에 인과관계가 있음을 단계적으로 밝혀 결과적으로 문제가 되는 단일 현상과 단일 원인 조건 사이에 인과관계가 있음을 추론하는 것이다.

다섯 번째 방법은 일치차이 병용법으로서 특정 현상이 나타나는 사례에서는 특정한 특성이 공통적으로 나타나지만, 그 현상이 나타나지 않는 사례에서는 그 특성이 나타나지 않을 때, 이 특성을 그 현상의 원인으로 추론한다.

밀은 이러한 귀납법만이 발견의 논리요 참의 논리라고 주장하였다. 그러나 그의 방법을 따르더라도 인과적 관계의 발견을 위해서는 선행조건들이 규정되어야만 한다. 그런데 한 사상의 발생에 수반되는 상황조건들은 매우 많다. 이 조건들 중에서 특정 조건들만을 선택하고 그것을 일치법이나 차이법 등으로 통제, 조작한다고 했을 때 그러한 행위는 그 선택된 조건들만이 적절하다는 신념이나 지식을 근거로 하는 것이다. 이러한 지식과 신념은 밀의 귀납법 자체에 의해 주어지는 것은 아니다. 그의 방법은 인과적 관계를 진술하는 가설을 실험이나 관찰에 의해 확인하여 그 가설을 더욱 가능성 있게 하는 방법일 뿐 진리를 증명하는 방법은 아니다.

이러한 제한점을 인정하더라도 그의 방법이 과학적 연구방법의 기초 논리를 제공하고 있음은 틀림없다. 그러므로 과학하는 주체인 인간 자신의 지각능력과 과학적 방법 자체의 한계를 인정하는 한편, 그 방법이 완전하지 않다고 해서 그것을 무조건 배척하지도 않는 중용이 필요할 것이다. 맹신도 아니고 불신도 아닌 비판적 균형의 태도— 이것이야말로 과학적 지식을 가장 잘 활용할 수 있는 전제가 될 것이다.

2. 상담연구에서 과학적 방법론의 의의

(1) 상담에서의 과학적 탐구의 목표

과학적 탐구의 기본적인 기능은 현상들을 발견하여 사실적 지식을 확대시키는 것과, 사상들간의 관계를 확인하고 이론을 개발하여 미래의 사상들을 예측하고 통제하게 하는 것이다.

상담연구에서도 마찬가지이다. 상담에서의 과학적 방법론이 추구하는 기본적인 목표 중 하나는 상담에 관한 사실적 지식을 발전시키는 것이다. 특히 상담의 영역에서는 관찰가능한 사상들뿐 아니라 직접적인 관찰이 곤란한 주관적이며 현상학적인 경험들(예: 내담자의 기대, 자기효능감, 상담만족도 등)이 중시된다. 상담연구자들은 이러한 주관적인 경험들을 관찰가능한 용어로 묘사하고 기술하는 것에 관심을 가진다.

〈표 1-1〉 **과학적 지식의 확장과 정교화 ― 학습된 무력감이론의 예**

학습된 무력감 현상은 원래 동물의 회피학습에 관한 실험실 연구에서 발견되었다. 셀리그만(Seligman)은 고정 장치에 묶여 움직일 수 없게 된 개가 회피불가능한 혐오자극(전기충격)을 반복해서 받으면 실험의 다음 단계에서 전기충격을 충분히 피할 수 있음에도 불구하고 피하지 않고 '체념'하는 듯 무기력하게 고통을 당한다는 것을 발견하였다. 이 연구는 다른 동물들을 대상으로 반복검증되었으며, 인간 피험자에게도 적용되었다. 그리고 인간의 우울증을 설명하는 중요한 이론으로 발전되었으며, 수많은 실험실 및 현장 연구들을 촉발하였다.

학습된 무력감이론은 우울증의 기저에 통제불가능에 대한 기대가 자리잡고 있다고 본다. 그러나 이 이론은 우울증의 전형적인 증상 중 하나인 죄책감이나 자존감의 저하를 설명하기 어렵다는 반론이 제기되었다. 부정적인 사건에 대해 죄책감을 느끼고 책임을 지려 하는 경향은 자신이 부정적인 사건을 피할 수 있었는데 그렇게 하지 못했다는 것을 의미한다는 점에서 학습된 무력감이론의 설명(통제불가능성 지각)과 모순된다는 것이다. 또한 이 이론은 우울의 발생은 어느 정도 설명할 수 있지만, 우울증상의 강도 및 만성화 정도 등을 설명할 수 없는 제한점이 있다는 지적이 있었다.

이후 셀리그만과 그의 동료들은 이러한 비판들을 수렴하여 개정된 학습된 무력감이론을 주장하였다. 개정된 이론에 따르면 통제불가능한 부정적인 사건을 만날 때 사람들은 '왜?'라는 질문을 자신에게 던지며, 이 질문에 대한 대답 즉 귀인은 그 사람이 부정적 사건에 어떻게 반응하는가에 영향을 미친다. 이때 그 질문은 세 종류로, 부정적 사건이 일어난 원인이 자신에게 있는가 아니면 다른 사람이나 환경에 있는가, 그 원인은 지속적인 것인가 아니면 일시적인 것인가, 그 원인은 생활의 여러 가지 측면에 영향을 미치는가 아니면 바로 그 사건에만 영향을 미치는가 하는 것이다. 만약 부정적인 사건을 주로 내적·지속적·전반적인 원인에 돌리는 귀인양식을 가지고 있다면 이 사람은 그렇지 않은 사람에 비하여 우울을 경험할 가능성이 더 크다고 보았다. 그리고 내부 귀인은 자존감에 대한 회의를, 지속적 귀인은 무력감의 장기화를, 전반적 귀인은 무력감의 확산을 가져온다고 보았다.

개정된 이론도 많은 연구들을 자극하였다. 몇몇 연구자들은 이론의 재개정 또는 정교화를 시도하였다. 국내 연구의 예로는 이영호(1993)를 들 수 있다. 그는 매개-중재 모델을 검증하고자 하였다. 이 모델은 부정적인 사건에 대한 우울생성적 귀인양식이 우울증에 대한 소질 요인이고, 이 요인이 실제로 경험한 사건에 대한 귀인인 사건 귀인의 매개를 통해 우울을 예언하며, 스트레스 요인인 부정적인 생활 사건이 귀인양식-사건귀인-우울의 매개 경로를 활성화시키는 역할을 한다고 가정한다. 그는 공변량구조모형 접근법을 적용하여 이 모델을 대학생 피험자 및 정신과 환자집단을 대상으로 검증하여, 이 모델이 다른 대안적 모델들보다 경험적 자료를 더 잘 설명함을 보여주었다.

이렇게 동물 실험 연구에서 발견된 학습된 무력감 현상은 인간의 우울증을 설명하는 이론으로 발전되었고 많은 경험적 연구들을 이끌어내었다. 그리고 이 연구들은 이론의 재개정과 정교화를 가져왔고 이는 다시 새로운 경험적 연구들을 촉발하였다. 과학적 지식은 이러한 방식으로 확장되고 축적된다.

그러나 과학적 연구는 현상을 묘사하고 기술하는 것을 넘어서서 변인들간의 관계의 법칙성을 찾으려고 한다. 더구나 상담은 내담자의 주관적 경험과 외현적 행동을 변화시키고자 하는 현실적 목표를 가지고 있다. 그래서 관찰된 사실들을 바탕으로 내담자의 문제와 행동변화에 관한 이론적 틀을 만들고, 이 이론이 관찰된 현상을 잘 설명하는지 알고자 하며, 이 이론에 입각하여 개입을 할 때 과연 예측된 방향으로 변화가 올 것인지 알고자 한다. 그러나 인간의 행동은 수많은 변인들(개인차 변인, 상호작용 변인, 유전적·문화적·우연적 변인 등)에 의해 영향을 받는다. 그러므로 인간 행동을 설명하고 예측하는 일반 이론을 정립하는 것은 매우 어려운 일이며 상담의 영역에서도 이는 예외가 아니다. 그러나 이 목표는 과학적 접근에서 포기될 수 없는 것이다. 한 가지 가능한 방향은 한꺼번에 많은 것을 설명하려는 거대 이론에 집착하기보다는 한정된 조건 내에서의 소수의 변인들간의 관계를 밝히고자 하는 미세이론들에 더 많은 관심을 가지고 경험적 자료들을 꾸준하게 축적해 나가는 일이다.

상담에서 과학적 탐구의 또 다른 목표는 모든 상담자들이 암묵적으로 가지고 있는 내담자 변화에 관한 주관적 '이론'들에 경험적인 근거를 제공하여, 보다 현상적 실체에 근접한 이론을 갖도록 돕는 것이다. 이를 위해서 상담연구자들은 연구를 위한 연구가 아닌, 상담현장에서의 현실적 문제를 파악하고 이들을 반영하는 연구를 하도록 노력하여야 할 것이다.

(2) 방법론적 다양성의 중요성

과학적 방법론에 관한 전통적인 관점은 통제집단이 포함되고 무선할당이 이루어진 실험에 의해서 가장 좋은 지식이 얻어질 수 있다는 가정을 내포하고 있다. 그래서 실험연구가 최고이고 상관연구나 기술적 연구는 수준이 낮은 것인 양 취급하는 경향이 있었다. 그러나 최근 이러한 경향에 제동을 거는 움직임이 활발해지고 있다. 바람직한 방법론은 고정된 것이 아니라는 견해가 폭넓은 지지를 받고 있는 것이다. 이러한 견해의 지지자들은 연구방법론의 선택은 연구의 대상이 되는 현상 및 얻고자 하는 정보의 유형에 따라 결정되어야 한다고 주장한다(Heppner, Kivlighan & Wampold, 1992). 연구의 대상이 되는 현상을 아직 충분히 기술하지도 못한 상황에서는 예컨대 집단간 실험연구보다는 기술적 연구가 훨씬 유용하고 중요한 정보를 줄 수 있는 것이다. 이 책에서는 이러한 입장에 입각하여 상담현상에 적용가능한 다양한 연구방법론들을 포괄적으로 다루고자 하였다.

(3) 연구자의 책임

과학적 방법을 상담이라고 하는 현상에 적절하게 적용할 책임은 연구자들의 몫이다. 스트롱(Strong, 1984)은 이 문제를 다음과 같이 적절하게 묘사하였다.

> 상담심리학에서의 과학적 발전은 우리가 원하는 만큼 상담과 치료 실제에 큰 도움을 주지 못하였다. 물론 도움이 안 된다고 결론내리는 것은 잘못된 일일 것이다. 왜냐하면 행동치료, 인간관계 기술, 심리검사 등 상담 실제와 관련된 많은 것들이 과학적 노력에 힘입어 발전하였기 때문이다. 그러나 과학적 노력이 기대되는 만큼의 실용성을 가지지 못하고 있다는 좌절감이 존재한다. 내 생각에는 이런 일은 과학적 탐구 자체의 고유한 한계 때문이라기보다는 탐구 대상, 즉 인간 존재와 대인 상호작용을 통한 행동변화의 현상에 대한 우리의 이해가 적절하지 못하기 때문에 생기는 것 같다.(pp. 472-473)

과학의 방법이라는 것은 어떤 현상에 대한 지식을 획득하기 위해 우리가 사용하는 도구에 불과하다. 헤프너 등(Heppner et al., 1992)은 과학적 연구방법론을 전등에 비유하였다. 어두운 데서 전등을 사용해서 어떤 물건을 찾고 있다고 할 때 우리가 그 물건을 찾지 못한다고 해서 전등을 던져 버릴 필요는 없다는 것이다. 대신 빛이 나가는 방향을 조절하면 될 것이다. 우리의 연구방법이라는 것은 우리가 조사하고 있는 내용에 관한 정보만을 제공해 줄 뿐이다. 그러므로 연구 결과가 불만족스럽다고 하더라도 연구방법 자체를 포기할 필요는 없다. 다만 새로운 각도에서 연구방법을 적용할 필요가 있다. 그러나 때로는 보다 큰 전등이나 새로운 전등이 필요할 수도 있듯이, 새로운 지식을 얻기 위해서는 새로운 연구방법론을 도입할 필요도 있을 것이다. 그러한 새로운 방법론을 개발하는 일은 연구자들의 문제 해결력과 창의력을 요구한다. 지금 적당한 측정도구가 없기 때문에 연구하지 못하는 많은 현상과 아이디어들이 있다. 상담에 핵심적인 현상을 연구하기 위해서 연구자들은 방법론을 사용하는 데서뿐만 아니라, 수집되는 자료의 유형을 정하는 데 있어서도 창의력을 발휘하여야 할 것이다.

3. 연구방법론 훈련의 의의

미국에서 상담 및 임상심리학자의 훈련에 가장 큰 영향을 주었던 수련 모델은 '과학자-임상가 모델'이다. 우리 나라의 상담자 훈련도 이 모델에 영향을 받은 바가 많고, 또 단시간 내에 우리 나라 고유의 표준이 정립되기는 어려울 것으로 보이므로, 상담연구가 상담자 훈련에서 어떤 위치와 의미를 가지는지를 논의하기 위해서는 우선 이 모델을 검토하는 것이 유익할 것으로 생각된다.

(1) 과학자-임상가 모델

미국의 상담심리학 대학원 프로그램은 대부분 과학자-임상가 모델을 지지한다. 이 모델은 말하자면 '살아 있는 전통'으로, 대부분의 훈련 프로그램의 초석으로 남아 있다. 이 모델에서 말하는 과학적 활동은 통계학·연구설계법·평가·상담 문헌연구·과학철학 등의 과목을 포함하고, 임상적 측면은 상담기법·상담이론·성격·심리평가·실습 등을 포함한다.

임상심리학 및 상담심리학 분야에서의 훈련을 주제로 한 최초의 회의가 1949년에 미국의 보울더(Boulder)에서, 그리고 1950년에 앤아버(Ann Arbor)에서 각각 개최되었다. 그리고 이들 회의에서 이후 상담자 훈련의 표준이 된 과학자-임상가 모델이 채택되었다. 그 후

미국상담자협회[1]의 상담자 수련기준[2]에 이 모델이 적용되는 등 계속
해서 이 모델에 대한 지지가 표명되었다.

> 과학자-전문가 모델은 이론, 연구 및 실제의 상호의존성을 인정하는,
> 지식에 대한 통합적 접근이다. 이 모델은 인간 경험의 체계적이고 사
> 려 깊은 분석과, 이런 분석에서 얻은 지식과 태도의 지혜로운 적용을
> 강조한다. 학문적 탐구의 태도는 과학자-전문가 모델로 교육받는 사람
> 들의 모든 활동에 핵심적인 것이다.(Meara et al., 1988, p. 368)

그러나 상담심리학과 임상심리학 분야의 많은 저술가들이 이 모
델의 유용성에 대한 의문을 제기하였다. 또한 어떤 사람들은 심리학
연구가 임상가들에게 어떤 가치를 갖고 있는지를 질문하였다. 이들은
대부분의 임상가들이 자신의 임상 실제에 연구 결과를 이용하고 있지
않으며, 실제로 이런 연구 결과들이 아무런 의미도 없는 경우가 종종
있다고 주장하였다. 이런 주장들에 힘을 얻어 어떤 이들은 연구에 관
한 훈련이 임상가들에게는 불필요하다는 결론을 내리기도 하였다. 또
다른 한편으로 어떤 이들은 학생들이 과학적인 사고법에 대한 적절한
훈련을 받지 못하고 있다고 주장한다. 겔조(Gelso, 1979)는 "상담심리
학자들은 전형적으로 박사학위 취득 후에는 연구성과물을 전혀 발표
하지 않는다"(p. 25)고 지적하였다. 카커프(Carkhuff, 1968)는 졸업생
의 95-99%에게는 박사논문이 바로 그들 일생에서 마지막 연구 프로
젝트가 된다고 하였다.

과학자-임상가 모델의 유용성에 관한 논쟁은 여러 요인들이 개
입하는 복잡한 문제이다. 모델 자체가 비현실적일 수 있다. 또는 학
생들이 받는 과학적 훈련이 불충분하거나 부적절한 것일 수도 있다.
또한 임상 훈련에 과학적 활동이 적절하게 포함되지 못하기 때문일
수도 있다. 학생들이 과학자답게 생각하고 정보를 처리하는 방법을

---

1) American Association for Counseling and Development.
2) Standards for the Preparation of Counselors, 1977.

배우는지에 대해 의문이 있는데, 실제 수행되는 연구의 유형이 임상 현실과 너무 동떨어진 것이거나, 우리의 연구방법이 상담현상을 무의미한 숫자들로 환원시켜 버리는지도 모른다. 혹은 상담관련 학술지의 짜임새가 임상가들이 필요로 하는 정보를 얻는 데 방해가 될지도 모른다. 또 어쩌면 대학원 과정에 입학하는 학생들이 과학자적 관심보다는 주로 사회적 혹은 대인관계적 관심에 기울어져 있을지도 모른다.

그러나 연구가 상담 실제를 향상시켜 왔다는 것은 의문의 여지가 없다. 연구 결과의 축적이 비록 더디기는 하지만, 이런 자료들은 결국 우리의 실용적인 지식의 진보를 가져온다. 그러나 연구와 실제가 무관하다는 비판이 계속 제기되는 것에 대해 교육을 책임지고 있는 사람들은 깊은 관심을 기울여야 한다.

능력 있는 전문 상담자가 되도록 훈련시키는 데 있어서 과학적 훈련의 역할은 이 모델과 관련된 논쟁의 한 중요한 측면이다. 스트럽 (Strupp, 1981)은 과학적 과정에 관한 부적절한 훈련이 정신건강 전문직의 발전을 저해하는 주요 문제라고 지적하였다.

> 요약하자면, 임상훈련은 포괄적이고 철저해야 할 뿐만 아니라, 학생들로 하여금 생각하는 임상가가 되도록 훈련시켜서 그들이 매일 만나는 임상 실제에 품질관리(quality control)를 효과적으로 도입할 수 있도록 해야 한다.(p. 218)

겔조(Gelso, 1979)는 두 영역 모두를 학생들에게 교육시키되, 학생 개인의 흥미에 따라 과학자-임상가의 연속선상에서 적절한 위치를 택하도록 할 것을 제안하였다. 그렇게 하면 어떤 학생은 20 대 80의 비율을 선호할 것이며, 또 어떤 학생은 75 대 25의 비율을 택할 것이다. 이런 훈련 목표야말로 보다 더 현실적이고, 학생과 교수 모두에게 실망을 보다 덜 주는 것이 된다는 것이다.

과학자-임상가 프로그램이 반드시 연구를 하는 과학자를 생산해
내야 한다고 생각하지는 않는다. 그보다는 '과학적으로 생각하는 상
담자'를 키워 내면 족하다. 사실 과학과 연구활동을 동일시하는 것은
이 모델의 조작적 정의에 있어 가장 큰 문제점이었는지 모른다.

마지막으로 이 모델 자체도 하나의 가설이라는 점이 언급되어야
하겠다. 즉, 과학적 사고가 임상기술을 향상시켜 주며, 임상훈련이
과학적 노력에 긍정적인 영향을 준다는 가설을 담고 있는 것이다. 우
리는 이 가설이 사실일 것을 기대하지만, 헤프너 등(Heppner et al.,
1992)이 지적한 바와 같이 이 가설이 경험적 검증을 아직 거치지 않
고 있다는 것은 놀라운 일이 아닐 수 없다고 생각한다.

(2) 연구방법을 습득해야 하는 이유

연구방법과 관련하여 상담자를 훈련시킬 때 현실적으로 가장 관
심을 두어야 하는 부분은 사실상 과학적으로 생각하는 기술과 과학적
연구 결과를 응용하는 기술이다. 왜냐하면 훈련중인 모든 상담자가
다 과학적 연구를 수행하는 위치에 있지는 않을 것이기 때문이다.

과학적인 사고는 탐구와 추론을 통제된 방식으로 하는 것을 말하
며, 주로 어떤 가설을 검증하려는 목적으로 자료를 모으는 것을 가리
킨다. 전문적인 상담자의 핵심적인 특징 중의 하나는 바로 이 과학적
사고방식을 일상의 임상 실제에 통합하는 것이다. 과학적인 사고는
상담시 특정한 내담자와 관련된 정보를 어떻게 처리할지, 또 상담과
정을 어떻게 평가할지를 상담자에게 알려 준다는 면에서 큰 도움이
된다.

사람이 어떻게 생각하는가 하는 것은 굉장히 복잡한 과정을 포함
한다. 분명한 것은 사람들은 컴퓨터처럼 생각하지 않는다는 것이다.
사람은 선택적으로 정보를 처리한다. 특히 자신의 기존 신념을 확인

해 주는 정보에만 배타적으로 주의를 기울이는 경향이 있다. 이런 편
견은 내담자에 관한 정보를 처리하고 상담의 효율성을 평가해야 되는
상담자들에게도 문제를 일으킨다. 로저스(Carl Rogers, 1955)는 이런
상담자 편견의 위험을 아주 잘 인식하였다. 그는 자신이 내담자에 관
해 "창조적으로 구성한 주관적 느낌으로 자신을 속일"수 있음을 알
았기 때문에 "어떤 사람에 대한 주관적인 느낌이나 가설을 객관적
사실로"확인하는 데 과학적 방법이 도움이 된다고 믿었다.

상담자가 과학적인 접근법을 상담 실제에 활용한다는 것은 어떤
것인가? 스트로머와 뉴먼(Strohmer & Newman, 1983)은 그것을 다음
과 같이 요약하였다.

상담자는 내담자를 관찰하면서 내담자의 현재 상태에 대한 추론과 인
과론적 추론을 한다. 그리고 이 추론에 근거하여 내담자에 대한 잠정
적인 판단을 내린다. 그 후 상담자는 실험을 하듯이 이 판단을 하나의
가설로서 진술하고 내담자에 대한 독립적인 관찰을 바탕으로 이 가설
을 검증한다. 이런 잠정적인 판단과 검증을 거치면서 상담자는 내담자
에 관한 가설적인 모델을 세운다. 그리고 이 모델에 기초하여 내담자
에 관한 예측을 한다(예컨대 어떤 치료방법이 가장 적절할 것인가 등).
(p. 557)

결국 이들은 상담자가 (1) 가설을 형성하되 (2) 내담자가 제시하
는 자료를 바탕으로 하고, 그 후에 (3) 가설들을 경험적으로 검증하여
(4) 유용한 모델을 세우고 (5) 내담자에 관한 예측을 하는, 과학적 사
고모델을 적용해야 한다고 제안하였던 것이다. 이 접근은 발견되는
자료에 근거를 두는, 즉 경험적인 것이기 때문에 개인적인 편견이나
주관성의 가능성을 줄일 수 있다는 장점을 가지고 있다.

과학적 사고방법의 훈련은 상담 결과를 평가하는 데도 중요하다.
굿이어와 벤턴(Goodyear & Benton, 1986)은 '주관적 경험주의'(walk-
through empiricism)라고 이름 붙인 상담자 편견에 대해 언급한 바 있다.

상담자가 성공을 거두면 어떤 기법이 유용한 것인가에 관한 인상을 형성하게 된다. 이 손쉬운 경험주의는 가치가 있을 수도 있지만, 동시에 주관적인 것으므로 따라서 그것만이 유일한 자료로 채택된다면 신뢰롭지 못하다.(p. 291)

마지막으로, 연구방법의 습득은 다른 상담자들의 연구 성과물들을 체계적으로 활용할 수 있게 해 준다는 점이 언급되어야 하겠다. 상담연구문헌들은 상담과 인간행동에 관한 풍부한 정보를 담고 있다. 이 정보는 상담연구를 하는 연구자에게 중요할 뿐만 아니라, 특정한 내담자 문제를 풀기 위해 노력하는 임상가들에게도 매우 유용한 자료은행이 된다. 상담자의 지식은 쉽게 시대에 뒤떨어질 수 있다. 지식의 팽창이 급격하게 이루어지기 때문이다. 따라서 상담자는 끊임없이 연구문헌들을 읽어야 한다.

내가 읽는 연구 결과들은 대부분 임상 실제와 관련이 있다. 그 결과들은 내 생각의 편견을 줄여 주고, 임상 실제에 관한 나의 사적인 이론들을 정교화시켜 주며, 나의 개념체계에 새로운 정보를 더해 준다. (Gelso, 1985, p. 553)

상담훈련을 받는 사람들에게 필요한 기본적인 태도 한 가지는 연구 결과의 적극적인 소비자가 되도록 노력하는 것이다. 가르치는 사람의 입장에서 보자면 학생들이 연구문헌을 숙독하고 그것을 응용하는 습관을 가지도록 하기 위해서는, 자신이 읽고 싶은 것을 무작위적으로 선택하도록 내버려 두는 대신에 중요한 논문이 어떤 것들인지 적극적으로 밝혀 주고, 각종 연구문헌들을 내담자 문제를 해결하는 일종의 문제해결의 도구로 사용하도록 훈련시키며, 연구방법을 응용하여 내담자 문제에 대한 해답을 얻는 기술을 훈련시킬 필요가 있을 것이다. 이는 일차적으로 연구방법을 가르치는 이들의 책임이다. 그러나 연구방법을 습득하는 학생들 스스로가 그것의 필요성과 활용가능성을 적극적으로 받아들이는 것이 필요하다. 사람들은 자기가 의미를 두는 일에서 더 큰 보람과 만족을 느끼며, 습득하는 과정의 고통을 더 잘 인내할 수 있다. 구체적인 연구방법론들을 논의하기 전에 그 의의를 먼저 생각해 보는 이유가 여기에 있다.

2 장
상담연구의 기본 절차

연구할 주제를 선정하여 이를 실제 연구를 통해 검증해 볼 수 있는 연구가설로 발전시키는 것은 상담연구의 기본적인 단계이다. 여기서는 가설수립에 이어 자료수집에 이르기까지의 과정을 다섯 단계로 구분하여 살펴보았다. 이 다섯 단계에는 연구주제의 선정, 연구가설의 구체화, 조작적 정의, 연구변인의 선정, 그리고 자료의 수집과 분석이 포함되어 있다.

1. 연구주제의 선정

상담연구 분야에서 연구의 주제를 선정한다는 것은 이 분야에 의미 있는 기여를 할 수 있는 주제이면서 동시에 연구자가 관심을 갖고 연구할 수 있도록 자극과 동기를 제공하는 주제를 선정하는 일이다.

연구의 주제를 발전시키는 데에는 연구자의 다양한 경험이 중요한 역할을 한다. 경험이 없는 연구자에 비해 경험 있는 연구자에게는 연구 아이디어를 생각해 내는 일이 그렇게 어려운 일이 아니다. 이들은 연구에 필요한 넓은 지식적 토대를 갖추고 있다. 즉, 이들은 정보들을 보다 정교하고 복잡한 방식으로 처리할 수 있고, 가장 중요한 결과들을 찾아낼 수 있고, 연구 결과들을 관련지어 결합시킬 수 있고, 그리고 아이디어들을 새로운 방식으로 정교화시키거나 확장시킬 수 있다. 경험 있는 연구자들은 또한 자신의 상담경험을 활용하여 그로부터 여러 가지 아이디어와 가설들을 추출해 낼 수 있다. 연구자의 경험은 연구주제의 선정에서뿐만 아니라, 연구 전반에 걸쳐 영향을 준다. 이들은 실제로 연구를 진행하는 데 필요한 많은 기술과 지식을 가지고 있는데, 즉 연구설계, 방법론, 평가, 통계, 자료수집, 자료분석, 그리고 관련된 전문적 문헌 등에 관한 많은 정보를 가지고 있다. 그리고 이들은 자신의 이러한 사전 지식과 기술을 이용하여 보다 적절한 연구주제를 선택할 수 있다. 경험 있는 연구자일수록 자신이 연구를 효과적으로 수행할 수 있다는 자신과 확신을 갖고 있는 경우가 많은데, 이러한 심리적 요인 역시 연구주제를 선정하고 연구를 수행해 가는 과정에서 중요하다.

연구주제를 선정하는 첫번째 단계는 상담 및 관련분야의 선행연구들에 관한 정보를 수집하는 것부터 시작된다. 연구자는 우선 정기적으로 발행되는 연구 간행물을 읽는 것부터 시작할 수 있는데, 이러한 과정을 통해 연구자는 최근 발표되고 있는 연구들에 대한 정보를 얻을 수 있을 뿐만 아니라, 자신이 가장 관심이 가는 주제들을 결정할 수 있다. 연구주제를 선정하는 일은 대체로 시간이 소요되는 과정이므로, 상담연구 전반에 대한 일반적 개관이나, 특정 주제들에 초점을 맞춘 특정 개관논문을 찾아보는 것부터 시작할 수도 있다.

학생 연구자의 경우, 연구 간행물들을 규칙적으로 읽는 것 외에도 연구자 자신이 속한 대학의 교수진과 선배들을 자원으로 활용할 수 있다. 그들의 과거 및 현재 연구에 관해 얘기를 나누는 가운데에, 그들이 가장 흥미를 갖는 내용과 가장 유망한 것으로 생각하는 주제에 대해 함께 토론하는 기회를 가질 수 있다. 학생 연구자는 이러한 토론과정을 통해 연구에 관련된 여러 가지 정보를 얻을 수 있으며,

아울러 연구에 대한 그들의 제안과 조언을 고려해 볼 수 있다.

　다양한 정보들을 수집한 후에는 이를 면밀하게 살펴보고 숙고하는 것이 필요하다. 연구자는 수집된 정보들을 관심내용에 맞추어 체계적으로 정리해 가는 동시에, 자신의 관찰이나 생각을 포함시키도록 해야 한다. 이때 숙련된 연구자의 경우에는 연구주제와 관련된 자신의 관찰을 적절히 활용하여 연구주제를 결정하는 것이 용이하지만, 초보 연구자의 경우에는 경험이 부족하므로 자신의 관찰내용을 활용하는 데에 신중을 기해야 한다. 경험이 부족한 연구자들은 자신의 생각을 정리하고 아이디어를 구상하기 위해, 그때 그때 중요한 내용들을 간단히 적어둘 수 있는 일지를 활용할 수도 있다.

　연구주제를 선정하는 과정에서 연구자는 적어도 다음과 같은 네가지 사항을 유념해야 한다. 즉, 연구자 자신의 관심사, 선행연구의 활용, 이론의 역할, 그리고 실제장면에서 연구의 유용성 등이 그것이다. 첫째, 광범위한 상담분야의 내용들 중에서 자신이 가장 관심 있는 주제가 무엇인지를 끊임없이 평가해 보는 것은 필수적이다. 동시에 자신의 가치나 신념 때문에 특별히 연구하고 싶은 주제가 있는지, 그리고 선행연구자들이 간과한 주제는 없는지 등도 고려해 볼 수 있다. 연구자가 스스로 흥미를 느끼고, 탐구하고 싶은 연구주제를 선정하는 것은 연구를 지속해 나가는 데에 필요한 지적인 자극을 제공할 수 있다.

　두 번째는 선행연구의 활용이다. 많은 연구들이 선행연구의 결과를 확장해 가는 연구라는 사실은 중요하다. 상담분야의 연구들은 대체로 새로운 연구가 이루어질 때마다 한두 개의 정보가 추가되는 방식으로 진행된다. 연구자는 한두 가지의 새로운 구성개념을 새로이 도입하거나, 혹은 어떤 구성개념을 조작하는 새로운 평가도구를 개발함으로써 기존 연구들을 확장시켜 나갈 수 있다.

　세 번째는 이론의 활용이다. 상담분야의 많은 연구들은 상담심리학의 주제에 적용될 수 있는 성격, 인간행동, 그리고 설득과정에 관한 이론들을 응용하거나 그 이론들을 검증하여 왔다. 예를 들어, 스트롱(Strong, 1968)은 상담을 사회영향과정으로 개념화하고서 사회심리학의 설득이론과 연구들을 사용하여 상담의 이단계 영향 모형을 개발하였다. 이러한 맥락에서 연구주제를 선정하는 한 가지 방법은 현재 상담문헌들에서 연구되고 있는 이론들에 주의를 기울이는 것뿐만 아니라, 상담연구에 도움이 될 수 있을 것으로 보이는 다른 분야의 이론들을 상담연구문헌 밖에서 찾아보는 것이다.

　마지막으로 어떤 연구들은 실제 현장에서 상담이론이나 연구들을 응용하는 과정에서 나타나는 문제들로부터 시작된다. 연구자는 상담과정이나 다양한 상담 프로그램(예: 사회기술훈련)에 관한 알려지지 않거나 분명하지 못한 부분을 살펴봄으로써 연구주제를 선정할 수 있을 것이다. 많은 경우, 응용 현장에서 발생하는 상담과 관련된 해결되지 않은 문제나 의문은 연구주제들의 풍부한 원천으로 활용될 수 있다.

2. 연구가설의 구체화

　상담연구의 목적은 궁극적으로 상담분야의 기존지식을 확장시켜 나가는 것이다. 지식의 확장과정은 어떤 물음에 대한 답을 찾거나, 주어진 문제를 해결하거나, 상담의 이론을 개발함으로써 이루어진다. 일단 연구의 주제를 선정하고 난 후 구체적인 연구가설을 결정하기 위해서는, 그 주제에 대한 이전의 연구들을 살펴보는 것이 중요하다. 이를 위해서는 최근의 연구 결과, 과거 연구들의 제한점, 그리고 미래 연구에 대한 과거 연구자들의 제안 등을 살펴보는 것이 필요하다. 많은 경우, 특정 연구 아이디어를 개발하는 일은 기존 연구들에서 한결

음 더 나아가는 것이다. 따라서 과거의 중요한 연구나 개관 등을 살
펴보는 것은 기본적으로 꼭 필요한 과정인데, 이때 특히 그러한 연구
들의 논의부분에 주의를 기울여야 한다. 대개 어떤 연구의 논의부분
에서는 미래에 요구되는 연구와 다음 단계의 연구들에 대한 분명한
논의가 이루어진다. 새로운 연구를 시작하는 연구자는 이러한 선행
연구자들의 제안들을 연구 아이디어의 토대로 활용할 수 있다. 때로
어떤 연구들은 연구의 가정, 절차, 그리고 논리전개 방식의 결함 때
문에 명백하고 중요한 개념을 놓치는 경우가 있다. 이 경우 후속 연
구자는 새롭고 참신한 시각에서 그 연구주제에 접근할 수 있다는 점
에서 더 유리한 위치에 있다.

　　연구는 구성개념들간의 관계를 탐색하고 조사한다. 연구문제는
구성개념들간의 관계에 대한 물음이다. 예를 들면, "내담자의 역기능
수준이 상담의 작업동맹에 영향을 주는가"는 연구문제이다. 연구가설
은 구성개념들간의 기대되는 특정 관계를 논한다는 점에서 보다 구체
적이다. 예를 들면, "역기능 수준이 높은 내담자들이 낮은 내담자들
에 비해 상담에서 보다 낮은 수준의 작업동맹을 형성할 것이다." 종
종 연구문제와 연구가설은 구별하지 않고 쓰이지만, 엄밀히 말하면
연구가설이 기대되는 관계를 보다 구체적으로 표현한다는 점에서 구
별된다 하겠다.

(1) 가설의 정의

　　가설이란 연구문제에 관련된 잠정적인 진술이다. 보다 구체적으
로 말하면, 둘 이상의 변인들간의 관계에 대한 잠정적인 설명이나 가
능성에 대한 진술이다. 연구자가 관심갖고 있는 주제를 충분히 분석
하여 구체적으로 정의할 수 있게 되면, 이제 연구할 주제는 분명해진
셈이다. 이렇게 연구할 주제를 명확하게 정의할 수 있다는 것은 문제

에 대한 해답을 예상할 수 있게 되었음을 의미하는 것으로서, 연구자
가 가설을 설정할 수 있게 되었다는 의미이다. 가설은 아직 사실이나
원리로 증명되지는 않았지만 검증해 볼 가치를 갖는 추측이나 추리로
서, 법칙성을 지닌다.

　일단 가설이 설정되고 나면 연구의 방향은 이러한 가설에 따라
결정된다. 즉 가설에 따라서 연구자는 필요한 자료를 수집하고 관찰
을 시작하게 된다.

(2) 가설의 기준

　검증가능한 연구가설의 기준으로서 컬린저(Kerlinger, 1986)는 세
가지를 제안하였다. 첫번째 기준은 정보를 수집하고 분류하는 기술적
(記述的) 준거로서, 가설은 모호하지 않고 명확하게 기술되어야 한다
는 것이다. 가설을 형성하는 개념들은 조작적으로 명확하게 정의되
고, 의사소통이 가능한 보편적인 용어로 표현되어야 한다. 두 번째
기준은 차이와 관계성에 관한 물음인데, 즉 연구가설은 둘 이상의 구
성개념들간의 관계를 조사해야 한다는 것이다. 이때 개념들간의 특정
한 관계를 분명하게 진술하였다면 그 연구문제는 연구가설이라고 할
수 있다. 마지막 준거는 구성개념들간의 관계를 경험적으로 검증할
수 있어야 한다는 점이다. 만일 가설이 검증될 수 없다면 그 가설은
가설로서의 가치를 잃게 된다. 가설에 포함된 개념들은 측정할 수 있
고 조작할 수 있는 것이어야 한다.

　컬린저의 세 가지 기준 이외에 일반적으로 가설이 갖추어야 할
몇 가지 기준들을 덧붙여 살펴보면 다음과 같다. 넷째, 가설은 해결
이 필요한 어떤 문제에 대해 적절한 해답을 제시하는 것이어야 한다.
즉 하나의 문제에 대해 여러 개의 가설이 존재할 수 있지만, 각각의
가설은 서로 다른 입장이나 측면에서 각자 나름대로 한 가지의 해답

을 줄 수 있어야 한다는 것이다.

다섯째, 가설은 논리적인 간결성을 가져야 한다. 즉 가설이 그 문제에 대한 가장 간단한 해답이어야 한다는 것이다. 이를 위해 가설은 문제해결의 본질적 요소만을 포함해야 하며, 그 내용이 간명해야 한다. 일반적으로 가설을 검증하기 위한 연구는 가설에 따라 설계되어지므로, 가설이 간단할수록 그 가설의 타당성을 검증할 수 있는 연구 역시 간단해질 수 있다.

여섯째, 가설은 구체성이 있어야 한다. 즉 가설의 내용은 구체적으로 한정되어야 하며, 일반적인 용어로 불분명하게 표현되어서는 안 된다. 만일 가설에 제시된 변인들간의 관계와 방향이 추상적이고 일반적인 형태로 표현되어 있다면, 그 가설은 검증하기가 어려울 뿐만 아니라 반복연구 역시 불가능해질 것이다.

일곱째, 가설은 이론적 근거를 가지고 있어야 한다. 가설은 이론을 떠나서는 존재하기 힘들 정도로 이론과는 불가분의 관계에 있다. 즉 가설은 이론을 발전시키는 도구이며, 동시에 이론으로부터 연역되어질 수도 있다.

여덟째, 가설은 이미 잘 알려진 사실과 일치하여야 한다. 기존에 알려진 사실을 뒤엎을 수 있는 혁신적 발견을 하는 경우도 있을 수는 있지만, 일반적으로 가설은 이미 밝혀지고 증명된 지식체계나 상식과 일치하여야 한다. 기존의 연구 결과나 이미 확립되어 있는 상식으로부터 너무 동떨어진 비상식적인 논리는 가설로서 부적절하다.

아홉째, 어떤 연구문제에 대해서는 여러 개의 가설을 설정하는 것이 바람직할 수 있다. 하나의 가설은 문제에 대한 한 가지 해답을 준다. 그러나 인간 행동에 관한 어떤 문제는 한 가지 이상의 설명이 가능하며, 복잡한 행동일수록 여러 가지 해석이 가능할 수 있다. 복잡한 인간 행동을 보다 정확하게 설명해 내기 위해서는 조건에 따른 여러 개의 가설이 더 적절할 수 있다. 또한 연구자는 여러 가지 대안적 설명들을 검증해 봄으로써, 기존의 입장을 수정하고 보완할 수 있는 근거를 마련할 수 있을 것이다.

이상과 같은 기준들에 부합되는 가설들은 좋은 가설로서의 조건을 갖추었다고 볼 수 있다. 이처럼 적절하게 구성된 가설들을 검증함으로써, 우리는 상담분야의 여러 가지 연구문제를 해결해 갈 수 있고, 동시에 인간 행동에 대한 우리의 지식을 더욱 확장·발전시킬 수 있게 될 것이다.

(3) 가설의 기능

연구가설은 이론과 사실간의 교량 역할을 하며, 실험연구의 방향을 결정해 준다. 연구가설의 기능은 크게 네 가지로 구분하여 생각해 볼 수 있다. 첫째, 연구가설은 설명적 기능을 갖는다. 연구가설은 연구주제 안에서 연구자가 관심을 갖는 특정 구성개념들간의 관계를 명확하게 제시할 뿐만 아니라, 관련된 정보와 자료들을 요약하고 조직화하는 역할을 한다. 즉 산만하고 관계성이 불분명한 자료들을 분명하고 질서 있게 요약·정리·통합함으로써 잠재적 의미를 찾아내고 관계성을 발견하는 데에 중요한 역할을 하는 것이다.

가설의 두 번째 기능은 연구에 사용될 방법의 결정에 도움을 준다는 것이다. 연구자가 특정 연구가설을 결정한 후에는 자료를 어떻게 수집할 것인지, 어떤 피험자를 사용할 것인지, 그리고 어떤 도구를 사용할 것인지 등등을 결정해야만 한다. 많은 이러한 방법론적 결정들은 직접적으로 연구자의 구체적인 가설에 따라 결정된다.

가설은 또한 결론을 이끌어 내는 기능을 한다. 가설은 결론을 진술하는 데 필요한 유용한 개념체계를 제공한다. 연구자는 가설이 제공하는 개념체계에 따라 경험적 발견을 의미 있게 해석하게 된다.

가설의 마지막 기능은 새로운 연구를 자극하고 촉진한다는 것이다. 잘 구성된 가설은 어떤 현상을 잘 설명해 낼 뿐만 아니라, 그 현상의 보다 정교한 설명에 필요한 새로운 연구문제와 가설을 자극할 수 있다. 가설이란 최종적인 진술이 아니고, 새로운 연구를 자극하는 출발점의 역할을 할 수 있다.

(4) 연구가설의 수정

연구가설이 연구의 설계방향을 결정하지만, 연구자가 특정 연구의 설계와 방법을 구체화시켜 가다 보면 원래의 연구가설을 수정하거나 변화시켜야 하는 경우가 발생할 수 있다. 연구자는 측정이나 피험자 가용성에 있어서 문제에 직면할 수가 있으며, 어쩔 수 없이 연구가설을 부분적으로 수정할 수밖에 없는 경우가 발생할 수 있다. 또한 주제를 더 복잡하게 하는 새로운 정보를 발견하게 되어 원래의 연구가설을 수정하거나 정교화시켜야 하는 경우가 발생할 수 있다.

연구가설의 수정은 연구의 설계 단계에서 흔히 발생할 수 있는 일이며, 종종 필요하기도 하다. 그러나 자료수집을 시작한 이후에는 연구가설을 수정하는 것이 바람직하지 않다.

(5) 연구가설의 종류

드류(Drew, 1980)는 연구가설들을 세 가지 범주로 구분하였다. 첫째, 기술가설(記述假說)은 하나의 현상이 어떤 특성을 가지고 있는지를 단지 기술하는 것이다. 따라서 실험적 조작을 사용하지 않는다. 이러한 연구들에서는 현상을 기술할 정보들을 수집함으로써 상담의 어떤 현상에 관한 물음에 답하거나, 통계적 절차들을 사용하여 사람이나 사상들을 분류하는 경우도 있다. 기술가설의 경우, 자료수집 방법으로서 주로 질문지나 면접법이 이용되며, 자료처리를 위한 통계적 기법으로는 요인분석이나 군집분석을 많이 사용한다. 예를 들어, 어떤 연구자가 성인의 대인관계 문제의 유형들을 어떤 측면에서 분류하여 기술하고자 한다면, 기술가설을 사용할 수 있을 것이다.

차이가설(差異假說)은 집단들 사이에, 혹은 동일한 내담자 내에서 어떤 차이가 있는지를 검증한다. 이 가설의 중심적인 특징은 비교를 한다는 점인데, 주로 어떤 차원에서 차이가 나는 집단들이나, 서로 다른 처치를 받은 집단들을 비교한다. 예를 들면, 서로 다른 상담처치를 받은 내담자 집단들이 특정 상담성과에서 차이를 보일 것이라는 형태의 가설을 생각해 볼 수 있다. 차이가설을 검증하는 데에는 주로 집단간 설계와 집단내 설계를 사용한다.

관계가설(關係假說)은 둘 이상의 구성개념들이 서로 관련되어 있는 정도나 함께 변화하는 정도에 관심을 갖는 경우이다. 이러한 가설을 검증하는 데 주로 사용되는 통계적 기법은 상관이나 회귀분석이다. 예를 들면, 어떤 상담소에서 초기 상담에 나타난 내담자의 작업동맹과 상담의 조기종결간의 관계를 살펴보는 연구를 하고자 한다면, 이 연구의 가설은 관계가설에 해당할 것이다.

3. 변인의 선정과 조작적 정의

연구가설을 구체화한 후에는 연구 아이디어를 경험적으로 검증하기 위해 가설에 포함된 모든 용어와 구성개념들을 구체적으로 정의할 필요가 있다. 각 구성개념들을 조작적으로 정의하는 과정은 특정 연구에서 그 개념을 측정하는 데 필요한 행동과 조작들을 상세하고 명료하게 기술해야 함을 말한다.

그러나 연구자들이 동일한 구성개념을 연구하면서 서로 다른 조작적 정의를 사용하는 경우에 문제가 발생할 수 있다. 동일한 구성개념에 대해 서로 다른 조작적 정의를 사용한다면, 동일한 주제에 대한 연구들이 축적되어도 이 결과들을 통합하고 요약하는 데에 어려움이 생길 수 있다. 더욱 중요한 것은 서로 다른 조작적 정의가 서로 다른 연구 결과들을 낳을 수 있다는 점이다. 따라서 특정 연구의 결과는 그 연구에서 사용된 조작적 정의에 의해 그 결과의 해석이 제한될 수밖에 없다는 점에 유의해야 한다. 또한 어떤 주제에 대한 연구들이 진전되어 지식이 축적되고 더욱 정교화되어 감에 따라 조작적 정의도 수정해야 하는 경우가 종종 발생한다는 점 역시 유념해야 한다.

실험연구에서는 연구자가 어떤 변인을 체계적으로 변화시키고서 그 결과로 다른 변인에서 나타나는 변화를 조사한다. 이때 연구자가 변화시키는 변인을 독립변인이라 하는데, 즉 독립변인은 실험에서 연구자가 어떤 의도를 갖고 체계적으로 조작하거나 통제하는 변인인 것이다. 독립변인의 효과를 조사하기 위해서는 독립변인을 조작하였을 때 이에 수반하여 다른 변인, 즉 종속변인에서 나타나는 변화를 관찰하게 된다. 실험연구의 경우, 종속변인에서 나타나는 변화는 독립변인의 변화에 의해 발생하는 것으로 가정된다. 종속변인상의 변화는 독립변인의 조작에 의해 유발된 것으로 추론되기 때문에, 독립변인과 종속변인이라는 용어는 주로 인과관계를 살펴보는 실험연구에서 사용한다.

(1) 독립변인

독립변인을 선정하고 나면, 다음 단계에서는 독립변인을 구체적으로 조작하고 평가하게 된다. 독립변인의 조작과정은 연구에서 인과관계의 설정과 해석에 매우 중요하기 때문에, 연구자는 다음과 같은 몇 가지 사항을 고려해야 한다. 우선 독립변인은 연구에서 원인으로 여겨지는 구성개념을 정확히 반영해야 한다. 이 과정이 잘못되면 결과의 해석이 불분명해지고 대안적인 다른 설명들이 가능해진다. 둘째, 독립변인의 조건을 결정해야 한다. 여기서 조건이란 용어는 수준, 집단, 범주, 처치 등과 같은 의미로 사용된다. 조건은 연구자가 결정하는데, 종속변인에 나타나는 효과를 보기 위해 독립변인의 조건을 결정하는 과정을 실험적 조작이라 한다. 조건의 예를 들면, 내담자의 작업동맹에 미치는 상담자 언어반응 유형의 효과를 비교하는 연구에서 언어반응 유형에 우호적·통제적·적대적 반응을 포함한 경우를 생각해 보자. 이 경우, 상담자의 언어반응 유형이 독립변인이 되고, 세 가지 반응 유형은 독립변인의 세 가지 조건이 된다.

셋째, 연구자는 독립변인의 조건들간의 차이를 연구자가 관심을 가진 차원에서의 차이로 제한해야 한다. 조건들은 연구자가 관심을 가진 차원에서만 달라야 하며, 다른 모든 차원에서는 동일해야 한다. 이를 위해 연구자는 연구를 시작하기 전에 잠재적인 오염원을 고려해야 한다. 상담연구의 경우, 연구자는 상담자, 내담자, 그리고 처치에 관련된 오염변인들을 사전에 파악하여 이를 최소화시킬 수 있어야 한다. 이처럼 실험 시작 전에 이루어지는 오염변인의 통제를 실험적 통제라 하며, 어떤 경우에는 실험이 끝난 후 통계적 기법을 활용하여 결과의 내적 타당도를 높이는 통계적 통제를 사용하기도 한다.

넷째, 관심가진 차원에서의 조건들간의 차이는 피험자가 분명하게 알 수 있어야 한다. 이러한 점은 연구의 타당도에 매우 중요하지만, 그러나 차이가 너무 크면 위험할 수 있다. 즉 피험자가 실험과정에서 연구가설을 추정하고 연구자의 의도에 맞추어 행동할 수 있는 가능성이 있는 것이다. 이러한 현상을 호손효과(Hawthorn effect)라 하는데, 이 효과는 미국의 호손공장에서 행해진 한 연구에서 비롯된 것이다. 그 연구에서 모든 실험조건의 근로자들은 조건에 관계없이 실험자의 기대에 맞추어 생산성을 향상시키는 결과를 보였다.

독립변인을 신중하게 정의하고 조작한 다음에는, 조작이 잘 되었는지 확인해 보는 과정이 필요하다. 실험적 조작을 점검할 때에는 대체로 다음과 같은 세 가지 사항을 확인한다. 우선 연구자는 관심을 가진 차원에서 실제로 조건간에 차이가 있는지를 확인해야 한다. 이때 확인은 피험자에 의해 이루어질 수도 있고, 제3의 평가자를 활용할 수도 있다. 둘째로 확인해야 할 사항은 연구자가 관심가진 차원 이외의 다른 차원에서는 조건들간에 차이가 없음을 확인해야 한다. 마지막으로 연구자는 실험의 처치가 자신이 의도한 대로 행해지고 있는가를 점검해야 한다. 상담연구의 경우, 독립적인 제3의 평가자를 이용하여 무작위로 상담 테잎의 한 부분을 들어 보도록 하여 처치가 제대로 되어지고 있는지 확인해 보는 방법도 있다. 처치가 의도대로 행해지도록 하기 위해 연구자는 처치를 담당하는 상담자를 사전에 잘 훈련시키거나, 또는 적절한 처치요강을 제공하는 방법을 사용하기도 한다.

(2) 종속변인

종속변인은 연구문제에서 효과를 나타낼 것으로 가정된 구성개념을 측정하기 위해 선정된 변인이다. 따라서 종속변인은 효과를 나타내는 구성개념을 정확히 반영하도록 적절하게 조작해야 한다. 여기서는 종속변인의 조작과 관련하여 고려해야 할 몇 가지 사항을 살펴보겠다. 첫째, 종속변인은 연구자가 관심가진 구성개념을 반영하기에 충분한 신뢰도와 타당도를 가지고 있어야 한다. 이러한 신뢰도와 타당도의 문제는 뒤에서 자세히 살펴볼 것이다.

둘째, 하나 이상의 종속변인을 사용하는 것이 바람직한 경우가 있다. 때로 종속변인에 다른 구성개념이나 무선적 오차가 부분적으로 포함되어 있어서 연구자의 관심변인을 하나의 종속변인이 정확히 반영하지 못하는 경우가 있다. 이러한 경우 몇 개의 종속변인을 선정한다면, 하나의 종속변인이 잘 반영하지 못한 구성개념을 다른 종속변인들이 반영할 수 있다는 이점이 있다. 그리고 실험의 결과가 하나 이상의 구성개념에 영향을 줄 것으로 기대되는 경우에는, 여러 개의 종속변인을 사용함으로써 관련된 다른 변인들도 다각적으로 고려할 수 있다. 그러나 종속변인들의 수가 너무 많아지면 자료의 분석이 복잡해질 것이다.

셋째, 측정과정 자체가 피험자의 특성에 영향을 주지 않도록 함으로써, 피험자의 특성을 종속변인이 민감하게 반영할 수 있도록 해야 한다. 종속변인을 측정할 때 연구자는 측정하려고 하는 피험자 특징에 영향을 줄 수 있는 다른 요인들을 반드시 고려해야 한다. 예를 들어, 시험불안에 대한 연구에서 피험자는 질문지 작성과정이 시험보는 것과 유사하기 때문에 자기보고 질문지 방법을 사용할 때 더 높은 불안을 보고할 수 있을 것이다. 다른 예로는 아동의 공격성에 대한 연구에서 평소 공격적인 아동이 낯선 관찰자에 의해 관찰될 때에는 공격적 행동을 덜 나타낼 수 있을 것이다.

4. 자료의 수집

연구가설에 언급된 구성개념에 대한 조작적 정의가 이루어지고 연구의 설계가 결정되고 나면, 연구자는 자료를 수집한다. 이때 실제로 자료를 수집하는 과정은 실험의 설계에 따라 달라진다. 따라서 연구자는 자료수집 전에 실험의 설계를 분명히 결정하여야 한다. 자료를 수집하고 나면 그 의미를 해석해야 하는데, 대개 이러한 자료들은 피험자의 특성을 나타내는 숫자들로 표현된다. 연구가설의 검증, 특히 가설에 명기된 변인들간의 관계성이 실제 존재하는지의 여부는 수집된 자료들을 요약하고 분석함으로써 결정할 수 있다.

다음에는 다소 중첩되는 부분은 있으나 상담 분야에서 자주 사용
되는 자료수집 방법을 편의상 여섯 가지 범주로 구분하여, 각 방법의
설명과 함께 장단점을 살펴보겠다.

(1) 자기보고법

자기보고법은 피험자 스스로 자신이 어떤 특성을 얼마나 가지고
있는지, 또는 어떤 행동을 얼마나 자주 하는지 등을 평가하게 하는
방법이다. 이 방법의 특징은 피험자가 스스로 자신을 관찰하여 보고
한다는 점이다. 자기보고법에서는 피험자가 솔직하고 정직하게 보고
하며, 보고내용이 피험자의 정확한 상태를 반영할 것이라고 가정한다.

이 방법의 장점은 우선 실시하기가 쉽고 간편하다는 점이다. 둘
째, 다른 방법으로는 측정하기 어려운 부분을 측정할 수 있다. 즉 성
행동과 같은 매우 사적인 행동을 비롯하여 비밀스런 생각, 감정, 또
는 미래의 계획 등을 측정할 수 있다. 마지막으로 자기보고법은 상담
과 심리치료에 대한 현상학적 입장과 일치한다. 현상학적 입장에서는
내담자의 내적인 사고와 감정을 가장 중요한 요소로 간주하며, 행복
감, 결혼생활 만족도, 그리고 불안과 같은 내적인 측면들에 대한 자
기보고를 더 중요시한다.

이 방법의 가장 분명한 단점은 쉽게 짐작할 수 있듯이 피험자에
의해 왜곡될 수 있다는 것이다. 예를 들어, 피험자는 나름대로 연구
의 가설을 예측하고 연구자의 기대에 맞추려 하거나, 사회적으로 바
람직한 좋은 인상을 주려 하거나, 도움을 받기 위해 실제보다 자신의
고통을 더 과장할 수도 있다. 또 다른 단점은 이 방법이 현상학적 입
장과 일치함으로써 얻을 수 있는 장점의 반대 측면이다. 상담심리학
의 다른 이론적 입장들, 특히 행동주의자들은 자기보고법의 가치를
낮게 평가하는데, 이는 객관성이 결여되어 있기 때문이다. 그러나 자

기보고법은 이러한 단점들에도 불구하고 현재 상담연구에서 가장 널리 사용되고 있다.

(2) 다른 사람에 의한 평정

피험자의 특성을 다른 사람이 평정한다는 점을 제외하면, 자기보고법과 그 절차가 유사하다. 이 경우 평정은 주로 전문가에 의해 이루어지는데, 전문적인 소양과 경험을 갖춘 평정자의 평정이나 판단은 피험자의 특성을 정확하게 반영하는 것으로 가정된다.

이 방법의 장점은 자기보고법이 갖는 장점을 많이 공유하고 있는데, 특히 실시하기가 쉽다는 점이 그렇다. 다른 장점은 평정척도들을 사용하여 다양한 조건들에서 심리적 특성들을 측정할 수 있다는 것이다. 이 방법의 가장 큰 단점은 평정이 체계적으로 편파되어질 수 있다는 것인데, 특히 평정자가 연구가설이나 피험자가 속한 조건을 알고 있는 경우 이 문제는 심각해질 수 있다. 따라서 가능한 한 평정자는 실험의 여러 요인들에 대해 모르는 상태에서 평정하도록 하는 것이 바람직하다. 두 번째 문제는 평정자의 특성에 의해 평정이 달라질 수 있다는 점인데, 이 경우에는 평정자에 기인한 변량을 줄이기 위해 중립적인 평정자, 혹은 여러 명의 평정자를 사용할 수 있다.

(3) 행동측정

행동측정법은 겉으로 드러난 피험자의 외현적 행동을 훈련된 관찰자가 관찰하여 기록하는 방법이다. 이 방법은 명확하고 관찰가능한 행동에 초점을 두며 평정자의 추론에 의지하지 않는다는 점을 제외하면, 앞부분에서 설명한 다른 사람에 의한 평정과 동일하다. 일반적으로 이러한 행동평가 방법에는 연구자가 관심을 갖고 있는 행동을 조작적으로 정의하고, 피험자의 행동을 직접 관찰하고, 목표행동이 나타나는 빈도를 기록하고, 그리고 자료를 제시하고 요약하는 과정이 포함된다.

행동측정 방법의 장점은 그 결과가 객관적이고, 직접적이고, 그리고 측정가능하다는 점이다. 행동을 관찰하고 기록하는 데에 편파가 생길 수는 있으나, 자기보고법에 비해 개인적, 혹은 주관적인 편파가 적다. 두 번째 장점으로서 이 방법은 다양한 환경들에서 피험자들의 행동을 평가할 수 있다. 마지막으로 많은 역기능적 행동들은 행동 그 자체가 문제가 되는데, 행동측정은 이런 경우에 유용하다. 역기능적 행동의 예로는 말더듬, 사회기술 결함, 성적 역기능, 약물중독 등의 행동이 포함될 수 있을 것이다.

이 방법의 가장 중요한 문제는 선택된 행동이 관심 있는 구성개념을 정확히 반영하는지의 문제이다. 내담자의 문제나 관심사가 특정 행동이 아닐 경우가 있다는 점이다. 결혼생활 만족도와 같은 구성개념의 경우, 이와 관련된 행동들은 여러 가지가 있지만 이 개념을 정확하게 행동으로 조작하기는 힘든 게 사실이다. 두 번째 문제는 대표성의 문제이다. 행동평가에서는 표집된 행동이 다른 시기의 행동들도 대표한다고 가정하지만, 여러 가지 이유들로 인해 실제 표본행동은 다른 행동들을 대표하기 힘들다. 게다가 피험자는 자신이 관찰되고 있음을 알고 있을 때 자신의 전형적인 행동과는 다른 행동을 보일 수 있다. 세 번째 문제는 신뢰도의 문제인데, 행동평가에서는 관찰자들 간의 일치도가 문제될 수 있다.

(4) 생리학적 지표

피험자의 심리적 상태를 추론하기 위해 생물학적인 반응들을 이용하는 방법이다. 어떤 구성개념의 직접적인 측정치로서 생리적 반응

2장 상담연구의 기본 절차 **41**

들을 사용하는 경우가 있다. 예를 들면, 불안의 경우 자기보고법은 여러 요인들에 의해 왜곡되어질 수 있으나, 생리적인 측정치는 왜곡되지 않고 직접적으로 얻을 수 있다. 그러나 최근 불안연구들에서 나온 결과들을 보면, 생리적 상태과 심리적 현상간의 관계는 그렇게 직접적이지는 않은 것으로 밝혀졌다. 그 밖에도 생리적인 측정은 비용이 많이 소요되고, 특별한 전문기술이 필요하고, 기계와 도구사용에 따른 오류가 생길 수 있다는 문제점들을 갖는다.

결과적으로 지금까지 상담연구에서 생리적 측정법은 많이 사용되지 못하였다. 그러나 상담연구에 중요한 비언어적 의사소통, 예를 들면 피험자의 어조나 음성의 질 등을 연구하기 위해서는 이 방법을 더욱 개발하고 발전시킬 필요가 있는 것으로 보인다.

(5) 면   접

면접은 피험자로부터 직접적으로 정보를 얻는 방법으로서, 면접자와 피험자간의 대인 상호작용을 포함한다. 면접방법에는 세 가지 종류가 있는데, 대면면접, 전화면접, 설문지 면접 등이 그것이다. 대면면접은 훈련된 면접자가 피험자와 직접 얼굴을 맞대고 구조화된, 또는 비구조화된 방식으로 일련의 질문들을 물어보는 것이다. 구조화된 대면면접에서는 질문의 내용과 순서가 사전에 결정되어 있으며, 비구조화된 대면면접에서는 주제는 정해져 있으나 질문들이 사전에 정해져 있지 않아 면접이 진행되는 동안 면접자가 선택하게 되어 있다. 구조화된 면접의 경우, 면접에서 얻어진 정보의 질은 질문의 질, 깊이, 그리고 범위에 따라 달라지므로 연구자가 사전에 주의 깊게 면접계획을 세워야 한다.

대면면접의 장점은 질문의 구성에서 융통성이 있다는 점이다. 즉 면접자는 피험자의 혼란을 피하기 위해 설명을 해 줄 수 있고, 면접

도중에 특정 반응의 적절성을 평가할 수 있고, 그리고 피험자의 동기를 파악할 수 있다. 특히 대면면접의 융통성은 주제가 복잡하거나 피험자가 자신의 대답을 모르고 있을 때 이점을 갖는데, 이때 면접자는 탐색을 통해 피험자로부터 보다 깊은 정보를 얻을 수 있다. 또한 대면면접은 면접자가 피험자를 관찰할 수 있기 때문에 부가적인 정보를 얻을 수 있다. 면접법의 단점은 시간과 돈이 많이 든다는 점이다. 면접자들을 모집하여야 하고, 면접자들간에 면접절차가 동일하도록 표준화하기 위해서 이들을 훈련시켜야 한다.

전화면접은 훈련된 면접자가 전화를 통해 일련의 질문들을 피험자에게 묻는 방법이다. 이 방법은 시간이 덜 소요되며, 장거리 전화가 아니라면 비용도 적게 든다. 그러나 이 방법은 깊이 있는 정보를 얻기 힘들며, 시간이 제한되기 때문에 많은 양의 정보를 얻을 수 없다는 문제점이 있다.

(6) 투 사 법

이 방법의 논리적 근거는 애매모호한 자극에 반응하는 과정에서 피험자들은 자신의 반응을 검열하지 않게 되고, 따라서 그들의 성격적 측면들을 드러내게 된다는 것이다. 가장 잘 알려진 두 가지 투사법은 모호한 그림을 사용하는 주제통각 검사(TAT)와 잉크반점을 이용한 로샤(Rorschach) 검사이다. 이외에도 그림 그리기, 수필쓰기, 문장 완성하기, 인형가지고 놀기, 단어 연상하기 등의 방법들이 사용될 수 있다. 이때 피험자들의 반응들은 간접적인 측정치들이므로 어떤 방식으로든 해석되어야 한다. 그러나 몇 가지 객관적인 채점체계, 예를 들면 로샤 검사의 채점을 위한 엑스너 체계(Exner, 1974)를 제외하면, 대체로 투사법의 채점은 주관적으로 이루어진다.

이 방법의 장점과 단점은 이 방법이 인간 행동에 대한 정신역동적 접근에 배경을 두고 있다는 점과 관련된다. 이 방법의 가장 큰 단점은 채점이 주관적이기 때문에 내담자에 대한 선입견을 확증해 주는 경향이 있고, 따라서 내담자를 잘못 이해할 수 있다는 점이다. 더욱이 기저에 있는 성격특성과 외현적 행동간의 관련성이 명확하지 않을 수 있다. 이러한 단점에도 불구하고, 투사법은 성격의 무의식적인 측면을 드러낼 수 있는 방법을 제공함으로써 상담연구에 많은 기여를 해 온 게 사실이다.

〈표 2-1〉 **변인의 조작적 정의와 자료수집의 실례—문형춘(1993)의 연구**

---

1. 연구 제목
　초기 상담에서 내담자-상담자 반응연계 유형에 따른 즉시적 성과

2. 연구문제
　1) 초기 상담에서 내담자의 특정 주관적 반응상태에 따라 상담자들
　　은 어떤 언어반응을 주로 사용하는가?
　2) 내담자 주관적 반응과 상담자 언어반응의 연계유형에 따라 즉시
　　적 성과에서 어떤 차이가 나타나는가?
　3) 즉시적 성과와 회기 성과는 어떤 관계가 있는가?

3. 변인의 선정과 조작적 정의
　1) 선정 변인 : 내담자 주관적 반응, 상담자 언어반응, 전술한 두 반
　　응의 연계 유형, 즉시적 성과, 회기 성과
　2) 변인의 조작적 정의(1) 및 측정도구(2)
　　− 내담자 주관적 반응
　　　(1) 내담자가 상담회기중 상담자의 반응에 대해 느끼는 주관적
　　　　인 경험이나 느낌
　　　(2) 주관적 반응체계 척도(최명숙, 1991)
　　− 상담자 언어반응
　　　(1) 상담회기중 상담자가 보이는 외현적 언어반응의 유형
　　　(2) 상담자 언어반응 양식 체계(정방자, 1986)
　　− 연계유형

　(1) 내담자 주관적 반응에 후속되어 나타난 상담자 언어반응의
　　연계단위들 중 우연 발생확률 이상으로 나타난 연계단위
　(2) 윔폴드와 롤(Wampold & Roll, 1986)의 연계분석 프로그램
－ 즉시적 성과
　(1) 상담과정중에 상담자의 개입에 후속되어 나타나는 내담자
　　체험수준의 변화
　(2) 체험척도(문형춘, 1993)
－ 회기 성과
　(1) 상담회기 직후 상담의 깊이와 순조로움에 대한 평가
　(2) 상담회기 평가 질문지(오경희, 1986)

4. 자료수집 방법
　1) 자기보고법: 내담자 주관적 반응, 상담회기 평가
　2) 다른 사람에 의한 평정: 상담자 언어반응, 즉시적 성과

5. 비평적 논의
　　실제 내담자들을 대상으로 한 현장연구로서, 실험적 조작이나 통
제가 사실상 어려운 연구이다. 이 연구는 연구문제로 삼고 있는 상담
자와 내담자의 상호작용 특성과 그에 따른 즉시적 성과, 그리고 즉시
적 성과와 회기성과의 관계를 체계적으로 기술(記述)한 연구로 볼 수
있다.

3 장

타당도의 문제

1. 타당성의 문제

타당성이란 정당한 과정과 절차 및 방법들이 사용되었을 때 얻어지는 성질을 말한다. 연구나 지식의 내용이 받아들여지기 위해서는 그것을 평가하는 사람들이 받아들일 수 있는 타당한 절차와 과정을 가지고 있어야 한다. 당연한 이야기이다. 하지만, 이 말을 곱씹어 본다면 여기에는 생각해 봐야 할 것이 들어 있다는 것을 확인할 수 있을 것이다. "그것을 평가하는 사람들이 받아들일 수 있는"이라는 단서가 바로 그것이다. 누가 평가를 하는가? 고대 로마인들인가? 사과 나무 아래서 사색에 잠겨 있던 뉴턴인가? 조선시대 성리학자였는가? 아니면 1997년 한국에 살고 있는 한 명의 심리학자인가? 왜 이렇게 동서고금을 떠돌며 열거를 했을까? 이유는 간단하다. 이들이 살고 있던 시대와 장소, 그리고 지식의 내용이 사용되는 영역 등에서, 이들이 평가하는 타당성은 서로 그 기준이 다르기 때문이다. 예를 들어, 고대나 원시 부족들의 인간관, 자연관 등은 현대인들의 것과는 아주 달랐다. 그들은 국가의 중요 사업 등을 추진할 때 나라의 유명한 점술가나 샤먼 등이 예언이나 주술적인 기원을 드리는 것을 지극히 당연한 것으로 여겼다. 만일 우리 나라가 지금 건설하고 있는 경부 고

속전철 사업을 앞두고 점술가나 무당 등을 통해 이것이 국가의 장래 흥망 성쇠와 관련이 되었는지를 점치게 하고, 풍수지리 학자들에게 철로의 설계를 맡긴다면 이런 국가의 결정은 타당한가? 동시대를 살아간다고 동시대인들 모두가 동일한 인간관, 자연관, 그리고 세계관을 갖는다고 볼 수는 없다. 하지만, 그 시대를 살아가는 지식인집단이 가지는 하나의 패러다임[1] 내지는 연구 프로그램[2] 안에서 많은 부분 합일점을 확인할 수 있기 때문에 당대를 살아가는 연구자는 그런 합의된 관점하에서 자신의 연구를 수행하게 되는 것이다. 여기서 우리가 논의하고자 하는 타당성에 대해 어느 정도 합일된 기준은, "근대 서양과학의 경험주의적 전통과 실험적 전통을 이어받았고, 인간의 심리적 과정은 하나 하나 세분하여 분석하는 것이 가능하다고 믿는 분석적 인간관과 세상에는 보이지는 않지만 어떤 질서가 있어서 관찰가능한 사건을 통해 일반화가 가능하다고 보는 소박한 실재적인 자연관을 가진 사람들의 기준"이라고 할 수 있다.

이론적 타당성과 방법론적 타당성

구약 성경 다니엘서에 보면 재미있는 '실험'의 예가 나온다. 이스라엘의 남쪽 유대 왕국의 제호야킴왕 제위 3년에 바빌로니아왕 느부

---

1) 토마스 쿤(T. Kuhn)은 한 시대를 살아가는 지식인 집단이나 사람들 사이에 합의된 과학적 관점의 틀을 패러다임이라고 불렀다.

2) 임레 라카토스(I. Lakatos)는 쿤의 패러다임과 유사한 연구 프로그램 (research program)이라는 개념을 제시하였는데 그는 여러 개의 이론들이 하나의 핵심적인 원리를 중심으로 주변에 연결되어서 하나의 덩어리 같은 형태로 존재한다고 보았다. 그는 하나의 프로그램이 다른 것들에 비해서 우월한가를 평가하는 합리적인 과학적인 기준이 있다고 보는 합리주의적 과학관을 제창하였다. 이에 비해 쿤은 하나의 패러다임은 학문적인 검증보다는 사회적 조류나 정치적 영향력, 시대적 특성 등 과학 이외의 요소에 의해 영향을 받는다고 보는 상대주의적인 과학관을 주장하였다. 앨런 차머스(Alan Francis Chalmers) 저, 신일철·신중섭 역(1985), 「현대의 과학철학」, 서광사, pp. 132-184.

갓네살이 유대를 침략하여 점령한다. 유대를 점령한 느부갓네살은 인
질정책을 써서 유대의 왕족 및 귀족의 자제 중 용모, 지식, 재능, 능
력을 겸비한 청년들을 선발해서 바빌로니아 왕궁의 일을 시키려고 하
였다. 여기에 선발된 사람들 중에 다니엘과 그의 친구 3명이 속해 있
었다. 왕은 이들에게 많은 관심을 기울여서 자신이 먹는 음식과 포도
주를 이들에게 먹이도록 환관장에게 명령한다. 다니엘은 종교적인 이
유로 왕이 지정한 음식 먹기를 거부하고 대신 채식을 하게 해달라고
환관장에게 요청을 한다. 이 요청을 받은 환관장은 채식을 한 사람들
이 다른 청년들보다 수척해지면 책임을 맡은 자신이 처벌을 받을 것
이라며 다니엘의 요청을 받아들이기를 거부하였다. 이때 다니엘은 10
일 동안 채식을 한 우리들과 왕의 음식을 먹은 다른 청년들을 비교한
뒤 처분을 해달라고 간청을 하였고 환관장은 이를 허락하였다. 다니
엘과 그의 친구 3명에게 채식을 시킨 뒤 10일 후 이들의 얼굴색을
다른 동무들과 비교하였더니 다니엘과 그의 친구들의 얼굴색이 더 윤
택하였고, 살이 찐 것을 보고 환관장은 왕의 진미 대신 채식을 이들
에게 제공하였다.

이 에피소드를 읽으면서 독자들은 실험 연구의 과정과 설계에 대한
어떤 단상을 얻었는가? 다니엘
의 사례를 실험 패러다임의 입

$$G_1 \quad \cdots\cdots\cdots X \quad \cdots\cdots\cdots O_1$$
$$G_2 \quad \cdots\cdots\cdots\cdots\cdots\cdots O_2$$

장에서 다시 서술해 보자. 이
사례는 비동등집단 처치후 측
정설계(non-equivalent group posttest-only design)이다. 원전집은 왕궁
에 선발된 청년들이고, 처치 X는 채식이며, G_1 실험집단에는 다니엘
과 그의 친구 3명(총 4명)이 배정된 것이며, G_2는 아무런 처치가 이
루어지지 않는 통제집단이다. G_2 집단에는 나머지 선발된 청년들(인
원 수는 기록에 없음)이 배정되었고 채식을 하도록 하는 처치를 받지
않는 통제집단이다. 하지만 이들은 이미 왕의 진미를 먹고 있으니 일

반 평민들과는 다른 처치를 받는 셈이 되므로, 다른 하나의 처치 X_2 를 받는 제2 실험집단으로 볼 수도 있다. 이 연구가 바빌로니아 청년 들의 발육 상태에 채식이 미치는 영향을 연구한 것이었다면 일반 평 민출신 청년들로 구성된 통제집단을 구성해야겠지만, 단지 왕궁으로 선발된 청년들을 대상으로 실시하였고, 연구 결과 역시 그들 집단에 게만 적용되는 것이었기 때문에 이들이 주식으로 삼는 왕의 진미와 포도주를 먹는 집단을 통제집단으로 보아도 무방하다. 종속변인은 '얼굴색'이라 볼 수 있다. 환관장은 이 실험을 통해 채식이 다른 종류 의 음식 섭취보다 더 효과적이라는 결론을 지었다. 이 결론은 타당한 가? 이 실험의 설계는 잘 짜여져 있는가? 타당성이 부족하다면 어디 에 결함이 있는가? 이러한 의문에 대해 나름대로 대답을 할 수 있다 면 연구의 방법론에 대해 나름대로의 식견이 있다고 볼 수 있다.

　타당도란 전체적인 실험의 계획과 연구의 수행 전과정이 적절한 방법과 절차들을 통해 이루어졌을 때 확보되는 것이다. 흔히 타당도 를 논의할 때 교과서나 교재 등에 등장하는 몇 가지 종류의 타당도를 머릿속에 그려 보고 이것에 위배되지 않는다면 괜찮을 것이라는 소박 한 생각을 연구자들이 가지기 쉽다. 다시 한번 강조해야 할 점은 연 구의 타당도는 연구의 계획과 수행의 전단계를 통해 확인된다는 것이 다. 이 장에서는 이런 입장에서 논의를 전개해 보고자 한다. 실용적 인 면에서 보면 이러한 논의가 군더더기처럼 보일 수도 있지만, 이것 은 낡고 쓸데없는 이론적 사변이 아니라 연구의 타당성을 탄탄하게 유지할 수 있게 하는 조망을 제공한다.

　연구가 타당하게 이루어졌다는 말은 곧 연구의 시작부터 끝에 이 르는 일련의 과정이 모두 타당한 절차와 이론적 배경하에 이루어졌다 는 것을 의미한다. 그러므로 여기서 검토해 보려고 하는 타당성의 문 제는 어떤 실험 설계를 왜 선정하였느냐 하는 방법론적 수준의 타 당성뿐만 아니라, 연구가설의 도출, 변인의 선정, 조작적 정의의 설정

〈표 3-1〉 **타당도 확보를 위한 고려사항과 타당도의 단계**

타당도의 단계		타당도를 확보하기 위한 고려사항들
이론적 타당도		1) 연구내용이 관찰가능한가? 2) 연구가설은 연구주제를 잘 대표하는 명제의 이분법적 형식을 갖추었는가? 3) 변인은 연구가설을 잘 반영할 수 있는 지표로 조작적으로 정의되어 있는가? 4) 피험자는 전집을 잘 대표할 수 있는가? 5) 변인은 조작이 가능한가? 6) 변인의 통제는 가능한가?
방법적 타당도	설계의 타당도	1) 실험 절차의 통제와 표준화가 이루어졌는가? 2) 피험자의 표집과 할당은 적절했는가? 3) 실험방안은 여러 제한점을 고려하여 연구주제에 맞게 선택되었는가? 4) 예비 연구는 실시하였는가? 5) 실험 설계를 잘 반영하는 통계적 방법을 사용하였는가? 6) 연구 결과를 여러 상황에 일반화시키는 것이 가능한가?
	검사/측정의 타당도	1) 측정도구는 신뢰할 만한가?(신뢰도는 확보되었는가?) 2) 관찰자에 의한 평가일 경우 관찰자의 훈련은 잘 이루어졌는가? 3) 검사에 포함된 항목은 측정하고자 하는 변인을 잘 대표하고 있는가? 4) 검사에 포함된 항목들간에는 관련성이 높은가? 5) 새 검사를 작성하였다면 이 검사가 이미 사용되는 기존의 검사와 상관이 높은가?

등에 관련된 이론적/논리적 수준의 타당성에 이르기까지 여러 단계에 걸쳐 다양하게 관련되어 있다는 점을 염두에 두어야 한다. 연구가 진행되는 각 단계별로 타당도와 관련된 고려사항을 살펴보면 위와 같다.

2. 설계의 타당도와 측정의 타당도

이 책을 보는 독자라면 타당도라는 말을 이미 다른 책에서 접했을 것이라고 생각한다. 심리 검사나 측정 등의 교재는 타당도를 언급하고 있다. 그런 책들은 대개 검사나 측정의 과정에 사실을 좀더 정확하게 반영하는 절차나 과정으로 내용 타당도, 구성 타당도, 준거관련 타당도 등을 나누고, 그것을 측정하고 높일 수 있는 방법 및 제한점 등을 제시하고 있다. 그러나 이것은 연구의 전과정을 설명하는 것이 아니고, 연구과정중 심리검사를 제작하거나 측정을 하는 단계만을 다루는 것이다. 여기서는 측정의 타당도뿐만 아니라 설계의 타당도를 포괄적으로 설명하려고 한다. 이러한 분류는 연구자가 전체적인 조망을 가지는 데에 도움이 될 수 있을 것이다.

(1) 설계에서의 타당도

설계에서의 타당도란 실험 설계가 연구자가 제안한 연구가설을 얼마나 잘 반영하는가 하는 점으로 귀결된다. 즉, 연구가설의 수용과 기각을 결정하는 과학적인 반증절차가 얼마나 민감하게 나타나도록 구성되었느냐 하는 정도를 말한다고 볼 수 있다. 사실 설계에서의 타당도를 측정에서의 타당도와 따로 분류하는 것이 인위적일 수 있다. 왜냐하면 설계에는 측정의 부분이 들어 있기 때문에 크게는 설계에서의 타당도라는 측면에서 논의가 가능하기 때문이다. 하지만 설계를 연구(실험연구이든 현장연구이든 간에)를 구체화시키는 뼈대라고 보고 측정은 그 하위요소의 하나라고 보면 더 명료하게 이해되지 않을까 생각한다.

헤프너 등(Heppner et al., 1992)은 타당도를 네 가지로 나누고

〈표 3-2〉 **타당도의 종류 및 정의**

타당도의 종류	정 의
통계적 결론 타당도 (statistical conclusion validity)	독립변인과 종속변인간의 관계성에 대해 정확한 결론을 내릴 수 있는 정도
내적 타당도(internal validity)	변인간의 인과 추론이 가능한 정도
구성개념 타당도 (construction validity)	측정된 변인이 가설적 구성개념을 얼마나 잘 대표하는가의 정도
외적 타당도(external validity)	대상, 장면, 시간 등의 조건에 얼마나 넓게 일반화시킬 수 있는가 하는 일반화 가능성의 정도

그것을 위협하는 요소들에 대해 설명을 하였다.

1) 통계적 결론 타당도

전통적인 통계적 검증은 경합하는 두 개의 가설의 검증에 적용된다. 영가설은 연구에서 사용되는 변인들 사이에 관계성이 없음을 예언하는 형식으로 언급된다. 대안가설은 영가설에 반대되는 형식, 즉 두 변인 사이에는 관계성이 있다는 형식으로 언급되기 때문에 연구자들은 영가설이 기각되고 대안가설이 받아들여지기를 원하게 된다. 이 과정은 아주 기계적으로 이루어진다. 그러나 영가설의 기각이 곧 대안가설의 수용이라는 등식으로 이어지는 과정에는 눈여겨 보아야 할 점이 있다. 연구가설을 언급할 때 연구자는 가설을 서로 대립되는 두 개의 영역으로 나누어서 이분법적으로 제시해야 한다는 것이다. 〈그림 3-1〉을 보자. 논리학에서 전체집합 U에서 하나의 영역 A가 있다고 할 때 A 이외의 영역은 A의 여집합 A^c이다. 그러므로 영가설은 A에 해당하는 것이고, 대안가설은 A^c에 해당된다. 그리고 A와 A^c의 합은 전체집합 U를 구성한다. 그렇기 때문에 영가설 A를 기각하는 것은 대안가설 A^c를 수용할 수 있게 되는 논리적 근거를 이루

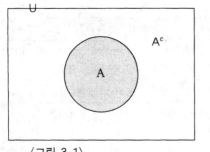

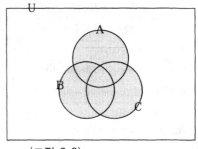

〈그림 3-1〉   〈그림 3-2〉

게 되는 것이다. 다른 〈그림 3-2〉를 보자. 만일 전체집합 U에 A영
역 이외에 B나 C 등의 영역이 있다면, A를 기각하는 것은 A를 기
각했다는 것 이외에 다른 정보를 제공하지 못하는 것이다. A의 기각
은 A^{c}를 수용하는 것이 될 수 있지만 A^{c}의 영역에는 B와 C 그리고
B와 C의 교집합 영역인 B∩C 부분이 포함되어 있어서 A의 부정이
이 중 어느 영역을 의미하는지를 모르게 되는 것이다. 그러므로 연구
가설을 설정할 때 정확하게 대립적인 두 개의 언명(statement)을 사
용해야 하고, 이 과정이 정확하게 이루어져야 통계적 검증절차를 사
용해서 얻어진 결론이 타당성을 갖게 되는 것이다. 통계적 결론 타당
도에 대한 이론적인 언급은 이 정도로 하고 이 타당도를 저해하는 요
소를 일곱 가지로 나누어 보자.

가. 낮은 통계적 검증력

검증력이란 변인간의 관계성이 있을 때 관계성이 존재한다는 것
을 정확하게 결정할 수 있는 확률을 말한다. 즉 영가설이 거짓이고
대안가설이 참일 때 영가설을 정확하게 기각하는 것을 통계적 검증력
이라고 말한다. 영가설이 거짓일 때 영가설을 기각하지 못하는 영가
설 수용의 오류를 2종 오류(β오류)라고 하는데 이런 오류를 피하는
확률$(1-\beta)$이 곧 통계적 검증력이 되는 것이다. 통계적 검증력$(1-\beta)$
이 낮다는 말은 영가설(H_o)을 잘못 수용하는 β오류의 확률이 높다는

것을 말하므로 낮은 통계적 검증력은 정확한 통계적 결론 타당도를 위협하는 요인이 된다. 헤이스(Hays, 1994)는 (1) 비교되는 두 개의 집단의 점수 분포가 서로 겹쳐지는 정도가 적을 때, 즉 평균 점수간의 차이가 클수록 통계적 검증력은 높아지며 (2) α수준을 높이는 것은 β수준을 감소시켜서 $1-\beta$를 증가시키지만, 다른 손실을 감안해 전통적인 α수준(예: p=.05 혹은 .01)을 그대로 고수하면서 대신 표본의 크기를 크게 하거나 (3) 표본 크기를 크게 하기 어려울 때는 실험 통제를 통해 오차 변량을 줄이고 (4) 방향성을 알고 있다면 양방 검증보다는 일방 검증을 사용하는 것 등이 통계적 검증력을 높이는 방안으로 이용될 수 있다고 설명하고 있다.

나. 통계적 가정의 위반

통계적 검증의 절차는 여러 가정 위에 성립된다. 전통적으로 보면 (1) 표집 분포의 정상성 (2) 피험자 선정이 무선적·독립적일 것 (3) 변량의 동질성 등이 모수적(parametric) 통계절차의 사용에 있어서 요구되는 가정들인데 이런 가정들이 위반된다면 일반적으로 1종 오류(α)를 증가시키기 때문에 통계적 절차를 통해 얻어진 값이라 할지라도 정확한 통계적 결론을 내릴 때 위험성이 존재한다. 그러나 실제적으로 이러한 가정이 위반되었을 때 어느 정도의 영향력이 발생하는가를 알 수가 없기 때문에 정확한 결론을 내리기가 어렵게 된다.

다. 투망질식 검증과 오류율의 문제

하나의 가설을 가진 연구를 실시한 뒤 여기서 나온 결과를 가지고 여러 번의 집단간 비교를 무작위로 실시해 보는 것을 투망질식(fishing) 검증이라고 한다.

연구들은 하나의 가설에 대해 보통 하나의 통계적 검증을 실시하는 것이 보통이며, 여러 개의 비교를 반복하는 경우에는 오류의 발생 확률이 증가하게 된다. 그러므로 결과를 해석하게 될 때 오류 수준을 높이거나, 미리 계획된 비교만을 실시하는 등의 세부 절차가 요구된다. 이러한 절차 없이 어디에서인가 결과간의 유의미한 차이가 발생하는 것을 발견하기 위해, 가설을 세우지도 않고 얻어진 결과들을 투망질하듯이 비교하는 연구자가 있다. 비교를 많이 할수록 오류 수준은 아주 급격하게 증가하게 되므로 이런 투망질식 검증을 피해야 하며 하나의 연구가설에 대해 하나의 적절한 연구 설계를 사용하는 것이 바람직하다고 할 수 있다.

라. 신뢰롭지 못한 측정의 문제

신뢰롭지 못한 측정치는 오차 변량를 크게 하여서 진정한 상태를 잘 반영해 주지 못하기 때문에 다른 변인과의 관계성을 언급할 수가 없게 된다. 매번 잴 때마다 서로 다른 눈금을 가리키는 저울을 가지고 잰 결과를 믿을 수는 없는 노릇 아닌가? 측정의 신뢰성은 아주 기초적인 것이므로, 이것이 확보된 다음에야 측정을 통해 얻어진 결과들간의 관계성을 검토할 수 있게 된다. 그러므로 정확한 측정치를 확보하기 위한 여러 방안이 검토되어야 하며, 이에 관련된 타당도의 문제는 측정의 타당도 부분에서 좀더 다루기로 하겠다.

마. 신뢰롭지 않은 처치 실시의 문제

연구의 설계가 아주 잘 이루어졌을 경우일지라도, 연구의 실시중에 처치가 서로 다른 방식으로 전달된다면, 처치의 실시는 균등하게 독립변인에 영향을 미치지 못할 것이다. 실험절차의 표준화가 잘 안된 경우가 여기에 해당된다. 예를 들어, 상담자가 내담자에게 연습과제를 할당한다고 생각해 보자. 한 집단의 치료자는 회기의 끝무렵에 연습과제에 대한 아무런 설명이 없이 연습과제를 할당했고, 다른 집단의 치료자는 연습과제에 대한 논리를 자세히 설명해 주었다면, 이들간에는 처치의 전달이 서로 다르게 이루어진 것으로 연습과제 효과의 비교가 이루어지기 어렵다. 이런 위협 요인에 대처하기 위해서는 실험절차의 표준화가 필수적으로 요구된다. 하지만 실험절차의 표준화가 이루어진다 해도 처치간의 차이가 발생할 소지가 있는데 그것은 피험자의 문제와 관련된다. 차재호(1988)는 집단내 설계에서 반복적인 처치가 주어질 때 피험자는 각각의 처치에 대해 모두 동일하게 주의를 기울이지 않는 선택적 주의가 발생해서 처치의 효과가 서로 다르게 영향을 미칠 수 있다는 점을 지적하였다. 물론 이것은 실험 설계 내의 문제가 아니라 피험자 변인이지만 선택적 주의가 최소로 작용될 수 있게 연구자가 관심을 기울여야 한다.

바. 실험장면과의 관련성에 있어서의 무선성

연구를 할 때 내담자가 처치받은 것을 나름대로 적용하는 장면이 다양하면 처치효과에 대한 오차 변량을 증가시키고 변인간의 관계성에 대한 정확한 평가를 방해할 수가 있다. 불안 증상에 대한 연습과제를 할당하는 경우를 생각해 보자. 연습과제를 할당받은 내담자들은 자신들이 속해 있는 환경 속에서 나름대로 연습과제를 수행하게 된다. 그들이 속해 있는 환경은 독신자들이 모이는 선술집일 수도 있고, 직장일 수도 있고, 골목 시장의 야채 가게일 수도 있는 것이다. 연구가 진행되는 동안 겪게 되는 경험의 차이가 반응에 있어서의 차이를 유발하게 되고 오차 변량을 증가시켜서 결국 통계적 결론 타당도를 위협할 수 있을 것이다.

사. 피험자가 동질성에서 차이가 날 때

피험자들은 선발의 과정에서 아주 유사한 집단으로 구성되어야 표본의 동질성이라는 통계적 가정을 만족시킬 수 있다. 어떤 경우에 있어서는 피험자들이 서로 동질적이지 않을 수 있다. 예를 들어 피험자들은 서로 매력의 정도가 차이가 날 수 있다. 위에서 본 불안 증상 치료의 예를 다시 생각해 볼 때 매력적인 피험자는 그렇지 않은 피험자에 비해 연습과제를 수행할 때 더 성공적일 수가 있다. 이러한 피험자 특성에서의 차이는 통계적 결론 타당도를 저해할 수 있다. 물론 피험자 특성의 차이를 없애기 위해서 피험자의 선정과 할당에서 대표성과 무선성을 확보하겠만, 그래도 차이가 생기게 되는데 이러한 요인들을 제거하는 통계적 절차로서는 공변량 분석의 절차 등이 이용된다. 이렇게 피험자간의 동질성이 제대로 확보되지 못하고 차이가 나면 반응의 변산성이 증가하고, 통계적 결론 타당도를 위협하게 된다.

2) 내적 타당도

내적 타당도란 연구에서 사용된 변인들간의 인과적 관계성을 확인할 수 있는 정도를 말한다. 인과관계의 확인이란 연구의 핵심적인 측면이므로 사실 실험 설계에서 가장 중요한 부분이다. 그러므로 실험 연구에서의 내적 타당도는 독립변인의 조작이 종속변인에서 발견된 차이에 대해 책임을 지고 있느냐 아니냐 하는 점에 달려 있게 된다. 불안장애의 치료에서 연습과제를 실시해 보는 것이 불안검사 점수를 낮추게 했는가? 아니면 다른 설명이 가능한가? 우리들은 어떤 사상의 진짜 상태가 어떤지를 알 수 없기 때문에, 내적 타당도는 결과에 대해 대안적인 설명이 배제될 수 있는 정도가 얼마나 되는가 하는 점에서 우회적인 평가를 받는다. 이후의 설명을 통해 확실해지겠지만, 내적 타당도는 실험에서의 통제——예를 들면 피험자의 무선적 선발, 처치나 집단에 대한 무선할당, 독립변인의 조작, 그리고 측정 시점의 결정 등——와 직결된다. 내적 타당도를 위협하는 요인들을 보면 다음과 같다.

가. 역   사

역사란 처치가 실행되는 동안 관찰에 영향을 미칠 수 있는 사건이 발생하는 것을 말한다. 인간 피험자를 이용한 실험에서 처치의 발생 전후에 피험자들에게 서로 다른 사건들이 발생한다는 것은 너무도 당연한 일이다. 피험자들이 겪게 되는 사건은 그들이 속해 있는 환경이 서로 다르기 때문에 다양하게 나타난다. 이렇게 다양한 사건에 내재하는 처치 이외의 효과는 오염원으로 작용한다. 이것은 처치와 효과의 관찰(혹은 측정) 사이의 시간 간격이 클수록 더 쉽게 일어난다. 역사에 의한 오염을 줄이기 위해서는 집단들(실험집단과 통제집단)에서의 측정을 동일한 시점에 실시한다든지 처치와 관찰간의 시간 간격을 짧게 한다든지, 극단적으로는 연구가 이루어지는 동안 피험자를 외부 자극으로부터 격리하는 등의 방법을 이용할 수 있다. 하지만 인간 피험자를 사용하는 실제 연구상황에서는 격리와 같은 이러한 인위적인 통제가 거의 불가능하다.

나. 성 숙

성숙이란 처치 전후 사이에 연구의 결과에 영향을 미칠 수 있는 발달상의 변화가 생기는 것을 말한다. 이것은 위에 제시한 '역사'요인과 마찬가지로 시간상의 변화에 결부된 오염요인으로 나이를 먹는다든지, 신체적·정신적 발달이 생긴다든지, 피로가 증가한다든지 하는 피험자 내부의 변화이다. 집단내 설계의 반복측정을 실시하는 연구에서는 '역사'나 '성숙' 같은 피험자 내부의 변화요인에 취약할 수 있으나, 집단간 설계를 사용하는 연구에서는 비교집단들(실험집단, 통제집단)이 무선할당되었기 때문에 모두 동일한 정도의 성숙이 발생할 것이라고 가정하므로 상대적으로는 시간관련 요인에 영향을 덜 받는다고 볼 수 있다.

다. 검 사

이것은 검사의 반복에 의한 이월효과(carry-over effect)를 말한다. 검사를 반복하게 되면 이전에 받았던 검사와 친숙하게 되어서, 검사 항목이나 반응들을 회상해 내므로 검사점수가 올라가기 쉽다. 이러한 이월효과는 반복측정 설계의 경우에 오염원으로 작용하기 쉽

다. 차재호(1988)는 이월효과가 큰 변인과 적은 변인을 구분하여 설
명하였는데 (1) 자극(처치)의 효과가 지속적이거나 지연적인 것 (2)
주의나 노력이 많이 요구되는 에너지 부하가 큰 것 (3) 비인지적인
반응들이 이월효과가 큰 종속변인이 된다고 지적하였다. 예를 들면
생리적 반응 중 감정과 관계 있는 것들은 지속성을 가지고 있고 학습
이나 기억은 주의와 노력을 요구하므로 이월효과가 크며, 반면에 감
각, 지각, 뇌의 알파반응, 읽기속도, 반응시간, 작업량 등은 이월효과
가 적은 종속변인이 된다. 사실 이월효과를 제거하는 가장 확실한 방
법은 독립집단 설계를 쓰는 것이다. 그러므로 캠벨과 스탠리(Camp-
bell & Stanley, 1963)가 지적한 '진정한' 실험은 모두 독립집단 설계
들이다. 그러므로 변인의 성질을 구분해서 설계시에 고려를 하는 것
이 필요하다.

라. 측정도구의 변동

이것은 연구의 과정에서 측정도구나 절차에 변화가 생기는 것을
말한다. 측정도구는 기계이거나 정밀한 전자기기, 질문지일 수도 있
지만, 관찰자의 주관적인 평정도 사용된다. 기계나 기기 등을 사용하
는 경우는 측정도구의 변화가 거의 발생하지 않지만, 사람을 관찰자
로 사용할 때는 신뢰롭지 못한 편향이 발생하기 쉽다. 사람을 관찰자
로 사용해서 얻은 평정치를 종속변인으로 사용할 때는 이러한 편향을
최소화하기 위해 관찰자 훈련이 요구된다. 구조화된 관찰을 실시하는
것은 이러한 오염요인을 줄일 수 있다. 행동관찰을 실시하는 경우는
관찰 대상행동의 범위와 분석 단위를 결정해야 한다. 행동의 측정에
있어서 관찰 단위는 점수 단위, 맥락 단위, 요약 단위 등으로 나뉘어
지고, 또한 관찰의 형태는 빈도, 지속시간, 발생-비발생, 강도 등으로
나뉘어지기도 한다(Kendall & Nortonford, 1982). 이렇게 구조화된
관찰 목록표나 체크리스트 등을 사용하는 것은 관찰자의 편향을 줄이

고 측정의 신뢰성을 확보하는 데 아주 중요하다.

마. 통계적 회귀

통계적 회귀란 두 번 이상의 측정을 실시하면 낮은 점수는 다음 번에는 좀더 높은 점수를 받기 쉽고, 높은 점수를 받았던 경우는 낮은 점수를 받기 쉽게 되는 현상인데 분포의 극단에 있는 점수는 다음 번 측정에서 분포의 중앙쪽에 위치할 확률이 증가하는 것을 말한다. 이것은 측정을 반복하는 과정에서 발생하는 통계적 현상이다. 이 현상은 극단값을 갖는 집단을 실험집단으로 상정하는 연구에서 나타나기 쉽다. 예를 들어, 일반 전집에서 불안점수 측정을 통해 상위 25% 에 해당하는 사람들을 고불안집단으로 놓고 불안집단이 연습과제의 실시를 통해 어느 정도 효과를 보는가를 반복 측정하는 연구라면 이들이 어떤 처치를 받았는가와는 무관하게 통계적 회귀의 현상 때문에 처치 후 점수가 낮아질 수 있게 된다. 통계적 회귀는 집단간 설계에서는 문제가 되지 않지만 단일집단 반복 측정의 설계에서는 심각한 오염원으로 작용할 수 있으므로 해석을 할 때 유의를 해야 한다. 통계적 회귀는 피험자의 무선배정을 통해 해결이 가능하지만, 연구설계 자체가 극단값을 갖는 집단을 구성해야 하는 경우에서는 내적 타당도를 저해하는 요인이 된다.

바. 선   발

선발이란 처치를 실시하기 전에 이미 존재하고 있는 피험자집단들 사이의 차이를 말하는 것이다. 이것은 둘 이상의 집단을 사용하는 실험에 나타나는 것으로, 연구와 관련이 아주 깊은 요인에서 피험자들이 서로 다르다면 선발과 집단의 배정에서의 오염은 피할 수 없게 된다. 이것을 피할 수 있는 가장 좋은 방법 중 하나가 바로 무선배정이다. 또 다른 설계의 방책은 결합집단 설계(matched-group design)를 사용하는 것이다. 만일 인지-행동 치료 기법을 적용하는 경우의 심리치료에서 인지적인 귀인양식의 변화를 종속변인으로 선정하였다면, 무선배정보다는 인지적인 양식이 아주 비슷한 피험자들을 쌍으로 묶어서 집단에 골고루 배정되도록 하는 결합집단 설계가 더 적절할 수 있다.

사. 탈   락

탈락이란 실험에 무선적으로 배정된 피험자들이 중간에 탈락함으로 생기는 오염원이다. 이것이 치명적인 이유는 피험자의 탈락은 실험 설계 전체에 영향을 미치며, 그것의 심각성 정도를 파악하기가 힘들기 때문이다. 집단을 고우울, 저우울, 통제집단으로 나누어서 우울증 연구를 한다고 가정하자. 고우울집단은 실험에서의 탈락이 많이 발생할 수 있는데 이렇게 되면 연구의 내적 타당도는 매우 손상을 입게 된다. 하나 이상의 집단이 관련된 실험에서 집단들 사이의 탈락 정도가 서로 다르게 나타났다면 차별적인 탈락(differential attrition)이 발생하였다고 말할 수 있다. 그러므로 연구자는 실험 참가자들이 최대한 실험에 참여하도록 유도해야 한다. 일반적으로 통제집단을 사용하면서 무선배정을 실시하는 집단간 설계는 위에서 언급한 내적 타당도를 위협하는 요인들에 대해 비교적 안정적이지만, 집단간의 탈락률이 달라지는 차별적 탈락에는 취약할 수 있다. 특히 처치기간이 매우 긴 실험일 때는 이러한 차별적 탈락에 의한 오염이 발생하기 쉽다.

아. 피험자 선발과의 상호작용

집단에 배정된 피험자들이 서로 같지 않을 때 여기에 다른 요소들이 상호작용을 일으켜서 한 집단에 내는 효과와 다른 집단에 내는 효과가 서로 다르게 나타나는 것을 말한다. 이미 앞에서 제시한 타당도를 저해하는 여러 요인들이 선발과 상호작용을 일으킬 수 있다. 선발과 역사간의 상호작용이나, 선발과 성숙의 상호작용 등이 많이 논

의가 되었는데 이외에도 위에 제시한 모든 저해요소들이 선발과 상호
작용을 일으켜서 타당도를 저해할 수 있다. 예를 들어 실험집단이 환
자집단이고 통제집단이 정상인 집단인 경우를 생각해 보자. 환자집단
의 경우는 자연적 치유로 인해 주관적 행복감이 처치 전후 검사 사이
에서 향상을 보이지만, 후자는 그렇지 않을 수 있다. 이 효과는 통계
적 회귀와 아주 유사하지만, 그 피험자 내부에서 일어나는 자연적 상
태의 변화에 기인하는 것이므로 성숙의 결과로 볼 수 있다. 이런 경
우를 선발-성숙의 상호작용이라고 한다.

자. 인과관계 방향에서의 애매성

독립변인이 조작되고 시간적 선행성이 확보된 다음 종속변인 측
정치에서 차이가 발생한다면 이때 실험에서의 인과관계가 성립한 것
으로 볼 수 있다. 하지만 독립변인의 조작이 어려운 경우에는 인과관
계의 확인이 어렵다. 상관관계의 발견이 인과관계의 추론을 보장할
수는 없다. 상관관계란 연구하는 변인들 사이에 어떤 관계성이 존재
한다는 점만을 말하기 때문이다.

차. 처치내용이 알려지거나 그것을 모방하는 것

가끔 보면 한 집단에 처치한 내용이 알게 모르게 다른 집단의 피
험자들에게 알려지는 경우가 발생한다. 특히 연구나 실험의 내용이
정보적인 가치를 담고 있거나 흥미 있는 것이면 더욱 그럴 확률이 높
아지게 된다. 처치내용이 알려지게 되면 피험자는 그 내용에 맞추어
서 반응을 하거나, 혹은 다른 사람들과 이야기를 나누어 보게 되는
데, 이렇게 되면 실험 처치가 미치는 영향을 제대로 평가하기 어렵게
되고 실험의 내적 타당도는 위협을 받게 된다.

카. 처치에 대한 보상적인 형평화

상담연구에서는 처치 자체가 하나의 치료 서비스를 제공하는 것
이다. 그러므로 실험집단에 배정된 피험자들은 치료 서비스를 받게

되지만 통제집단에 배정된 피험자들은 그런 서비스를 받지 못한다. 대부분의 통제집단의 피험자들에게는 이러한 것을 보상하는 어떤 서비스를 제공하게 된다. 여기에는 여행, 영화 감상 등 여러 가지 형태가 있다. 또한 피험자의 입장에서는 실험에서 상담 등을 받지 못하기 때문에 다른 곳에서 상담을 받는다든지 하는 일이 발생한다. 이러한 보상적인 형평화는 처치의 직접적인 효과를 방해하는 오염원으로 작용할 수 있다.

타. 덜 바람직한 처치를 받은 피험자들의 보상적인 경쟁

실험 및 통제집단을 선정할 때는 원칙적으로 무선할당을 하는데 상담이나 심리치료의 효과를 측정하는 연구에서는 통제집단은 대개 내담자의 입장에서 원하지 않는 처치를 받거나, 아니면 전혀 처치를 받지 못한다. 반면 실험집단의 피험자들은 치료적인 요인이 들어 있는 처치를 받는 셈이 된다. 이럴 때 통제집단의 피험자들은 우리도 실험집단의 피험자들만큼 잘 되어가고 있다는 것을 보여 주기 위해 경쟁하듯이 반응을 보이거나, 연구에서 요구하는 이상의 노력을 기울임으로 처치의 효과가 왜곡될 수 있다. 이런 반응에서의 과장이나 왜곡은 내적 타당도를 저해하는 오염원으로 작용하게 한다.

파. 덜 바람직한 처치를 받은 피험자들의 보상적인 사기저하

이것은 위에서 말한 보상적인 경쟁과는 반대의 현상으로 통제집단에 배정된 피험자들의 사기가 저하되어서 수행 수준이 더 떨어지는 현상을 말한다. 예를 들어 우울증 연구의 피험자들은 통제집단에 실제로 배정되었을 때 평소보다 더 우울하게 될 수 있다. 자신이 세상의 사건을 통제할 수 없다는 통제감의 상실이 다시 나타날 수 있기 때문이다. 이것은 위의 보상적인 경쟁과 함께 상담효과 연구를 어렵게 만드는 중요한 요소들이다.

3) 구성 타당도

구성 타당도는 측정하고자 하는 구성개념을 독립변인과 종속변인이 얼마나 잘 대표해 주고 있느냐 하는 것을 말한다. 구성개념이 애매하거나 조작적으로 명확하게 정의될 수 없다면 구성 타당도를 확보할 수 없다. 한 연구자가 문제를 가지고 있는 남자 내담자는 여자 상담자를 더 좋아할 것이라는 가설을 세웠다고 생각해 보자. 남자 내담자들이 2개 중 1개의 집단에 무선적으로 할당되었다. 한 집단은 여자 이름을 가지고 있는 상담자를 묘사한 글을 읽었고, 여자 상담자의 사진을 보았다. 다른 집단은 남자 이름을 가지고 있으며 남자 사진과 함께 상담자를 묘사한 글을 읽게 했다. 하지만 2개의 글의 내용은 동일한 것이었다. 묘사한 글을 받아본 후 각 피험자는 자신의 개인적인 문제를 상담할 상담자를 만나 보고 싶어하는 정도를 표시하도록 하였다. 예상한 대로 결과는 내담자들은 여자 상담자를 더욱 선호한다고 나타났다. 결국 남자 내담자는 여자 상담자를 더 선호한다는 논리적 결론에 도달하였다. 하지만 다른 대안적인 설명이 가능하다. 사진 속의 여자가 더 매력적이었기 때문이라고 말할 수도 있다. 그런 경우 여자 상담자를 만나고 싶어하는 것은 성차 때문이라기보다는 개인적 매력에 기인했다고 볼 수 있는 것이다. 이 예에서는 두 개의 구성개념(신체적 매력도와 성)이 혼동되어 있었던 것이다. 생물학적 성이 독립변인의 요소라면 이들의 구분은 아주 명확하게 이루어질 것이다. 하지만 신체적 매력도가 변인이라면 신체적 매력도 차원을 변인으로 분류하는 것은 쉽지 않을 것이다.

쿡과 캠벨(1979)은 구성 타당도를 저해하는 열 개의 요인을 제시하였다. 이들을 다시 대별하면 조작적 정의가 구성개념의 중요한 측면을 포함시키지 못하는 경우(construct underrepresentation)와 부적절한 부분을 구성개념에 포함시키는 경우(surplus construct irrelevancies)로 나뉘어진다. 이것의 구분을 위해 하나의 예를 들어보자. 만일 우리가 구멍이 아주 큰 그물을 사용해서 고기를 잡을 때는 우리가 잡고 싶어하는 고기를 놓치는 문제가 생기지만(construct underrepresentation), 그러나 반면 구멍이 너무 작은 그물을 사용하여 고기를 잡는다고 하면 우리가 필요로 하지 않는 너무 작은 고기까지 잡게 된다(surplus construct irrelevancies). 구성 타당도를 탐색하는 작업은 우리가 잡고 싶어하는 물고기를 잡을 수 있는 적당한 크기의 그물을 찾아내는 작업과 유사하다. 아래에 구성 타당도를 위협할 수 있는 요소들을 열 가지로 나누어서 제시하고자 한다.

가. 구성개념에 대한 세부적인 분석의 결여

구성개념을 조작적으로 정의하기 위해서는 그것을 구성하는 중요하고 핵심적인 요소들에 대한 주의깊은 이론적 분석을 먼저 실시하여야 한다. 구성개념의 부적절한 조작적 정의는 이러한 이론적 분석을 철저히 실시하지 않을 때 발생한다. 구성개념을 적절하게 조작적으로 정의하기 위해서는 구성개념이 아주 명확하게 설정되어야 한다. 구성개념이 단지 명칭으로만 언급되고 세부적으로 정의되지 않으면, 우리가 의도하고 있는 것을 정확하게 확인하는 것이 어렵게 된다.(변인이 신체적 매력도라고 하자. 여러분은 어떤 요인들을 여기에 포함시킬 것인가?) 연구가설이 이론으로부터 도출되고 적절하게 조작적인 정의가 이루어지기 위해서는 먼저 구성개념이 적절하게 정의되어야 한다.

나. 단일 조작의 편향

단일 조작이란 독립변인의 수준을 정의할 때 단일 보기(exemplar)를 들거나 혹은 종속변인을 한 번만 측정하는 것을 말한다. 구성개념의 핵심이 단일 보기나 단일 측정을 통해서는 확인이 될 수 없기 때문에 문제가 된다. 단일 조작은 구성개념의 중요한 측면을 반영하지 못하게 하고, 불필요한 부분들을 포함하게 한다. 독립변인의 단일 조작 편향은 각 처치에서 하나의 보기만이 사용될 때 발생한다. 앞에서 제시한 여자 상담자에 대한 선호도 실험연구를 예로 들어 보자. 여자 상담자 조건의 피험자들은 같은 사진만이 아니라, 같은 이름과 같은 예시문을 사용하였다. 즉 한 사람의 여자 상담자 보기가 사용되었고, 마찬가지로 단일 남자 상담자 보기가 사용되었다. 확실히 성 변인에 대한 이러한 조작은 매우 폭좁은 것이어서 성이라는 좀더 큰 구성개념에는 적절한 것이 못된다. 그러므로 여러 개의 예시문, 남자·여자 이름, 사진 등을 다양하게 사용하는 것이 더 적절했을 것이다. 종속변인의 경우에도 한 번의 측정만을 이용한다면 구성개념에 대한 정확한 측정치를 제공하기 힘들다. 그러므로 여러 가지 도구나 방법을 통해 측정을 하는 것이 더 바람직하다.

다. 단일 측정방법 편향

위에서 논의하였던 것처럼 중다 측정은 구성개념을 확인하는 과정에서 아주 중요하다. 그러나 만일 종속변인의 측정을 모두 동일한 방법으로 한다면 특정한 방법에 의한 편향이 나타나기 쉽다. 예를 들어 자기보고 형식의 측정은 반응자에 의한 공통적인 편향을 포함하고 있다. 만일 피험자가 자기보고 질문지에 대해 사회적으로 바람직한 방향으로 대답하는 왜곡을 보인다면 자기보고식의 측정에는 일관된 편향이 존재하게 되는 것이다. 만일 두 개의 구성개념이 단일한 방법으로 측정되었다면 변인간의 상관은 구성개념간의 진정한 상관 관계에 의해서라기보다는 측정방법의 동일성에 의해 발생할 수 있게 된다.

라. 실험적 상황에서 가설의 추측

가설의 추측이란 피험자들이 실험에서 연구자가 무엇을 원하는지 알려고 할 때 발생한다. 피험자들은 가설을 추측해 내서는 이에 동조하거나 아니면 반대 방향으로 작용하려고 한다. 가설의 추측과 관련하여 가장 중요한 문제는 이것이 언제, 얼마나 자주, 어떤 방향으로, 어느 정도의 크기로 발생하는가를 알아내기 어렵다는 데 있다. 이것은 실험자 효과와 관련되는 것으로 실험자의 기대에 따라 반응을 보여 주는 경우 등이 여기에 해당한다. 실험윤리상 연구자는 연구의 목적을 피험자에게 알려 주고 어떤 실험조건에 처하게 될지 등을 미리 알려 주어야 한다. 하지만 피험자가 연구에 대한 가설을 추측하기 어렵게 하는 것이 바람직하다. 간단히 말하자면 연구가설을 피험자가 추측하게 하는 것은 구성 타당도를 위협하고, 처치의 진정한 효과 측정을 방해하거나 감소시킨다.

마. 평가받는다는 것을 의식하는 것

피험자는 가끔 자신이 평가를 받고 있다는 점을 의식하게 된다. 특히 전문가에 의해 평가받고 있다고 의식하게 되면 좀더 낫게 보이는 방향으로 반응하게 된다. 자신이 평가를 받고 있다는 사실을 의식하게 되면 사회적 촉진이나 사회적 억제가 일어날 수도 있다. 이러한 수행의 변화는 과제의 성질에 따라 달리 나타나는데 과제가 자신에게 쉽고 주의가 덜 요구되는 경우에는 사회적 촉진이 일어나지만, 과제가 어렵고 주의가 많이 요구되는 경우에는 사회적 억제가 일어난다. 한 마디로 말하면 이 오염은 남이 자신을 지켜 보고 있다는 점을 의식함으로 반응이 왜곡되는 것을 말한다.

바. 실험자의 기대

연구자는 객관적인 과학자로서 연구를 진행하지만 실제 사례에서는 그렇지 않을 수 있다는 증거들이 있다. 연구자들은 어떤 결과를 얻으려고 하고 이러한 암묵적인 기대가 피험자와 아주 미묘하게 상호작용을 일으켜서 반응을 왜곡시킬 수 있다. 이러한 실험자 기대요인을 제거하기 위해서는 실험의 목적과 내용을 모르는 연구자를 대체 실험자로 투입하는 실험자 맹목(experimenter blinding)통제 방안을 사용한다. 실험자뿐만 아니라 피험자들도 연구에 대해 전혀 알지 못하도록 하는 이중 맹목(double-blinding)통제 방안을 사용하면 실험자의 기대요인과 피험자의 기대요인 등을 동시에 통제하는 결과를 얻을 수 있게 된다.

사. 구성개념과 구성개념 수준의 혼동

연속적 구성개념이 비연속적인 예들로 조작되는 경우가 자주 있다. 예를 들어 상담자의 경험 수준은 폭넓은 범위를 가진 연속적 변인이다. 만일 경험 수준이 극단적으로 낮거나(초보 상담자) 높은(20년 정도의 경험이 있는 상담자) 상담자만 선정되었다면 경험이 상담의 성과에 영향을 미치지 못한다고 결론을 지을 수 있다. 그러나 경험 수준이 서로 다른 상담자를 다양하게 포함시켰다면 전혀 다른 결과를 얻었을지 모른다. 구성개념 수준이 제한적으로 선택되었다면, 구성개념이 구성개념의 수준과 혼동되고, 구성 타당도가 위협을 받게 된다.

아. 서로 다른 처치들간의 상호작용

한 피험자가 하나 이상의 처치를 받게 되면 처치의 효과가 이전에 받았던 처치에 의해 생긴 것인지 아니면 최근에 받았던 처치에 의해 생긴 것인지를 구별하기가 어렵다. 이것은 집단내 설계의 단일 집단 반복측정에 의한 연구일 때 나타나는 오염원이다. 처치를 여러 번 받게 될 때는 각 처치의 개별 효과와 처치를 받는 순서에 의한 순서 효과, 이들간의 상호작용 효과 등이 동시에 작용하게 된다. 순서 효과는 처치를 받는 순서를 서로 달리하는 방법을 통해 어느 정도 확인할 수 있다. 하지만 상호작용은 어디에서 어느 정도 발생하는지를 확인하기가 매우 어렵다. 집단내 설계의 반복측정 설계에서는 피할 수가 없는 오염원이라 볼 수 있다.

자. 검사와 처치의 상호작용

처치전 검사가 피험자를 처치에 대해 민감화시키는 경우가 있다.

그래서 처치 후 검사에서 얻어진 수행의 일부는 처치 전 검사와의 상호작용에 의해 발생한 것으로 볼 수 있다. 다시 말해 처치 전 검사를 실시하지 않았다면 처치는 그렇게 효과적이지 않았을지도 모른다는 것이다.

차. 구성개념간 일반화의 제한

하나의 처치가 여러 다양한 구성개념들에 영향을 미칠 수 있다. 예를 들어 하나의 처치가 어떤 변인에 대해서는 긍정적인 효과를 미치지만 다른 경우에는 부정적인 효과를 미치며, 어떤 경우에는 아무런 효과를 미치지 못하기도 한다. 구성개념간 일반화의 제한은 검사하는 변인들이 좁은 범위에 걸쳐서 조사되기 때문에 발생한다. 단지 두 개의 구성개념에 대한 관계를 세우는 것은 다른 변인들에 대한 결론을 제한하게 된다. 그러므로 중요한 구성개념들을 빠뜨리는 것은 전체연구의 구성 타당도를 위협한다.

4) 외적 타당도

외적 타당도란 실험의 결과를 다른 대상이나 장면, 시기 등에 일반화시킬 수 있는 정도를 말한다. 전통적으로 외적 타당도는 전집에서 얻어진 표집을 검사함으로 얻어진다고 보았다. 먼저 전집이 결정이 되고, 이 전집에서 무선표본을 추출한다. 여기서 선택된 표본을 통한 연구의 결과를 토대로 전집에 대한 결론이 추론된다. 그러므로 정확한 표집을 선정하는 것은 외적 타당도를 위한 토대가 되지만, 불행히도 진정한 혹은 적절한 무선표집이 가능한 경우는 많지 않다.

쿡과 캠벨은 외적 타당도에 대한 개념을 확대시켜 '표집에서 전집으로의(to population)의 일반화'뿐만 아니라 '전집간(across population) 일반화'를 포함시켰다. 잘 정의된 전집으로부터 무선표집을 통해 피험자가 구성되었다면 연구의 결과는 전집으로 확대될 수 있지

만, 그러한 경우는 실제의 연구에서 드물기 때문에 전집으로의 일반
화는 매우 어렵다. 여기에서 중요한 것이 바로 전집간 일반화라는 것
이다. 즉 한 연구에서 얻어진 결과는 다른 대상들이 속해 있는 전집
으로 확대될 수 있는 것이다. 상담연구에서 전집간 일반화는 매우 흥
미롭다. 전집간 일반화는 처치와 여러 전집 특성간의 가능한 상호작
용을 조사함으로 확인될 수 있다. 여기서는 외적 타당도에 영향을 미
칠 수 있는 요인 세 가지를 설명하고자 한다.

가. 선발과 처치의 상호작용

피험자들이 가지고 있는 특성이 서로 다를 경우(물론 무선배정을
통해 통제를 실시하지만 수많은 사람들의 특성 변인 중 어느 것이 실험연
구의 개별 영역과 상호작용을 하는지를 알아내기는 매우 어려울 수 있다)
는 처치와 이들 특성들간의 상호작용이 종속변인에 영향을 미치기 때
문에 전집간의 일반화에 오염원으로 작용될 수 있다. 특히 상담연구
에서 보게 되는 종교, 인종, 나이, 성별, 인지능력, 교육 정도, 성격,
지능 등 아주 다양한 변인들 중 어느 것이 처치와 상호작용하는지를
알아내기는 매우 어려운 일이다.

나. 상황과 처치의 상호작용

이것은 피험자가 처해 있는 상황에 걸친 일반화 가능성을 말한
다. 대학 학생생활 연구소에서 얻어진 결과를 병원이나 유료 상담센
터에 일반화시킬 수 있을까? 각각의 장면은 서로 다른 특성을 가지
고 있기 때문에 일반화에 한계가 있다. 여러 상황과 장면에서의 일반
화를 가능케 하려면 여러 상황과 장면에서 독립변인과 종속변인간의
관계성을 검토하는 것이 필요하다.

다. 역사와 처치의 상호작용

1960년대에 측정된 상담접근법은 80, 90년대에는 더 이상 유용
하지 않을 수 있다. 시간이 흐름에 따라 우리는 개인적으로, 사회적

으로 여러 사건들을 경험하기 때문에 시간에 걸친 일반화를 확보하기 위해서는 여러 시기에 걸친 반복적인 재검증이 요구된다.

(2) 측정의 타당도

측정의 타당도는 검사도구(예: 행동관찰 목록표, 구조화된 면접 질문지, 자기보고형의 검사지, MMPI 혹은 CPI 같은 성격검사 질문지 등)의 작성과 관련된 타당도를 말한다. 일단 검사도구가 제대로 만들어졌는가 하는 것이 측정에서 충족되어야 하는 일차적인 타당도이다. 심리학 연구에서는 검사도구를 연구자가 만들어서 사용해야 하는 경우가 많다. 자연과학에서는 물리적 대상을 측정하기 때문에 기존의 연구에서 사용하던 측정도구를 그대로 사용하는 경우가 많지만 사람의 매력도를 측정한다든지, 인간의 주의 편향 정도를 측정한다든지, 귀인양식을 측정한다든지 하는 수많은 인간 특성 변인을 측정하고자 하는 심리학 연구에서는 필요에 따라서 측정도구를 개발해서 사용해야 하는 경우가 아주 흔하다. 그래서 정신건강과 관련된 지표를 아주 잘 대표해 주는 측정도구를 만들어 내는 일은 그것 자체가 의미 있는 하나의 연구가 되기도 한다. 측정도구 하나를 제대로 만들어 내기 위해서는 엄청나게 많은 시간과 인력이 소모되기도 한다. 우리 나라의 경우는 연구자가 자신의 노력을 통해 측정도구를 개발하기도 하지만 외국에서 만들어 낸 측정도구를 번안해서, 우리 실정에 맞게 표준화하는 작업이 많이 이루어진다. 그러면 왜 심리학 연구에서 측정도구를 자주 만들어야 하는가? 이유는 간단하다. 인간이란 다양성을 가지고 있는 존재이고, 그 인간을 연구하는 것이 심리학의 주제이기 때문이다.

예를 들어 보자. 한 연구자는 정신분석적 심리치료를 통해 불안장애를 가진 환자를 치료할 경우의 효과가 어떠한지가 궁금하였다.

이 연구에서 먼저 해야 할 작업 중 하나는 불안장애 환자를 측정을 통해 진단해 내는 것이다. 그러나 이것은 그리 간단한 일이 아니다. 무엇을 불안장애라고 정의하며, 그 정도는 얼마가 되어야 불안장애 환자라고 말할 수 있는가? 설령 연구자가 어떤 정의를 내린다 하더라도 다른 사람들이 이 정의를 수용하는가? 기존의 여러 연구자들이 사용한 척도들 중 어떤 것을 선택할 것인가? 이러한 많은 것들에 대해 모두가 동의하는 일치된 기준을 만들기가 어려우며 연구내용에 따라서는 처음으로 이러한 것들을 수행해야 하는 경우도 생기므로 측정의 타당도를 위협할 수 있는 요인은 사방에 도사리고 있다고 할 수 있다.

1) 내용 타당도

내용 타당도란 측정되는 내용이 연구의 내용을 잘 대표해 주는 정도를 말한다. 측정내용이 정확하다는 말은 연구의 내용과 측정의 내용이 일치한다는 것을 말한다. '측정내용 = 연구내용'이라는 등식이 성립하기 위해서는 측정내용이 연구내용에 대한 대표성을 확보하고 있어야 한다. 대표성이 확보된다는 것은 연구내용과 측정에 포함될 내용 사이에 일치성이 존재한다는 것이다. 엄격하게 말하면 측정내용은 연구내용의 부분집합이 된다고 볼 수 있다. 그러나 부분집합이 된다고 꼭 대표성을 확보한다고 보기는 어렵다. 왜냐하면 수학에서 말하는 집합의 원소 사이의 동질성은 심리학 영역에서는 성립하지 않을 수 있기 때문이다. 즉 어떤 측정내용은 그야말로 연구내용을 확실히 대표하는 요소가 될 수 있지만 어떤 것은 그렇지 않을 수 있기 때문이다.

내용 타당도는 궁극적으로는 측정하고자 하는 내용에 관한 지식의 양에 따라 정도가 달라질 수 있다. 즉 관련된 지식이나 발견이 많으면 많을수록 이러한 지식을 반영하여 측정도구를 구성하므로 정확성과 대표성이 증가할 확률이 높아진다.

2) 구성 타당도

구성 타당도 부분은 이미 '설계의 타당도' 부분에서 다루었기 때문에 자세한 언급을 다시 할 필요는 없을 것이라 생각되므로 타당도 개념 자체보다는 그와 관련된 부가적 논의를 다루기로 하겠다. 먼저 구성개념이란 무엇인지부터 알아보자. 홍대식(1993)은 "하나의 개념이란 실제적이거나 상상적인 사상들이나 대상들에 관한 어떤 기술 가능한 규칙성이라고 정의될 수 있을 것이다. 하나의 개념은 사상들이나 대상들의 관련된 모양들이나 특징들을 확인하고 그러한 특징들간의 관계들을 규정한다. 연구자들은 흔히 특수한 과학적 목적을 위해 새로운 개념들을 만들어 내며, 이러한 개념들은 구성개념(constructs)이라고 불린다"(p. 109)라고 설명하고 있다. 어느날 사과나무 아래서 휴식을 즐기고 있던 뉴턴은 사과가 아래로 떨어지는 것을 보고는 많은 생각에 잠겼다. 왜 사과가 밑으로 떨어지는 것일까? 왜 모든 물체는 밑으로 떨어지는 것일까? 지구상에 있는 모든 물체는 밑으로 떨어진다는 불변의 원리는 무엇 때문일까라고 고민하던 그는 무엇인가 끌어당기는 힘이 있기 때문일 것이라는 가설적 구성개념을 세우고 이것을 중력이라고 하였다. 만유인력, 즉 무게를 가지고 있는 모든 물체는 힘을 가지고 있다는 생각은 엄청난 발견이 되었다. 사실 사과도 무게를 가지고 있고, 지구도 무게를 가지고 있다. 이 둘간에는 서로 잡아당기는 힘이 작용하고 있으며, 만일 사과가 지구보다 더 큰 무게를 가지고 있다면 아마 지구가 사과에 붙어버릴 것이다. 하지만 지구상에는 지구보다 더 큰 무게를 가진 물체는 없으므로 지구 중심으로 향하는 중력을 이길 만한 물체는 없다. 여기에서 우리는 달나라에 간 아폴로 우주선을 생각하게 된다. 우주선을 하늘로 쏘아올려도 그 비행물체가 중력을 이기지 못하면 지구로 추락하게 된다. 과학자들은

중력을 벗어날 만한 추진력을 가진 비행체를 만들어서 하늘로 쏜다면
그 물체는 지구를 벗어날 것이라고 생각했고, 지구 중력을 벗어나서
우주 공간으로 날아갈 만한 추진력을 계산해 내고 결국 달에 우주선
을 쏘아보낼 수 있었던 것이다. 과학적 연구를 위해 만들어 낸 구성
개념이 바로 이러한 일련의 연구를 이끌어 내어서 인류의 발전에 원
동력이 되었다는 사실 앞에 개념의 중요성을 실감할 수 있으리라 생
각한다. 심리학의 위대한 인물인 프로이트는 인간의 심리현상에 관한
수많은 구성개념들을 만들어 내었다. 물론 그가 만들어 낸 개념들은
그의 고유한 창작물이 아니다. 그의 위대성은, 이전에 살았던 선배들
이 관찰한 현상들을 설명하기 위한 가설적 구성개념들을 만들어 낸
것에 있다고 할 수 있을 것이다.

상담연구에서 최근에 많은 연구가 이루어진 주제 중의 하나가 작
업동맹(working alliance)이다. 작업동맹이란 상담과정에서 내담자가
작업(상담)에 능동적으로 협력하는 것을 의미한다. 대부분의 상담자
들이 상담관계의 특성이 성공적인 결과의 핵심요소라고 생각하였기
때문에 상담관계의 특성을 반영하는 작업동맹은 상담연구에서 중요
한 구성개념[3]이라고 할 수 있다. 내담자의 능동적인 협력을 개념화한

---

3) 홍대식은 '실험연구법'(1993)에서 가설적 구성개념과 개재변인(interven-
ing variable)을 구별하여 이해할 필요성을 제시하였다. 여기서

구 분	정 의	비 고
개재변인	다른 구성개념들을 나타내는 하나의 구성개념이며, 그 맥락 밖에서는 아무런 의미를 갖고 있지 않은 것으로 다른 구성개념들을 요약하기 위해 사용한다.	이 둘은 서로 비슷하여 혼동하기 쉽다. 다만 직접 측정할 수 있는 개념으로 정의되면 가설적 구성개념이라 할 수 있다. 그러므로 개념이 어떻게 정의되느냐에 따라 둘이 구별된다고 보았다.
가설적 구성개념	어떤 실재하는 것을 기술하는 하나의 이론적 용어로서 인식 가능한 특징을 가지고 있다.	

작업동맹은

1) 내담자와 상담자가 상담 **목표**를 이해하고 동의하는 것
2) 상담 목표를 이루기 위한 과제에 대한 이해의 일치성
3) 상담자와 내담자가 서로 신뢰하고 애착을 느끼게 되는 정서적 유대

위와 같은 3개의 하위 구성요소로 이루어진다(Bordin, 1979). 각각의 하위요소는 측정이 가능하고 실재하는 것들이므로 홍대식의 구분(각주 참조)을 따르자면 구성개념들이라고 볼 수 있고, 이것들을 요약적으로 설명할 수 있는 작업동맹은 개재변인이라고 할 수 있다.

구성개념의 타당성 여부는 내용 타당도와 마찬가지로 그 동안 축적된 연구 업적이나 경험적 발견 등의 지식의 양에, 그리고 연구자의 독창성 등에 의존한다. 구성개념은 연구자가 머릿속에서 논리적으로 연역해 낼 수도 있지만, 여러 임상적 경험에 의해 밝혀진 기초자료를 재구성해서 하나의 틀을 구성한다면 훨씬 실재에 가까운 개념화가 이루어질 것이다. 구성개념을 정확하게 설정한다는 것은 이후의 일련의 연구를 촉진시켜서 연구의 흐름을 만들어 내고, 결국 중요한 학문적 발전을 이끌어 내는 토대가 된다는 면에서 아주 신중히 고려해야 한다.

3) 준거관련 타당도

검사를 만들 때는 이 검사를 어떠한 목적으로 사용할 것인가가 결정되어야 한다. 검사의 사용 목적에 따라 결정되는 타당도가 바로 준거관련 타당도라고 볼 수 있다. 수학능력 시험 예를 들어 보면 아주 명확하게 이런 관계를 이해할 수 있으리라 본다. 수학능력 시험은 어떤 목적으로 사용되는가? 이 검사(수학능력 시험)는 고등학교 시절의 학업 성취 정도를 측정하는 것일 수 있다. 하지만 이 시험은 동시

에 대학에서 받을 교육을 잘해 낼 수 있는가를 확인하는 하나의 측정치로 사용된다. 그래서 대학들은 수학능력 시험 점수를 입학시 선발기준으로 사용한다. 우리는 '가'고등학교의 졸업 시험이 잘 만들어진 측정도구인가를 알아보기 위해 수학능력 시험을 이용할 수 있다. 〈그림 3-3〉이 보여 주듯이 '가'고등학교의 선생님들은 졸업고사를 위한 시험문제를 작성하였다. 그리고 이 시험이 고교과정 전체를 골고루 포함하여 문제를 구성하였기 때문에 내용이나 구성 타당도를 가진 시험이라고 생각하였지만, 이 시험의 타당도를 비슷한 준거(학업 성취)를 가진 다른 시험(검사)과 비교하여 다시 확인하고 싶었기 때문에 수학능력 시험의 결과와 비교를 하였다. '가'고등학교의 졸업 시험과 수학능력 시험의 상관관계를 조사하였더니 아주 높은 정도의 상관이 밝혀졌다면 이 두 시험은 같은 준거를 가지고 있었기 때문에, 이미 활용가능한 다른 검사(수학능력 시험)와의 비교를 통해 '가'고등학교의 졸업 시험은 준거관련 타당도를 만족시킨 시험이었다고 결론을 내릴 수가 있는 것이다. '가'고등학교 선생님은 수학능력 시험을 '학업 성취 정도'의 준거를 측정하는 시험이란 측면에서 이용한 것이라고 볼 수 있다. 하지만 '나'대학교의 한 교수님은 다른 목적을 가지고 수학능력 시험을 볼 수 있다. 위의 그림에서 예시한 것처럼 그 교수님은 수학능력 시험이란 한 학생이 4년간의 학업을 잘 수행해 낼 수 있는가를 측정하는 시험(검사)이라고 생각하였다. 그러므로 4년간의 학업을 마친 후 받게 되는 졸업 학점을 예언하는 지표로 수학능력 시

	(동시측정가능)	(4년 후 측정가능)
'가'고등학교 졸업 시험	·············· 수학능력 시험 ··············	졸업 학점
	공존(동시) 타당도	예언 타당도

〈그림 3-3〉 **준거관련 타당도의 개념적 이해**

험을 볼 수 있는 것이다. 실제적으로 졸업 학점과 수학능력 시험의 상관 정도를 확인하기 위해서는 4년간의 시간이 소요된다. 그러므로 이때의 수학능력 시험은 졸업시 학업 수행 정도의 예측치로서 사용될 수도 있는 것이다. 이러한 준거관련 타당도가 공존 타당도인가 아니면 예언 타당도인가 하는 점은 현재에 측정가능한가 아니면 시간이 지난 후 측정한 자료를 통해 얻어지는 것인가를 기준으로 나누어서 볼 수 있는 것이다.

상담연구에서의 작업동맹을 예로 들어 보자(〈그림 3-4〉 참조). 좋은 작업동맹 정도는 상담자와 내담자의 관계를 확인하는 지표로서 사용될 수 있으며, 또한 상담의 효과를 예언하는 예측치로 활용될 수 있다. 결국 준거관련 타당도는 검사나 측정도구가 어떤 목적으로 사용되는가와 관련되어 연구자의 판단에 따라 결정되는 것이라 볼 수 있다. 위와 같은 비교의 과정을 통해 공존 타당도와 예언 타당도가 확립되었다는 증거를 발견하였다면 상담자는 작업동맹의 정도를 측정한 측정치를 상담자-내담자의 관계를 나타내는 지표로 사용할 수도 있으며, 상담효과를 대표하는 대표치로도 사용할 수가 있으니 다른 검사도구를 새로 제작하는 것보다 훨씬 경제적이며, 낭비를 막을 수 있어서 유용하게 사용될 수 있다. 작업동맹 검사지를 통해 측정된

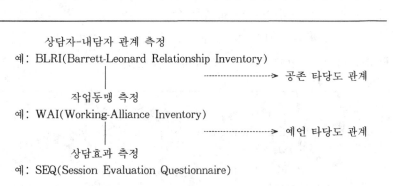

상담자-내담자 관계 측정
예: BLRI(Barrett-Leonard Relationship Inventory)
                        --------------------> 공존 타당도 관계
작업동맹 측정
예: WAI(Working-Alliance Inventory)
                        --------------------> 예언 타당도 관계
상담효과 측정
예: SEQ(Session Evaluation Questionnaire)

〈그림 3-4〉 작업 동맹 측정치를 준거관련 타당도에 적용시킨 예

결과를 볼 때 상담효과가 부정적일 가능성이 있다는 검사 결과가 나
왔다면 상담자는 상담전략을 바꾼다든지, 상담목표에 수정을 가한다
든지 아니면 다른 상담자에게 의뢰를 한다든지 하는 대비책을 마련할
수 있게 되는 것이다.

4 장

피험자 선정과 표집

　피험자의 선정은 연구자가 관심을 갖고 있는 전집으로부터 실제 연구에 사용할 표본을 추출하는 과정이다. 여기서는 이러한 과정을 전집의 정의, 피험자의 선정, 피험자 수의 결정, 표본의 추출방법으로 구분하여 살펴보았다.

1.　전집의 정의

　피험자 선정의 첫 단계는 연구자가 연구 결과를 적용하고자 하는 전집을 정의하는 것이다. 전집은 구체적으로 정의된 사람들, 혹은 보다 엄밀히 말하면 전집을 구성하고 있는 사람들에 대한 관찰치들의 전체집합이라고 볼 수 있다. 표본은 이러한 전집에서 선발된 전집의 하위부분이다. 일반적으로 전집은 사람들의 어떤 특성들에 의해 정의된다. 이때 이러한 정의에 포함될 여러 가지 특성들을 주의 깊게 고려해야 하는데, 이는 그 연구의 결과를 일반화하게 될 집단의 특성들을 규정하는 일이기 때문이다. 이러한 특성들을 정의하는 기준의 예로는 진단적 범주, 성, 연령, 현재의 문제, 결혼여부, 그리고 사회경제적 위치 등이 포함될 수 있을 것이다.

전집을 정의하는 데 있어서 한 가지 중요한 문제는 전집이 얼마나 이질적(異質的)이어야 하는가이다. 일반적으로 연구 결과의 일반화라는 측면에서는 이질적인 전집이 바람직하다. 동질적인 전집은 결과의 일반화가 제한될 수밖에 없지만, 이질적인 전집은 연구 결과의 일반화 가능성을 높여 주는 매우 다양한 특성들을 포함하기 때문이다. 그러나 이질적인 전집은 연구 결과를 이질적인 전집의 여러 하위집단들에 대해 어떻게 적용할 수 있는지가 분명하지 않다는 문제점이 있다. 더구나 이질적인 집단은 반응에 있어서 많은 변산성을 보이기때문에 동질적인 집단에 비해 오차변량이 커지고, 그 결과 통계적 검증력이 감소될 수 있다. 연구 설계에서 대부분의 결정이 그렇듯이 전집의 이질성 문제 역시 연구하려고 하는 문제의 성질에 따라 달라질수 있을 것이다.

2. 피험자의 선정

전집을 정의하고 나면 피험자를 선정하게 된다. 이때 연구에 참가할 수 있는 피험자들은 제한될 수밖에 없다. 우선 피험자를 표집하는 데 있어서 가장 중요한 문제는 전집을 잘 반영하는 표본을 추출해내는 것이다. 전집에 대한 추론은 전집으로부터 선정된 표본에 근거하여 이루어지기 때문이다. 연구의 목적은 표본의 피험자들에 대한관찰에서 나온 결과를 보다 넓은 범위의 전집에 일반화시키는 것이다. 연구에서 나온 결과를 전집에 적용할 수 있기 위해서는 우선 표본이 전집을 잘 대표해야 한다는 점은 필수적이다. 다시 말해서 전집에 대한 추론의 타당도는 바로 전집에 대한 표본의 대표성에 달려 있는 것이다. 예를 들어, 한국 대학생들의 낙관성을 조사한다고 할 때서울지역의 한 여자대학에서 100명의 학생을 대상으로 얻은 낙관성

점수는 전국 대학생들을 대상으로 하는 낙관성 점수의 전집을 제대로 반영하지 못할 것이다. 이처럼 몇 가지 요인에서 전집과는 체계적으로 다른 표본은 편파(偏頗)된 표본일 수밖에 없다. 위의 예에서 얻어진 표본은 전국의 대학생들에게 표본으로 선택될 수 있는 기회를 동일하게 제공하지 못한다. 남자 대학생들은 여학생과 같은 선발의 기회를 갖지 못했을 뿐만 아니라, 서울의 다른 대학이나 지방에 있는 대학생들의 경우 역시 마찬가지인 것이다.

또한 연구에 참가할 수 있는 피험자들은 전집의 정의에 부합되어야 하는 동시에, 자발적으로 참여하는 사람이어야 한다. 여기에서 편파가 발생할 수 있는데, 연구참여를 자원한 피험자는 자원하지 않은 피험자와는 다르기 때문이다. 이와 관련해서 로젠탈과 로스노우(Rosenthal & Rosnow, 1969)는 그들의 연구에서 자원자들은 비자원자들에 비해 대체적으로 교육수준이 더 높고, 다른 사람의 승인에 대한 욕구가 더 많고, 더 지적이며, 덜 권위적이고, 더 잘 적응하고, 그리고 자극을 더 추구하는 경향이 있음을 보고하고 있다.

이상적으로는 피험자가 전집으로부터 무선적으로 선발되어야 한다. 예를 들어, 어떤 대학의 대학 상담소에 상담을 신청한 학생들을 전집으로 정의하였다면, 이 경우 연구자는 상담을 신청한 각 학생들에게 번호를 할당하고 난수표나 컴퓨터의 난수 산출기를 이용하여 실험에 참가할 피험자들을 무선적으로 선정하여야 한다. 그러나 이러한 절차는 실제로 실행하기가 힘들다. 무선적으로 피험자를 선정하지 않은 비무선적 표본도 충분히 연구 목적에 일치하는 좋은 표본으로 사용될 수 있는 경우가 있다. 즉 비무선적으로 선정된 표본이라 할지라도 어떤 전집에 적절하게 일반화시킬 수 있을 만큼 충분한 특성들을 가지고 있다면 그 표본은 좋은 표본이 될 수 있는 것이다. 어떤 표본이든 그 표본과 유사한 전집에 대해서는 타당한 추론을 할 수 있다.

그러나 일반화에는 주의가 필요하다. 우선 무선표집을 하지 못한 경우에 연구자는 연구에 사용될 피험자들의 특성을 주의 깊게 파악하여 전집에의 일반화가 타당함을 입증할 수 있어야 한다. 상담연구의 최근 경향은 일반화 가능성이 제한된 대학생 대상연구보다는 실제 내담자를 대상으로 하는 현장연구가 많다. 불안연구를 예로 들면, 상담을 신청하지 않았지만 약간의 불안을 보이는 대학생들보다는, 불안문제를 실제로 상담받고자 하는 내담자들이 연구의 피험자로서 더 선호된다. 하지만 이 경우 상담을 신청한 실제 내담자들을 모집하는 것은 대학생들의 모집에 비해서 어려움이 더 많을 수 있다.

3. 피험자 수의 결정

피험자 수가 많을수록 표본이 전집을 더 잘 대표할 수 있기 때문에, 피험자의 수를 결정하는 것은 중요한 문제이다. 얼마나 많은 피험자를 사용하는가의 문제는 검증력의 개념과 밀접히 관련되어 있다. 검증력이란 대안가설이 참일 때 영가설을 기각할 수 있는 확률, 즉 효과가 실제로 존재할 때 이 효과를 정확히 포착해 낼 수 있는 가능성을 말한다. 예를 들어, 어떤 치료가 실제로 효과가 있다고 할지라도 치료집단과 통제집단을 비교한 연구가 통계적으로 유의미한 결과를 반드시 보이는 것은 아니다. 즉 어떤 치료가 실제로 효과가 있고 따라서 대안가설이 참인 경우에도, 연구에서 나온 통계치가 유의미 수준을 넘지 못한다면 영가설을 기각할 수밖에 없는 것이다. 일반적으로 검증력이 클수록 보다 좋은 실험이라 할 수 있다.

검증력은 ① 연구에서 사용한 통계적 검증법 ② 유의미(α)수준 ③ 통계적 검증의 방향성 ④ 효과의 크기, 그리고 ⑤ 피험자의 수에 의해 영향을 받는다. 우선 연구자는 검증력의 산출에 앞서 연구에 사용할 통계적 검증법을 결정해야 한다. 예를 들면, 두 종류의 치료집단과 하나의 통제집단을 비교하는 연구에서 일반적인 통계적 검증방법으로서 변량분석을 가장 흔히 사용하는데, 이때 비모수적인 검증을 해야 한다면 크루스칼-월리스(Kruskal-Wallis) 검증을 대안적으로 사용할 수 있을 것이다. 어떤 통계적 검증을 사용하든 연구자는 사용하는 검증법의 검증력을 산출해야 한다.

검증력에 영향을 주는 두 번째 요인은 연구자가 설정한 유의미 수준(α)이다. 유의미 수준을 엄격하게 .01로 설정했다면 영가설을 기각하는 것은 상대적으로 어려워지며, 따라서 검증력 역시 감소하게 된다. 즉 영가설을 잘못 기각하지 않는 데에 중점을 두고 유의미 수준을 낮게 설정하면 그 연구는 검증력이 낮아지는 것이다. 따라서 연구자는 연구의 목적에 비추어 유의미 수준과 검증력의 상대적 중요성을 결정해야 한다.

검증의 방향성 또한 검증력에 영향을 준다. 양방적 검증은 연구자가 양쪽 방향 모두에 관심있을 때, 혹은 결과의 방향에 대해 확신할 수 없는 경우에 주로 사용한다. 그러나 양방적 검증은 하나의 방향을 구체화한 경우에 비해 차이를 탐지하는 것이 더 어렵다. 따라서 기대한 방향의 효과가 있는 경우에는 일방적 검증이 더 높은 검증력을 갖는다. 예를 들어, 치료집단과 통제집단의 효율성을 검증하는 경우에는 치료집단이 통제집단보다 더 효과적인가의 여부만 검증하는 것이 더 적절할 것이다. 왜냐하면 이 경우 치료집단이 통제집단에 비해 덜 효과적인가에 관심 있는 연구자는 드물 것이기 때문이다. 효과의 방향을 구체화함으로써 연구자는 통계적 검증의 검증력을 높일 수 있다.

검증력을 결정하는 데 있어서 가장 어려운 문제는 실제적인 효과의 크기(effect size)이다. 실험처치의 효과가 매우 크다면 처치의 효과를 밝히는 것이 상대적으로 용이해지며, 검증력 역시 증가할 수 있다. 효과의 크기를 계산하는 방법에는 여러 가지가 있는데, 이들 모두 공통적으로 변인들간의 관계성의 강도를 나타내는 지표를 가지고 있다. 효과의 크기는 피험자 수를 결정하기 전에 확인해야 한다. 효과의 크기를 알 수 있는 방법에는 두 가지가 있다. 첫째, 그 분야의 선행연구들이 효과의 크기에 대한 단서를 제공할 수 있다. 예를 들면, 선행연구에서 시험불안에 대한 인지행동적 치료의 효과가 나타났다면, 수행불안에 대한 동일한 치료법 역시 비슷한 크기의 효과를 보일 것으로 기대할 수 있다. 효과의 크기를 결정하는 두 번째 방법은 실제적, 혹은 임상적 의미를 갖는 효과의 크기를 구체화하는 것이다. 연구자는 효과의 크기를 임상적 호전의 지표로 바꿈으로써 임상적으로 의미 있을려면 효과의 크기가 어느 정도 되어야 하는지를 평가할 수 있다.

실험에 사용할 피험자의 수를 결정하기 전에 필요한 마지막 결정은 바람직한 검증력 수준이다. 대체로 .80의 검증력이 받아들일 만한 기준이다. 여기서 .80의 검증력 수준은 확률 수준으로서, 100번에 80번은 정해진 효과의 크기가 발견되고 검증 결과가 통계적으로 유의미하다는 의미이다. 다시 말하면 20%는 실제로 효과가 있음에도 불구하고 통계적으로 유의미하지 않은 결과가 나온다는 의미이다.

연구자가 사용할 통계적 검증법을 결정하고, 일방검증과 양방검증 중 어떤 것을 사용할 것인지를 정하고, 유의미 수준을 설정하고, 원하는 검증력 수준을 결정하고, 그리고 발견할 효과의 크기를 결정하였다면, 이제 결정된 검증력 수준을 얻는 데 필요한 피험자의 수를 결정할 수 있다. 피험자의 수는 *코헨*(Cohen, 1988)이나 *크레이머* 등(Kraemer & Thieman, 1987)이 개발한 표 등을 사용하여 결정할 수 있는데, 가장 간단한 방법은 *보렌슈타인* 등(Borenstein & Cohen, 1988)이 개발한 컴퓨터 프로그램을 사용하는 것이다.

표본의 크기를 결정하는 데에는 몇 가지 단서가 필요하다. 첫째, 통계적 검증의 가정들이 충족되어야 한다. 가정들이 위배되었다면 검증력은 약해질 수밖에 없다. 둘째로 고려해야 할 사항은 실험에 사용하는 피험자가 많을수록 반드시 더 좋은 것은 아니다는 점이다. 지나치게 많은 피험자를 사용할 경우, 효과의 크기가 매우 작은 데도 효과가 있는 것으로 나타날 수 있다. 물론 작은 효과에 관심을 갖는 경우도 있지만, 이러한 경우에는 연구자가 실제로는 사소한 결과를 매우 중요한 결과로 잘못 간주할 수 있는 위험성이 있다.

4. 표본의 추출방법

표본을 추출하는 방법은 연구방법에 따라 여러 가지의 분류기준이 가능하지만, 여기에서는 심리학을 비롯한 사회과학 연구에서 많이 사용하는 조사연구 방법에서 사용하는 표집방법들을 중심으로 설명하였다. 표집의 방법은 크게 나누어 확률표집과 비확률표집의 두 가지 방법으로 구분된다. 확률표집은 전집의 개별 구성요소들이 표본에 선정될 수 있는 확률이 동일하며, 표본을 선정할 때 피험자를 무선적으로 추출하는 객관적인 표집방법이다. 확률표집을 위해서는 전집의 규모와 성격이 명확하게 규명되어야 한다. 이에 반하여, 비확률표집은 표본을 자의적, 혹은 의도적으로 구성하는 주관적인 표집방법으로서, 전집의 각 개별요소들이 표본으로 선정될 확률을 동일하게 하는 것이 불가능하거나 필요치 않은 경우에 사용한다. 통계적인 면에서는 확률표집이 장점을 갖지만, 비용과 시간의 면에서는 비확률표집이 유리하다.

(1) 확률표집법

만일 전집을 구성하는 개별 요소들이 항상 동질적이라면, 어떤 요소들을 표본으로 추출하더라도 표집의 성격을 규명하는 데에는 별 문제가 없을 것이다. 그러나 상담심리학에서 대상으로 하고 있는 전집은 매우 다양하고 이질적인 요소들로 구성되어 있기 때문에, 연구의 초기에 전집을 잘 대표할 수 있는 표본을 선정하는 일은 매우 중요하다. 확률표집은 전집의 각 요소가 표본에 포함될 확률을 동일하게 유지하는 방법이다. 여기에서는 확률표집 방법으로서 단순 무선표집, 체계적 표집, 층화표집, 군집적 표집 등을 간단히 설명하였다.

1) 단순 무선표집

표집방법들 중에서 가장 잘 알려진 방법이다. 전집으로부터 표본을 무선적으로 표집함으로써, 각각의 피험자들이 전집으로부터 선발될 수 있는 기회를 동일하게 하는 표집방법이다. 무선표집의 방법으로는 각각의 관찰치들에 대해 연속적인 숫자들(1, 2, 3,…)을 부여한 다음 컴퓨터나 난수표를 이용하는 방법이 있다.

그러나 실제로 전집의 전집치를 연구자는 알 수 없으며 연구자가 알 수 있는 것은 하나의 표본에서 얻어진 값뿐이기 때문에, 무선적인 표본이 얼마나 전집을 대표하는지 단언할 수는 없다. 따라서 무선표집이 바람직하고 통계적으로도 강점을 갖는 것은 사실이나, 실제 상담연구와 같은 응용연구에서는 사용하기 힘든 경우가 많은 게 현실이다. 예를 들어, 우울증을 연구하기 위해 모든 우울증 환자들을 대상으로 무선표집을 하는 것은 현실적으로 불가능하다.

2) 체계적 표집

단순 무선표집을 다소 변형시킨 방법으로서, 표본을 전체 전집에서 고르게 추출하기 위해 사용한다. 연구대상인 전집에 포함된 사람들의 명단에서 매 몇 번째 사람을 뽑는 식으로 표본을 추출한다. 예를 들어 전집의 크기가 10,000명이고 표본의 크기를 100명으로 한다면,

최초의 1번에서 100번 사이에서 첫번째 사람을 무선적으로 선발한
후, 100의 표본간격에 의해 매 100번째 사람을 고르면 되는 것이다.

　　이 방법은 특히 전집의 요소들이 어떤 체계에 따라 배열되어 있
다고 가정할 수 있을 때 유용하다. 전집의 요소들이 연구대상이 되는
특성들과 아무런 상관관계가 없이 나열되어 있을 경우에는 무선적 표
집방법과 거의 유사한 결과를 가져오지만, 전집의 요소들이 연구자의
관심갖고 있는 특성에 의해 순서대로 나열되어 있는 경우에는 표본의
대표성을 증가시킨다. 예를 들어, 대학 상담소에서 우울증상을 호소
하는 내담자들을 접수시 검사된 우울점수의 수준에 따라 순서화할 수
있다면, 체계적 표집은 우울증상이 심한 내담자와 가벼운 내담자들을
고르게 포함할 수 있을 것이다. 그러나 전집의 요소들이 어떤 주기를
가지고 있고 이러한 주기가 우연히도 표본간격과 일치하는 경우에는
매우 편중된 표본을 추출할 수 있으므로, 전집이 어떤 체계나 규칙성
에 의해 배열되어 있는지를 주의 깊게 살펴보아야 한다.

　3) 층화표집

　　층화표집은 전집에서 표본을 추출하는 것이 아니라, 전집을 몇
개의 하위집단으로 층화, 또는 분류한 다음, 각각의 하위집단에서 적
절한 수의 피험자를 무선적으로 추출하여 표본을 구성하는 방법이다.
이 방법의 논리적인 근거는 동질적인 하위집단에서의 표집오차가 이
질적인 집단에서의 오차보다 더 작다는 것이다. 따라서 층화표집에서
는 전집을 동질적인 하위집단으로 재구성시킨다. 예를 들어, 어떤 상
담기법의 효과를 알아보고자 할 때 대상이 되는 전체 내담자들을 진
단범주에 따라 하위집단들로 구분하고, 각각의 진단범주 내에서 단순
무선표집을 할 수 있을 것이다. 전집을 어떤 기준에 의해 분류할 것
인가의 문제는 사용가능한 변인과 변인들의 상대적 중요성에 따라 결
정된다.

층화표집에서는 각 하위집단으로부터 추출되는 표본의 크기가 전집에서의 그 하위집단의 크기에 비례한다. 따라서 어떤 특정 하위집단에 편중되어 지나치게 많거나 적은 비율의 표본이 추출되는 경우를 방지할 수 있다는 장점이 있다. 따라서 표집오차가 줄어들고 전집을 더욱 잘 대표할 수 있게 되는데, 이러한 점에서는 단순 무선표집 방법에 비해 보다 효과적이라 할 수 있다. 일반적으로 층화표집이 단순 무선표집보다 나은 경우는 하위집단들간의 평균에 대한 차이가 하위집단 내의 분산에 비해 더 큰 경우이다. 즉 하위집단 내의 동질성이 높고 하위집단들간의 이질성이 높다면, 층화표집이 단순 무선표집에 비해 더 효과적이라 할 수 있다.

4) 군집표집

군집표집에서는 표집단위가 개인이 아닌 군집(cluster)이 된다. 군집표집에서도 층화표집에서와 같이 전집이 하위집단들로 나뉘어지지만, 그러나 층화표집과는 달리 군집을 가능한 한 이질적인 요소들로 구성한다. 층화표집에서는 각 하위집단에서 개별 요소들을 추출하기 위해 모든 하위집단을 표본에 포함시키지만, 군집표집에서는 모든 군집을 선정하는 것이 아니라 그 중 일부를 표본으로 선정하기 때문에, 만일 군집이 내적으로 동질적이라면 한쪽으로 치우친 표본을 구성하게 될 위험성이 있다. 따라서 층화표집과는 달리 하위집단 자체를 단순히 무선적으로 표집하게 되며, 추출된 하위집단 내의 모든 요소들을 실제 표본으로 한다. 예를 들어, 어느 도시의 고등학교 3학년들을 대상으로 표본을 추출하려고 하는 경우, 전체 500개의 학급이 있다고 한다면 그 중에서 10개의 학급을 무선적으로 추출하여 그 10개 학급의 전체학생들을 표본으로 사용하는 것이다.

군집표집의 가장 큰 장점은 표집의 비용을 줄일 수 있다는 점이다. 위의 예에서 한 학급을 60명으로 가정한다면 대략 600명의 표본을 추출하기 위하여 10개 학급만을 접촉하면 되지만, 단순 무선표집 방법을 사용한다면 훨씬 많은 학급을 접촉할 수밖에 없을 것이다. 이 방법의 주된 단점은 추출된 표본이 전집을 얼마나 정확하게 대표하는 가 하는 전집의 대표성 문제이다. 특정한 유형의 표본이 집중적으로 추출될 가능성이 크기 때문이다.

(2) 비확률표집법

비확률표집법은 확률표집법을 사용하기 힘들거나 전집을 정확하 게 규정할 수 없는 경우, 또는 표집오차가 별로 문제되지 않을 경우 에 사용한다. 비확률표집은 확률표집에 비해 간편하고 경제적이라는 장점이 있으나, 통계적 검증의 근거로 사용하기는 어렵다. 비확률표 집 방법에는 할당표집, 의도적 표집, 편의표집, 눈덩이표집 등이 있다.

1) 할당표집

가장 흔히 사용되는 비확률표집법으로서, 전집이 갖고 있는 특성 의 비율에 맞추어 표본을 추출하는 방법이다. 이 방법에서는 우선 전 집의 어떤 특성에 따라 하위집단들을 구분한 다음, 전집에서 각 하위 집단의 비율에 따라 표본의 크기를 결정한다. 따라서 전집의 특성을 정확히 알아야 할당의 기준을 마련할 수 있다. 이 방법은 앞에서 기 술한 층화표집법과 유사해 보이지만, 각 하위집단 내에서 표본을 무 선적으로 추출할 필요가 없다는 점에서 층화 무선표집법과는 차이가 있다. 예를 들어, 대학생을 대상으로 한 연구에서 표본의 크기가 100 명이고, 1학년 학생이 전집에서 차지하는 비율이 25%라면, 25명의 1학년 학생을 비무선적으로 이 표본에 할당할 수 있다.

이 방법의 장점은 비용이 적게 들고, 편리하다는 점이다. 단점은 각 하위집단에 할당된 표본의 수에 따라 면접자가 임의로 표본을 선정하기 때문에, 표집에 있어서 오류가 발생할 수 있다는 것이다. 예를 들어, 상담연구에서 표본으로 선정된 내담자가 연구에 참석하지 않았을 경우, 확률표집에서는 그 내담자를 다시 연구에 참가시키도록 해야 하나, 할당표본에서는 비슷한 특성을 지닌 다른 내담자로 대체할 수 있기 때문에 표집오차가 발생할 수밖에 없다.

2) 의도적 표집

전집에 대한 연구자의 사전지식이나 판단에 의해 표본을 선정하는 방법이다. 이 방법에서는 전문성을 가진 연구자가 연구목적에 맞추어 의도적으로 표본을 선정하더라도 전집을 잘 대표하는 표본을 선정할 수 있다고 가정하고 있다. 즉 전집을 잘 대표할 수 있는 전형적인 표본을 선정함으로써 임의적 판단에 기인한 오류를 상쇄할 수 있다고 간주하는 것이다. 이 방법은 특히 연구의 초기 단계에서 연구문제의 적용가능성과 연구도구의 타당성을 검토하기 위해 많이 사용되고 있으며, 사전검사를 위해 사용되기도 한다.

이 방법의 장점은 연구자가 자신의 연구능력이나 사전지식을 활용하여 피험자를 고를 수 있다는 점이다. 또한 연구자의 판단이 정확하고 전문적이기만 하다면, 비용과 시간이 적게 들고 편리하게 사용될 수 있다. 단점으로는 표본 선정의 객관적인 기준이 없고 연구자의 임의적 판단에 의해 표본이 추출되므로, 선정된 표본이 실제로 전형적인 것인지 확인할 수 없다는 점이다.

3) 편의표집

말 그대로 연구자가 주변에서 쉽게 구할 수 있는 표본을 우선적으로 선정하는 방법이다. 예를 들어, 특정 강의를 듣는 학생들을 대상으로 어떤 연구를 하는 경우가 이 방법에 해당한다. 이 방법은 주로 필요한 정보를 신속하고 적은 비용으로 수집하고자 하는 경우에 사용한다.

주된 단점은 이 방법으로 얻어진 표본의 대표성을 추정할 수 없기 때문에, 표집오차의 면에서 신뢰도가 많이 감소된다는 점이다. 따라서 외적 타당도를 유지하기가 힘들며, 이러한 이유로 매우 중요한 연구인 경우에는 이 방법을 사용하지 않는다. 이 방법의 이점은 여러 가지 제약으로 엄격한 표집이 어려운 경우나 어떤 정보가 급히 필요한 경우에, 신뢰도는 다소 떨어지더라도 유용하게 사용될 수 있다는 점이다.

4) 눈덩이표집

전집의 크기가 작고 해당되는 연구 대상을 찾기 어려울 때 사용되는 방법이다. 이 방법의 사용과정은 작은 눈뭉치를 굴려 점점 더 큰 눈덩이를 만들어 가는 것과 같다. 우선 일정한 수의 표본을 단순무선표집이나 의도적 표집으로 선정한 후, 추가될 피험자들은 원래 표본에 속한 피험자들의 소개나 그들이 제공하는 정보에 의해 확보해 나감으로써 연구자가 원하는 수의 표본을 채우게 된다. 이 방법은 주로 전집 대상을 잘 모르거나 연구 대상자가 눈에 잘 띄지 않아 일상적인 표집절차로는 연구가 어려운 경우에 사용한다. 예를 들면, 마약 중독자이나 동성연애자에 관한 연구에서는 이 방법을 사용할 수 있다.

이 방법의 장점은 희귀한 표본을 쉽게 확보할 수 있다는 것과 표집에 따른 비용을 절감할 수 있다는 것이다. 단점은 사회적 활동이 많아 눈에 잘 띄는 사람들이 표본으로 선정될 가능성이 많다는 것이다.

〈표 4-1〉 표본 추출의 실례 — 금명자(1994)의 연구

1. 연구 제목

   상담단계와 내담자 체험 수준에 따른 상담자 개입패턴의 즉시적 성과

2. 표본의 추출

   1) 상담자: 대학교 학생생활연구소 전임상담자로 근무하는 평균 상 담경험 연수 10.1년인 상담 혹은 임상심리 전문가
   2) 내담자: MMPI와 SCL-90-R로 사전검사하여 각 하위척도들이 T 점수 30-70 사이에서 분포를 이루며, 호소하는 문제가 구체적인 학생으로서, 담당한 상담자가 자신의 내담자에게서 정신병적 증상 을 찾을 수 없다고 보고하여 10회 시간제한 상담이 적절한 8명의 남녀 대학생(남 6명, 여 2명)
   3) 자료의 수집: 10회가 시간제한 상담에 참가한 8명 각각의 사례를 초기, 중기, 후기로 나누어 총 24회기의 자료를 수집

3. 비평적 논의

   본 연구에 사용된 표본은 전문성을 가진 연구자가 연구 목적에 비 추어 의도적으로 상담자와 내담자를 선정하였다는 점에서는 의도적 표 집의 성격을 띤다. 그러나 연구자가 상담 현장의 모든 가능한 사례를 대상으로 표집하였다기보다는 자료수집이 비교적 용이한 대학교 학생생 활연구소의 사례들을 우선적으로 표본으로 선정하였다는 점에서는 편 의표집의 성격도 동시에 갖는다 하겠다. 이런 점에서 보면, 이 연구의 표본은 연구 결과의 일반화에 있어서 제한점을 갖는다고 볼 수 있다.

   그러나 상담연구의 경우, 엄격한 실험연구에서 강조되는 무선적 표집을 하는 것은 본 연구에서와 같이 실제로 불가능할 때가 많다. 따 라서 상담 연구자는 무엇보다도 자신의 연구 결과가 적용될 수 있는 전집을 명확히 결정하여, 특정 연구 목적에 부합되는 최적의 표본을 선정해야 한다.

II 부

상담연구의 방법

5 장
집단간 설계

집단간 설계가 등장하게 된 역사적인 근원은 개인차의 발견 및 측정과 추론 통계의 발달에서 찾을 수 있다(Barlow & Hersen, 1984). 개인차에 대한 연구는 1900년대 초중반 갈톤(F. Galton), 피어슨(E. S. Pearson), 비네(A. Binet), 그리고 카텔(R. B. Cattell) 등의 학자들에 의해 발전되어 왔다. 어떤 특성들이 발견되고 측정되면, 다음 단계는 어떤 집단의 사람들과 다른 한 집단의 사람들을 비교하는 것이 된다. 여러 기술적인 통계가 그러한 비교를 가능하게 하였다. 1930년대 피셔(Fisher)의 추론통계에 대한 업적이 중요한 통계적인 진보를 이루었다. 그는 표집에서 얻은 자료를 바탕으로 전집의 특성을 추론하는 데 있어서, 즉 결과를 일반화하는 영역에서 큰 공헌을 하였다. 표집 이론에서의 그러한 발전들이 심리학 연구에서 집단간 비교연구를 가속시킨 것이었다. 1950년대 심리학 연구는 집단 비교와 통계적 추정이 유행하였다(Hersen & Barlow, 1976). 상담연구에서도 1950년대, 60년대에 이르러 집단간 연구 설계가 등장하기 시작하였다. 예를 들면, 상담을 받은 학생집단 대 통제집단간의 적응상의 변화의 차이를 조사하기 위해 집단간 연구 설계가 사용되었다(Williams, 1962). 이러한 집단간 비교연구는 상담연구 분야에서 지금도 많이 이루어지고 있는 실정이다.

집단간 설계는 서로 다른 처치를 받는 집단들의 비교를 통해 처치효과를 알아보는 설계로서, 설계 내에 통제집단들을 포함시킴으로써 내적 타당도를 유지하여 결과에 대한 대안적 해석의 가능성을 배제할 수 있다는 특징이 있다. 집단간 설계에서 핵심적인 문제는 피험자를 선발하는 것과 각 집단에 할당하는 것이다. 이는 실험조작 후에 나타나는 집단간 차이가 실험조작과 행동간의 인과적 관계를 추론하는 근거가 되기 때문이다. 따라서 실험조작 이전에 각 집단들간에 가능한 차이점들을 무선화시키기 위해 피험자의 무선표집, 무선할당, 짝짓기 등과 같은 방법들이 사용된다.

여기에서는 캠벨과 스탠리(Campbell & Stanley, 1963)가 말하는 진정한 실험(true experiment)에 해당하는 집단간 설계를 소개하려고 한다. 이들이 말하고 있는 진정한 실험은 피험자를 집단에 무선할당해야 하고 두 개 이상의 피험자집단을 갖추어야 한다.

실험에서는 피험자를 실험집단에 무선할당하여, 집단들이 본질적으로 동등하다는 것을 가정할 수 있어야 한다. 피험자들을 실험조건들에 무선할당하는 것은 독립변인과 어떤 외재변인의 효과가 혼입될 가능성을 최소화시킨다. 이를 통해 실험이 시작되기 이전에 종속변인의 측면에서 꽤 비슷한 두 개의 표본들을 만들게 될 가능성을 매우 높이게 된다. 물론 무선할당된 피험자집단이 종속변인의 측면에서 정확하게 같을 수는 없다. 동일한 전집에서 뽑힌 두 개의 무선표본도 매우 상이할 수 있기 때문이다.

집단간 설계의 논리는 다음과 같이 간단히 설명될 수 있다. 피험자들을 독립변인의 두 개의 상이한 수준들에 노출시킨 후, 두 집단의 피험자들의 행동을 비교하는 것이다. 그 결과, 독립변인의 각 수준의 효과들이 평가될 수 있다. 예를 들면, 불안성향이 높은 사람들을 두 집단으로 나누어 한 집단에는 인지행동치료를 실시하고, 또 한 집단에게는 정신분석치료를 받게 하고서, 어느 집단의 학생들이 불안이 더 감소하였는지 평가할 수 있다.

　이때 독립변인의 수준이 많아질수록 집단의 수는 증가될 수 있다. 독립변인이 증가될 때, 종속변인에 대한 수학적 모형은 독립변인이 두 수준일 때와 동일한 것이다. 독립변인이 여러 수준일 때에도 독립변인의 상이한 수준들을 경험하는 상이한 참가자집단들간의 차이가 관심사가 된다. 영가설에서는 독립변인의 여러 수준들이 동등한 효과를 지닌 것으로 예상된다. 그 경우 집단간의 차이는 실험오차로 인해 생겨났을 것으로 예상된다. 그러나 집단간의 차이가 커짐에 따라 실험오차가 아니라 독립변인이 그 차이를 일으켰을 가능성이 증가되는 것이다. 이러한 가능성은 여러 가지 통계적 방법들을 사용함으로써 추정될 수 있다.

1. 집단간 설계의 기본 유형

(1) 사전-사후검사 통제집단 설계

　이 설계는 최소한 두 개의 집단으로 구성된다. 한 집단은 처치를 받고 다른 한 집단은 아무런 처치도 받지 않는다. 이 설계의 기본 특징은 처치 전에 무선화를 통해 두 집단을 동등화하고, 처치 전과 후에 피험자들을 검사하여 그 변화량으로 처치의 효과를 본다는 점이다.

　이 설계를 기호로 표시하면 다음과 같다.

R O_1 X O_2

R O_3　　O_4

　여기에서 R은 각 조건에 대한 피험자들의 무선할당을, O는 행동의 관찰 또는 평가를, X는 실험조작 또는 처치를 나타낸다. 각 기호의 배열은 시간순서를 의미한다. 이 설계에서는 우선 두 집단에 피험

자들을 무선적으로 할당한 후, 두 집단 각각에 대해 사전검사를 실시
한다. 다음에는 두 집단 중 한 집단에만 처치를 시행하고, 그 다음에
두 집단 모두에 대해 사후검사를 실시하는 것이다. 이 설계에서는 무
엇보다도 무선할당을 통해서 두 집단이 본질적으로 동등하다는 것을
가정하는 것이 필요하다. 이때 우리는 두 집단이 모든 측면에서 동등
한지에 관심이 있기보다는 측정하려는 종속변인에 대해 두 집단이 동
등하기를 원한다. 예를 들면, 만약 종속변인이 시각적 과제의 학습속
도라면, 두 집단이 최소한 지능과 시력에 있어서 동등하기를 원할 것
이다. 왜냐하면, 지능의 평균치와 시각적 민감성의 평균치가 시각적
과제의 학습속도에 영향을 줄 수도 있기 때문이다.

    사전검사를 실시하는 이유는 우선 사후검사만 실시할 때에 비해
처치에 따른 피험자들의 변화량을 보다 상세히 알 수 있기 때문이다.
둘째, 종속변인의 변량 중에서 개인차에서 비롯되는 오차변량을 줄일
수 있다. 사전검사의 정보를 사용함으로써 사후검사의 변량에서 사전
검사의 변량을 통계적으로 제거할 수 있는 공변량 분석과 같은 기법
을 사용할 수 있게 된다. 그러나 이 경우 사전검사와 사후검사가 직
선적 관계를 지니고 있어야만 공변량 분석을 이용할 수 있다는 점에
유의해야 한다. 셋째, 내적 타당도의 위협을 차후에 제거하기 위해
사전검사를 사용한다. 사전검사는 연구에서 떨어져 나간 사람과 남아
있는 사람을 비교할 수 있게 한다. 만약 통제집단에서보다 처치집단
에서 피험자가 더 많이 떨어져 나갔다면 이는 실험의 타당도에 큰 위
협이 된다. 넷째, 사전검사는 피험자를 선발하기 위해 혹은 제외시키
기 위해 사용된다. 예를 들어, 적절한 정도의 우울증상을 지닌 피험
자를 선발하고자 할 때, 사전에 우울검사를 실시하여 내담자를 선발
할 수 있다.

    이 설계의 장점으로는 내적 타당도에 대한 일반적인 위협요소
들이 통제될 수 있다는 점이 있다. 첫째로 개인사(history)의 경우,

만일 O_1과 O_2의 차이를 낳은 역사적인 사건이 동시에 O_3과 O_4의 차이를 낳는다면 개인사의 문제는 통제가 된다. 처치집단과 통제집단에서 서로 무관한 사건이 검사결과에 영향을 미치는 문제가 있지만, 두 집단에 대한 검사의 실시시기를 동일하게 하고, 피험자를 무선할당함으로써 해결할 수 있다. 둘째, 성숙(maturation)과 검사(testing)의 문제는 처치집단과 통제집단에서 동등하게 나타난다는 점에서 통제된다. 셋째, 도구(instrumentation)의 문제는 개인사가 통제되는 상황에서는 쉽게 통제가 된다. 넷째, 통계적 회귀(regression)의 문제는 처치집단과 통제집단의 평균의 차이를 다룬다면 통제될 수 있다. 다섯째, 선발(selection)의 문제는 무선화가 동등성을 보장하는 만큼 통제가 된다. 그러므로 무선할당하는 수가 많을수록 동등성이 보장된다. 여섯째, 피험자의 상실(mortality)이 O_1과 O_2의 차이를 가져올 수 있다. 피험자의 상실 문제는 다루기 어려운 문제이며, 미묘하게 표집 편향을 일으킬 수 있다. 만약 처치집단에 할당한 피험자 가운데 실험에 오지 않은 피험자를 제외시킨다면, 처치집단은 통제집단과는 달리 좀더 양심적이고 건강한 사람들이 남게 되고, 선택적으로 축소된다. 어떠한 상실 편향도 있어서는 안 될 상황이라면, 처치집단과 통제집단에 선발된 모든 피험자를 사용하는 것이다.

이상의 내적 타당도를 위협하는 요인들은 관찰점수에 직접적으로 영향을 주는 요인들을 다룬 것이다. 그 반면, 외적 타당도를 위협하는 요인들은 처치와 다른 변인간의 상호작용 효과라고 부를 수 있다. 사전-사후검사 통제집단 설계의 경우 관찰된 처치의 효과는 사전검사로 준비가 된 집단에만 적용될 수 있다. 사전검사를 받지 않은 더 큰 전집에 일반화하는 것은 논리적으로는 문제가 있다. 내적 타당도의 문제는 확률통계의 논리적 한계 내에서 해결할 수 있지만, 외적 타당도의 문제는 표집으로 대표할 수 없는 영역으로의 외삽을 포함하므로 논리적으로는 해결할 수 없다. 그러나, 처치조건과 여러 면에서 동등한 다른 조건으로의 일반화를 검토하고, 그 법칙을 추측함으로써 일반화를 시도할 수 있다. 여기서는 일반화를 위협하는 몇 가지 위협 요인과 그 대책을 다루었다.

첫째, 검사와 처치간의 상호작용이 있다. 사전검사를 통해 피험 자를 준비시키고 민감하게 만들면, 처치의 효과가 증가될 수 있다. 사전검사가 처치에 미치는 효과는 반복측정이 전집의 특징인 정도에 달려 있다. 가령, 매우 정기적으로 반복적인 검사를 하는 장면에 일 반화하고자 한다면, 또한 사전-사후 검사가 보통 사용하는 것과 유사 하다면, 처치와 검사간의 상호작용은 나타나지 않을 것이다. 그러나 검사절차가 일상적이지 않고, 매우 특별한 것이라면, 사전검사를 하 지 않는 설계가 바람직할 것이다.

둘째, 처치와 선발과의 상호작용이 있다. 사전-사후검사 통제집 단 설계는 처치효과에 미치는 선발의 영향은 통제할 수 있지만, 증명 된 처치효과가 처치집단과 통제집단이 선발되었던 특정 집단에 대해 서만 적용될 가능성은 여전히 남는다. 특히 피험자를 구하기 어려울 수록 이러한 가능성은 더욱 높다.

셋째, 피험자의 반발(reactive arrangement)이 있다. 심리학 실험 이나 평가 장면에서 대표성이 지켜지기 어려운 큰 이유는 실험장면의 뚜렷한 인위성과 자신이 실험에 참여하고 있음을 아는 것에 있다. 참 가자의 지식이나 태도가 처치효과처럼 나타나서 일반화에 심각하게 지장을 줄 수 있다.

이 설계의 약점으로는 검사의 반복 실시가 검사에 대한 민감도 효과를 유발하여 외적 타당도에 위협을 줄 수 있다는 점을 들 수 있 다. 사전검사에 의해 민감화되었기 때문에 사후검사에서 변화가 발생 한 것이 아니냐 하는 것이다. 그러한 경우에는 그 연구 결과를 사전 검사를 받은 피험자들에게만 적용할 수 있기 때문에 다른 집단에 일 반화하는 데에 한계가 있다. 따라서 연구자는 사전검사와 처치의 상호작용에 대해 상세하게 논의할 필요가 있다.

〈사전-사후검사 통제집단 설계에 대한 유의도 검증〉

처치집단과 통제집단간의 관찰된 차이가 우연 수준 이상으로 올라갔는지의 여부를 결정하기 위해 통계적 유의도 검증이 필요해진다. 이러한 유의도 검증은 실험 설계가 잘 되었느냐와는 별개의 문제이다. 그러나 일반적으로 통계적인 절차는 실험 설계와 밀접하게 연관되어 있다. 그래서 이러한 주제에 대해 몇 가지 사항을 제시하려고 한다.

먼저, 사전-사후검사 통제집단 설계가 가장 표준적이고 폭넓게 사용하는 설계임에도 불구하고, 이 설계에 대한 의의도 검증은 자주 불충분하고 부적절한 것 같다. 보편적인 t검증을 적용할 때, 많은 연구자들은 처치집단의 사전검사-사후검사 차이와 통제집단의 사전-사후검사의 차이에 대해 t검증을 한다. 그래서 처치집단에서 t검증이 통계적으로 의의 있고, 통제집단에서 t검증이 통계적으로 의의가 없게 나오면, 두 집단간의 직접적인 통계적 비교는 하지 않은 채, 처치효과가 있다고 결론내린다. 좀더 적절한 검증을 한다면 그 차이는 의미가 없을 수도 있다.

다음으로, 이 설계의 경우 각 집단에 대해 사전-사후검사의 증가점수를 비교하는 검증방법을 폭넓게 이용한다. 이 증가점수에 기초해서 두 집단간의 t를 계산하는 방법이다. 그러나, 사전점수에 근거해서 무선화된 블록 설계를 하거나, 사전 점수를 공변인으로 삼아 공변량 분석을 하는 것이 좀더 바람직한 분석방법이다.

보통 실험설계에서 자주 문제되는 것 중의 하나는 한 학급을 통째로 무선할당할 때 생기는 문제이다. 일반적인 통계는 개인을 무선적으로 처치집단에 할당하는 경우에 적절하게 이용될 수 있다. 그러나 강의를 듣는 한 학급 전체를 어떤 처치에 할당한다면, 무선화 절

차가 확실히 문제가 있고, 우연요인이 더 적게 개입하기 때문에 지나
치게 작은 오류가 일어나게 될 것이다.

마지막으로, 이제까지 논의한 통계는 무한히 큰 세계로부터의 표
집을 가정한다. 그러나 그 반대로 내적 타당도만을 고려하는 실험실
실험이 있을 수 있다. 이런 실험의 경우 소수의 사람들이 모두 처치
집단에 할당된다. 이 경우에도 무선화를 매우 강조하지만, 주로 실험
집단과 통제집단 혹은 몇 처치집단의 동등성을 확보할 목적으로 사용
된다. 무선화는 실험집단과 통제집단을 합친 것에 해당하는 매우 작
은 전집 내에서 이루어지는 것이다. 임상, 상담분야의 많은 연구들은
실제 이러한 방식으로 이루어진다.

〈표 5-1〉 사전-사후검사 통제집단 설계의 실례— *네쭈*(Nezu, 1986)의 연구

1. 연구주제
*네쭈*는 문제해결 치료와 문제중심 치료가 비정신병적 우울증에 미
치는 효과를 연구하였다.

2. 연구방법
그는 우선 우울증으로 진단받은 26명의 피험자들을 다음과 같은
세 조건에 무선적으로 할당했다— 문제해결 치료집단(X_1), 문제중심
치료집단(X_2), 대기명부 통제집단. 이 설계를 기호로 나타내면 다음과
같다.

$$R \quad O_1 \quad X_1 \quad O_2$$
$$R \quad O_3 \quad X_2 \quad O_4$$
$$R \quad O_5 \qquad \; O_6$$

사전 및 사후검사로는 우울질문지를 실시하였고, 6개월 후에는 추수검
사를 실시하였다. 처치집단은 두 집단이었으며, 치료는 8주 동안 매주
한시간 반씩 실시되었다. 사전검사 분석에서 집단간 차이가 없었으며,
이는 무선할당이 성공적으로 이루어졌음을 보여 준다.

3. 연구결과

 문제해결 치료집단의 피험자들이 다른 두 집단의 피험자 집단에 비해 유의미하게 낮은 사후 우울점수를 나타냈고, 이러한 개선은 6개월 후에도 지속되는 것으로 나타났다.

4. 논   의

 이 설계는 종속변인에서의 변화뿐만 아니라 내담자가 각 집단에 적절히 무선할당되었는가를 검토하는 데 유용하다. 네쭈는 이 연구에서 처치집단을 하나 더 추가하여 처치간의 효율성을 비교하였고, 아울러 6개월 후에 검사를 한 번 더 실시함으로써 처치의 장기간 효과에 대해서도 유용한 정보를 제공하였다.

(2) 사후검사 통제집단 설계

 이 설계는 사전-사후검사 통제집단 설계와 비교해 볼 때 사전검사가 없다는 점에서 다르다. 진정한 실험 설계에서 사전검사가 필수적인 것은 아니다. 심리학에서는 실험집단과 통제집단이 처치를 받기 이전에 동등하다는 것을 '확실히 알기를' 원하지만, 집단간에 차이가 없음을 보장하는 가장 적절한 방법은 무선화이다. 현실적으로 많은 연구들에서 사전검사를 하기도 어렵고, 사전검사가 없는 경우가 많다.

 사전검사가 없으므로 사전검사의 주효과와 상호작용 효과를 측정하지는 못한다. 그러나, 처치가 효과가 있느냐 없느냐 하는 핵심 질문과 사전검사와는 관계가 없다. 바로 이런 이유로 진정한 무선할당에 문제가 있지 않다면, 사후검사 통제집단 설계가 사전-사후 검사 통제집단 설계보다도 보통 선호된다.

 이 설계를 기호로 나타내면 다음과 같다.

$$R \quad X \quad O_1$$
$$R \qquad O_2$$

　　피험자들이 각 집단에 무선적으로 할당되기는 하지만 사전검사
를 실시하지 않기 때문에 처치 이전에 특정 변인에 있어서 각 집단들
이 동일하다고는 확신할 수 없다.

　　이 설계의 최대 장점은 내적 타당도와 외적 타당도에 대한 위협
요소들을 적절히 통제할 수 있다는 것이다. 또한 이 설계는 O_1과 O_2
의 차이를 통계적으로 비교함으로써 인과관계를 추론할 수 있는 전형
적인 설계에 해당된다. 그리고 사전검사를 실시하지 않음으로써 사전
검사에 의한 민감성 효과를 방지할 수 있으며, 상담연구에서 항상 사
전검사를 실시할 수 있는 것은 아니기 때문에 사전검사를 사용하는
설계에 비해 더 현실적인 설계라 할 수 있다. 즉 소요되는 비용과 시
간, 또는 윤리적인 문제 때문에 사전검사를 할 수 없는 경우에 이 설
계가 유용하다.

　　하지만 이 설계는 사전검사를 사용하지 않음으로 인해 사전검사
상 집단들간에 차이가 있는지의 여부를 확인할 수 없고, 피험자들을
각 집단에 무선할당하기 전에 사전검사 점수로 짝지울 수 없다는 한
계점이 있다. 또한 집단에 따라 피험자의 중도 탈락률에서 차이가 있
었는지의 여부를 평가할 수 있는 사전검사 정보가 없으며, 따라서 통
계적 검증력이 낮아진다는 문제가 있다.

　　〈사후검사 통제집단 설계에 대한 유의도 검증〉
　　이 설계에는 간단한 형태의 t검증이 적합하게 사용될 수 있다.
그러나 이전의 학점이나 검사점수, 부모의 직업 등의 피험자 변인들
에 근거하여 공변량 분석이나 블럭 설계를 이용할 수 있다. 이러한
방법도 사전검사와 유사하게 유의도 검증의 검증력을 증가시킨다.

　　사후검사 통제집단 설계는 사전검사를 피함으로써 동일하거나
매우 유사한 평범하지 않은 내용이 반복되어 검사의 정체를 누설하는
것을 막아준다. 이런 이유로 사후검사 통제집단 설계가 사전검사가

있는 설계에 비해 피험자의 반발을 보다 잘 통제할 수 있는 것이다.

〈표 5-2〉 **사후검사 통제집단 설계의 실례― 이민규(1991)의 연구**

1. 연구주제

　강박집단이 위협자극과 비위협적인 자극에 의해 유발된 침투적인 사고에 대해 의도적인 통제 기능에서 통제집단과 차이를 보이는지를 검토하려 한다.

2. 연구방법

　서울대학교 심리학 개론 수강생 200명에게 한국판 강박증 검사인 MOCI(Maudseley Obessional-Compulsive Inventory)를 실시하여 5점 이하인 학생들을 통제집단으로, 15점 이상인 학생들을 강박성향 집단으로 분류하였다. 다음 두 집단의 피험자들을 위협조건과 중성조건에 무선적으로 할당하였다. 강박집단과 통제집단의 피험자들에게 위협적인 슬라이드와 중성장면의 슬라이드를 보도록 하였다. 각 조건에 할당된 피험자들은 이러한 상황에 처한 자신의 모습을 상상하고 난 다음, 슬라이드와 관련된 생각을 하지 말도록 요구되었다.

　피험자를 두 집단으로 구분하여 분석하였으며, 위협조건과 중성조건을 비교하였다.

3. 연구결과

　위협장면의 슬라이드 조건에서는 강박집단이 통제집단에 비해 위협적인 슬라이드 내용과 관련된 침투적 사고나 심상을 더 많이 경험한 반면, 중성조건에서는 두 집단간의 차이를 보이지 않았다. 이 결과는 강박집단의 피험자들이 위협자극과 관련된 침투 사고의 의도적 통제에서 비효율적임을 나타낸다.

　이 연구는 강박장애자들이 정상인에 비해 자아를 위협하는 사고나 감정내용을 더 강하게 억제하려고 시도하고, 이 과정에서 형성된 상황 단서들과의 연합으로 인해 강박관념이 더 강하게 형성되었음을 보여 준다.

4. 논　　의

　이 실험설계는 강박집단과 비강박집단을 두 조건에 무선할당함으로써 각 집단 내에서는 동등성을 확보한 셈이다. 실제 대부분의 임상, 상담연구는 임상집단과 비임상집단을 비교하는 연구로 이루어지므로, 이러한 연구 설계가 보다 전형적이라고 볼 수 있다.

　　이러한 연구는 강박집단과 비강박집단을 하나의 요인으로 보고, 위협조건과 중성조건을 하나의 요인으로 보는 이요인 설계로 볼 수도 있겠다.

(3) 솔로몬 4집단 설계

이 설계는 사전-사후검사 통제집단 설계와 사후검사 통제집단 설계의 결합으로, 매우 정확하고 외적 타당도를 명확하게 고려하는 설계이다. 이 설계의 주목적은 사전검사가 처치효과에 미치는 영향을 직접적으로 평가하는 것으로 최소한 4개의 집단이 필요하다. 설계의 기본적 도식은 다음과 같다.

$$R \quad O_1 \quad X_1 \quad O_2$$
$$R \quad O_3 \qquad O_4$$
$$R \qquad X_2 \quad O_5$$
$$R \qquad\qquad O_6$$

이 설계의 장점으로는 내적 타당도의 위협요소들을 효과적으로 통제할 수 있다는 것이다. 두 통제집단을 비교함으로써 사전검사 효과를 평가할 수 있으며, 사전검사 사용집단과 사전검사를 사용하지 않은 집단을 비교함으로써 처치와 사전검사와의 상호작용을 각각 평가할 수 있다. 그리고 처치조건들과 통제조건이 반복적으로 포함됨으로써 처치효과를 4가지 다른 방식으로 재검증하는 성과를 얻을 수 있다. 즉 $O_2 > O_1$, $O_2 > O_4$, $O_5 > O_6$, $O_5 > O_3$. 이러한 검증들이 일관된 결과를 낳는다면 그것은 단일 비교 설계보다 처치효과에 대한 훨씬 강력한 증거가 될 수 있고, 외적 타당도 또한 높아질 것이다.

이 설계의 제한점으로는 앞의 두 집단설계에 비해 피험자 수와 수집할 자료량 등에 있어서 두 배나 많은 노력과 비용이 든다는 점과 사전검사 민감화 효과가 상담이나 임상연구 분야에서는 명확히 나타나지 않는 경우가 많다는 점을 들 수 있다. 보다 중요한 제한점으로는, 처치를 가하지 않는 통제집단과 관련하여 종종 윤리적인 문제가 야기될 수 있다는 점이다. 비록 실험이 끝난 다음에 처치를 제공할 수 있으나 현실적으로 어려움이 많이 따른다.

〈솔로몬 4집단 설계의 유의도 검증〉

관찰치를 모두 동시에 이용하는 단일한 통계 절차는 없다. 대안적으로, 사전검사를 하나의 요인으로 보고, 2×2 변량분석으로 사후검사 점수를 분석할 수 있다. 처치의 주효과와 사전검사의 주효과 및 처치와 사전검사와의 상호작용을 추정할 수 있다. 만약 사전검사의 주효과와 상호작용 효과를 무시할 만하다면, 사점검사 점수를 공변인으로 삼아서 O_2와 O_4에 대해 공변량 분석을 실시하는 것이 바람직할 것이다.

〈표 5-3〉 솔로몬 **4집단 설계의 실례**—딕슨 등(Dixon, Heppner, Petersen & Ronning, 1979)

1. 연구주제
　이들은 문제해결 훈련의 효과와 사전검사의 효과를 연구하였다.

2. 연구방법
　소요비용 때문에 이들은 설계를 다소 변형하여 피험자들을 다음과 같은 세 개의 집단에 무선적으로 할당하였다. 사전-사후검사 처치집단, 사전-사후검사 통제집단, 사후검사 통제집단. 처치는 문제해결에 대한 직접적인 지도, 집단토의 및 실습으로 이루어졌다. 종속변인은 대안산출, 의사결정기술, 자신의 문제해결 기술에 대한 피험자들의 지각 등이었다.

3. 연구결과

　　훈련은 반응의 질에 영향을 주었지만 대안의 수를 증가시키지는 않았다. 이 연구에서 사전-사후검사 처치집단은 사후검사 통제집단과만 차이를 보였고, 사전-사후검사 통제집단과는 차이를 보이지 않았다. 이는 연습효과가 있었음을 시사한다. 즉 단지 종속 측정치를 두 번 경험한 것이 처치를 받은 것과 동일한 결과를 유발하였던 것이다.

4. 논　　의

　　이 연구에서 솔로몬 4집단 설계의 가치를 확인할 수 있는데, 두 개의 통제집단을 사용함으로써 연습효과뿐 아니라 훈련효과를 분리해 낼 수 있었다는 점이 바로 그것이다. 이는 하나의 처치집단 및 통제집단만을 사용했더라면 얻을 수 없는 결과이다.

(4) 통제집단의 사용

　　처치집단과 통제집단을 사용하는 것은 처치의 효과를 보기 위한 것이다. 그러나 통제집단의 사용이 가능하지 않을 때가 많다. 가령, 도움을 준다고 알려진 처치를 필요로 하는 사람에게 통제집단에 속했기 때문에 처치를 제공하지 않는 것은 윤리적인 문제에 해당한다. 또한 연구질문이 반드시 통제집단을 필요로 하지 않을 수도 있다. 그러나 통제집단은 처치의 효과를 보기 위해서 논리적으로 필요한 과정이다.

　　처치를 받지 않은 집단을 사용하는 것은 실제적으로 그리고 윤리적으로 어려운 문제이다. 그러나 대기자 명부 통제집단의 사용을 통해 이러한 문제를 어느 정도 해결해 낼 수 있다. 전형적인 절차에서는 우선, 피험자를 처치집단과 대기자집단에 할당한다. 그리고 사후검사 후에 대기자집단에 처치를 제공한다.

　　또 다른 통제집단으로 위약 통제집단이 있다. 구체적이지 않고 효과가 없다고 생각되는 활동을 제공하여 피험자로 하여금 처치를 받고 있다는 생각을 갖도록 한다. 이는 피험자의 기대, 관심, 기타 구체적이지 않은 측면의 효과로부터 처치의 효과를 분리할 수 있기 위해서이다.

짝지움 통제집단도 사용할 수 있다. 통제집단의 피험자와 처치집단의 피험자를 어떤 형태로 짝을 짓는다. 짝지움 설계의 기본 목적은 짝짓기 요인으로 인한 변량을 줄이는 데 있다. 상담의 성과에 대한 연구에서 상담의 기간이 자주 문제가 될 수 있다. 상담기간을 고정시키면 이는 실제 상담의 상황을 대표하지 못한다. 그러나 처치를 내담자에 따라 다르게 하면 통제집단에 대해 사후검사를 실시하는 시기가 문제가 된다. 이 경우 실험집단의 피험자가 사후검사를 받을 때 통제집단의 짝지어진 피험자도 동시에 사후검사를 받게 된다.

2. 요인 설계

많은 경우 심리학자들은 한 연구에서 한 개 이상의 변인들을 연구하는 것이 보통이다. 외재변인을 통제하기보다는 이것들을 독립변인으로 삼아서 그 영향을 연구할 수도 있고, 연구 시초부터 관심 있는 두 개의 독립변인들을 연구할 수도 있다. 요인 설계는 단일 실험에서 둘 이상의 변인들에 대해 동시에 연구할 수 있는 설계로서, 각 변인 내에 둘 이상의 조건을 갖는다. 가장 단순한 형태는 두 개의 서로 다른 변인들이 각각 두 개의 수준을 갖는 2×2 설계이다. 단일 변인 설계에서는 특정 처치의 조작에만 관심을 두고 그 밖에 결과에 영향을 줄 수 있는 나머지 다른 모든 변인들은 통제되지 않지만, 요인 설계에서는 서로 다른 변인들의 주효과 및 상호작용 효과를 알아보기 위해 여러 변인들을 동시에 조작한다. 인간의 행동은 많은 변인들의 영향을 받기 때문에, 연구에서 한 번에 한 개 이상의 변인을 연구하는 것은 현실을 더 잘 반영한다고 할 수 있다. 몇 개의 변인들이 각각 행동에 영향을 줄 뿐만 아니라 흔히 변인들이 서로 상호작용해서 행동에 영향을 미칠 수 있다. 변인들간의 상호작용을 살펴봄으로써 행동의 저변에 있는 과정을 보다 잘 이해할 수 있다.

요인 설계를 사용하는 주된 이유는 둘 혹은 그 이상의 변인들간에 존재하는 상호작용 효과를 연구할 수 있기 때문이다. 만약 상호작용이 존재한다면, 종속변인에 대한 독립변인 각각이 미치는 영향 즉 주효과는 제한적으로 해석되어야 한다. 변인들이 상호작용한다는 것은 한 독립변인이 행동에 영향을 미칠 때, 이 영향이 다른 독립변인의 수준에 따라 달라지는 것을 의미한다.

실제 연구에서 상호작용의 효과의 예를 살펴보겠다. 메쯔, 크레이휘 및 마트레이(Metze, Craig & Martray, 1977)는 통제소재와 수업유형이 학업성적에 미치는 영향을 조사하였다. 어떤 결과에 대해서 그 원인을 외부상황 때문이라고 생각하는 경향이 있는 학생들은 강의와 토의식 수업을 받을 때 더 높은 성적을 보였으며, 자기내부에서 이유를 찾는 학생들은 자기속도에 맞춘 단계적 학습방법을 사용한 수업을 받을 때 더 높은 기말 성적을 보였다. 이를 그림으로 나타내면

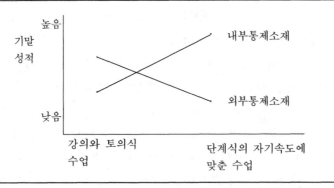

〈그림 5-1〉 통제소재와 수업유형의 기말성적과의 관계

〈그림 5-1〉과 같다.

이 설계의 장점은 우선 단일한 실험에서 여러 변인들의 효과를 동시에 살펴볼 수 있다는 점이다. 2×2 요인 설계의 경우 두 개의 단일요인 설계를 하나로 합친 것에 해당된다. 따라서 실험에 들어가는 시간, 비용, 피험자 수 등의 측면에서 훨씬 경제적이라는 이점이 있다. 또한 이 설계는 실험통제의 측면에 이점이 있는데, 관심 있는 독립변인 외에 통제하고자 하는 외재변인을 설계의 한 요인으로 포함시켜 외재변인을 통제할 수 있다. 예를 들어, 피험자간의 개인차, 실험자 효과 등을 각각 하나의 독립변인으로 조작함으로써 이들이 미치는 영향을 통제할 수 있는 것이다.

그 밖에도 이 설계를 사용할 때 얻을 수 있는 장점으로는 독립변인들의 상호작용 효과에 대한 독특한 정보를 얻을 수 있다는 점을 들 수 있다. 요인설계를 사용함으로써 보다 복잡하고 정교한 연구가설들을 검증할 수 있으며, 이를 통해 현실에 대한 일반화 가능성이 커지게 된다.

이 설계의 제한점은 새로운 변인을 포함시키거나 이미 주어진 변인에 새로운 수준을 추가할 때 연구에 포함되는 집단의 숫자가 그만큼 증가한다는 점이다. 그 결과 설계나 계산절차가 복잡해진다. 또한 여러 변인들이 상호작용을 보일 때 복잡한 관계성을 일관성 있게 기술하거나 해석하기가 힘들다는 것도 제한점이다. 그리고 요인설계의 경제성이 증가하는 만큼, 처치효과의 신뢰도는 감소되는 측면이 있다. 왜냐하면 총 피험자 수는 일정한데, 독립변인의 수준이 증가하면 특정 처치집단에 할당된 피험자 수가 줄어든다. 그렇게 되면, 각 처치집단들의 평균값들이 불안정해지기 때문에 처치효과의 신뢰도가 줄어드는 것이다.

〈표 5-4〉 요인설계의 실례 — 채계숙(1988)의 연구

1. 연구주제

상담자의 자기공개가 내담자의 자기검색 수준에 따라 내담자의 자기공개 의도와 상담자에 대한 호감도에 미치는 영향을 알아보고자 하였다.

2. 연구방법

내담자 자기검색 수준의 고저(2)×상담자 자기공개 고저(2) 요인설계를 사용하였다.

대학생 140명에게 자기검색 척도를 실시하여 높은 자기검색 집단 18명, 낮은 자기검색 집단 18명을 선정하여, 상담자 자기공개 고저조건에 무선할당한 후, 해당조건의 녹음을 듣게 하였다. 종속변인은 공개의도와 상담자에 대한 호감도였다.

3. 연구결과

높은 자기검색 집단의 경우 상담자 자기공개가 낮은 조건에서보다 높은 조건에서 더 친밀한 항목을 공개하려는 의도를 보였으며, 낮은 자기검색 집단의 경우는 상담자 자기공개가 낮은 조건과 높은 조건에서 공개의 의도간에 차이를 보이지 않았다. 한편, 높은 자기검색 집단은 상담자 자기공개가 낮은 조건보다 높은 조건에서 호감도를 증가시키지 않았으며, 낮은 자기검색 집단은 상담자 자기공개가 높은 조건보다 낮은 조건에서 더 높은 호감도를 보였다.

이 연구결과는 낯선 이를 만날 때 높은 자기검색자들이 공개 교호성 효과(disclosure reciprocity effect)를 보이는 반면, 낮은 자기검색자들은 다른 이의 공개친밀성 수준에 상관없이 공개친밀도를 변화시키지 않고 비교적 낮은 친밀도 수준의 자기공개를 한다는 것을 보여 준다.

4. 논 의

이 연구는 모의상담 방법을 이용하여 상담자의 자기공개 반응에 대한 내담자의 직접적인 공개반응을 본 것이 아니라 공개의도를 살펴보았다. 이러한 점은 공개의도가 공개행동과 차이를 보일 수 있다는 점에서 문제점을 지니며, 모의상담 연구이므로 연구결과를 일반화하는 데 있어서 유의해야 한다.

3. 준실험 설계

연구자가 독립변인을 조작할 수 없거나 참가자들을 실험조건들에 무선할당할 수 없을 때에는 실험 설계를 사용할 수 없고, 준실험 설계를 사용할 수 있다. 준실험 설계의 가장 큰 특징은 피험자들을 각기 다른 조건들에 무선적으로 할당하지 않는다는 점이다. 그러므로 준실험 설계의 단점은 독립변인이 외재변인과 혼입되어 종속변인의 어떠한 변화가 독립변인의 변화에 기인한 것인지를 정확히 알 수 없다는 점이다. 이런 이유로 준실험 설계의 내적 타당도는 높지 않을 수 있으며, 따라서 준실험 설계들은 조심해서 사용되고 해석되어야만 한다.

어떤 연구에서 준실험 설계를 사용할 때 인과관계를 추론할 수 있는 확률의 정도가 더 낮을 수 있다는 단점이 있지만, 우리는 이 한계 내에서 합당한 노력을 기울여서 가장 높은 확률을 가지고 결론을 내릴 수 있다. 실제로 우리가 할 수 있는 만큼의 확률을 가진 지식을 추구해야만 하는 상황은 매우 많다. 바로 이러한 목적을 위해 준실험 설계가 필요한 것이다. 이에 대해 캠벨(Campbell, 1969)은 일찍이 다음과 같이 역설하였다:

> "사회과학자들뿐 아니라 공공기관의 관리자들이 옹호하는 일반적인 윤리는 무선통제집단이 있는 '진정한 실험'을 지향하면서 가능한 방법 중에서 최선의 방법을 사용하자는 것이다. 그러나 무선화된 처치가 가능하지 않은 상황에서는 여러 가지 한계가 있음을 인식한 상태에서 준실험 설계를 비판적으로 사용하는 것이 바람직하다. 우리는 이용할 수 있는 것을 최상으로 이용하여야 한다."

상담분야의 많은 고전적인 성과연구들은 준실험 설계를 사용하였다. 많은 상담장면을 연구할 때 실제적으로 피험자를 각 처치조건에 무선적으로 할당할 수 없는 경우가 대부분인데, 그러한 경우 이미 설정되어 있는 집단들을 대상으로 연구를 할 수 있다. 학교의 학급, 병원의 병동, 상담집단 등과 같이 이미 확립되어 있는 집단들을 대상으로 연구할 때, 연구자는 이 집단들이 어떤 이유 때문에 그렇게 구성되었는지를 알아야 한다. 왜냐하면, 처치 이후에 나타나는 집단들 간의 차이가 연구자의 처치보다 피험자들의 선발과정과 더 관계가 있지 않는지 알아야 하기 때문이다. 선발과정은 또한 다른 변인들과 상호작용하여 결과에 간접적인 영향을 줄 수 있고, 내적 타당도에 대한 위협요소들이 조건에 따라 서로 다르게 작용할 수도 있다. 따라서 준실험 설계의 유용성은 연구자가 처음 집단을 구성할 때 사용한 선발준거를 연구자가 얼마나 철저히 조사하고 확인했는지와 직접 관련된다.

쿡과 캠벨(Cook & Campbell, 1979)은 다양한 준실험 설계를 제시하였는데, 크게 두 가지의 부류로 나눌 수 있다. 첫째가 비동등(nonequivalent) 통제집단 설계이고, 둘째가 비연속적(interrupted) 시간계열 분석 설계이다. 여기에서는 먼저 비동등 통제집단 설계를 소개하였으며, 비연속적 시간계열 설계는 따로 한 장을 구성하여 소개할 것이다(7장 참조).

비동등 통제집단 설계

이 설계의 가장 간단한 예는 한 집단이 처치를 경험한 전후에 관찰이 이루어지는 것이다. 통제집단은 독립변인을 제외하고는 연구의 모든 측면들을 동일하게 경험하는 참가자들의 집단이 된다. 이 설계의 기본 논리는 만일 어떤 집단이 독립변인을 경험하고 있는 집단과 독립변인을 제외한 다른 측면에서 비슷하게 경험한 집단이 있다면, 집단들간의 어떤 차이가 그 독립변인의 영향들을 반영하는 것으로 볼 수 있다는 것이다.

이 설계에서는 한 개의 처치집단과 한 개의 통제집단이 독립변인이 도입되기 이전과 이후에 측정된다. 통제집단에서 얻은 사전-사후검사 측정치들이 처치집단에 대한 측정치들을 평가하기 위한 기준선이 된다. 만일 두 집단간에 차이가 관찰되지 않는다면 독립변인이 측정되고 있는 행동에 영향을 주지 않는 것을 의미하며, 두 집단간에 차이가 관찰된다면, 독립변인이 실제 행동에 영향을 준 것이라고 결론내릴 수 있다.

비동등 통제집단 설계는 외부사건들이 통제집단과 처치집단의 피험자들에게 동일하게 영향을 줄 수 있으므로 관찰된 결과들이 외부사건들의 함수일 가능성이 작아진다. 그러나, 이 설계는 참가자들이 전집에서 무선적으로 각 집단에 할당되지 않으므로, 진정한 실험 설계만큼 내적 타당도와 외적 타당도를 제공해 주지 못한다.

1) 비동등 통제집단 사후검사 설계

한 집단에게 처치를 준 다음, 처치집단과 처치를 받지 않은 통제집단의 종속변인을 측정해서 두 집단을 비교하는 설계이다. 준실험 설계 중 가장 일반적으로 사용되는 방법이며, 참가자들을 두 집단으로 무선할당하지 않고, 자연적으로 있는 두 집단 혹은 그 이상의 집단을 비교한다. 이를 기호로 나타내면 다음과 같다.

$$X \quad O_1$$
$$O_2$$

두 집단을 비교하는 데 있어서, 두 집단은 여러 관점에서 다를 수 있기 때문에, 집단간의 종속변인 차이가 처치조건에 기인할 확률은 낮아지게 된다. 이러한 설계는 외재변인의 혼입이 제거되었다고 결론내리기에는 한계가 있다.

이 설계를 적용한 예로는 쿡과 *캠벨*이 제안한 연구를 들 수 있다. 죄수들이 감옥에서 상담을 받은 기간에 따라 서약을 위반하는 정도가 작을 것이라고 가정할 수 있다. 독립변인은 상담을 받은 기간이

되며, 각기 다른 기간의 상담을 받은 몇 개의 처치집단이 있고, 통제
집단은 상담을 받지 않은 집단이 될 것이다. 종속변인은 각 집단의
구성원들이 자신들의 서약을 위반한 빈도가 된다.

　　그러나, 이러한 설계의 경우, 상담기간이 서약위반에 영향을 미
쳤다고 인과적으로 추론내리기에는 다르게 해석될 여지가 있다. 즉,
감옥에 재수감될 가능성이 적은 죄수들일수록 더 긴 서약기간을 받아
서 선택되었을 수도 있다. 예를 들어, 죄수를 상담집단에 할당하는
관리자들은 유익한 결론이 나타나도록 하기 위해 성공 가능성이 높은
죄수들을 좀더 긴 상담기간에 할당했을 수도 있다. 이러한 혼입의 문
제 때문에 해석에 주의를 기울여야 한다.

2) 단일집단 사전-사후검사 설계

　　이 설계는 처치에 앞서 사전검사를 실시하고, 처치를 제공한 다
음, 사후검사를 통해 종속변인을 측정한다. 통제집단은 없다. 이 설계
의 논리는 첫번째 검사가 두 번째 검사와 비교할 수 있는 기준선을
제공한다는 것이다. 만일 처치 이전과 이후에 검사에서 어떤 식으로
차이가 있다면, 처치가 그런 차이를 일으켰다고 해석한다. 이를 기호
로 나타내면 다음과 같다.

$$O_1 \quad X \quad O_2$$

　　이 설계의 단점은 기본적으로 내적 타당도가 낮다는 것이다. 참
가자들을 무선표집하고 할당할 수 없기 때문에 변인에 대한 통제가
부족한 것이다. 구체적으로 살펴보면, 첫째, 위약효과가 혼입될 수 있
다. 단순히 어떤 새로운 것을 한다는 점이 좀더 열심히 하려는 동기
를 증가시킬 수 있고, 통제집단이 없기 때문에 그러한 혼입을 통제하
기는 어렵다. 둘째, 사전검사와 사후검사 사이에 어떤 다른 작용이
일어날 수 있다. 시간적으로 두 검사 사이에 일어난 사건이 학습효과

로 작용할 수 있다. 셋째, 연습효과가 있을 수 있다. 사전검사를 실시하는 것 자체가 학습경험일 수 있다. 넷째, 만일 사후검사를 사전검사를 한 이후 장기간이 지나서 실시한다면, 참가자들의 성숙이 변화를 가져올 수도 있다.

3) 비처치 사전-사후검사 통제집단 설계

이 설계는 두 집단이 사전검사를 받은 다음, 처치집단에는 처치를 가하고, 통제집단에는 처치를 가하지 않고서 두 집단에 대해 사후검사를 실시하는 것이다. 통제집단에서 얻은 사전-사후검사 측정치들이 처치집단에 대한 사전-사후검사 측정치들을 평가하기 위한 기준선이 된다. 만일 두 집단에서 유사한 변화가 관찰된다면, 처치가 종속변인 즉 측정하는 행동에 영향을 미치지 않는다고 결론짓고, 두 집단간에 유의미한 차이가 관찰된다면, 처치가 측정 행동에 영향을 주었다고 결론내릴 수 있다.

이 설계에서는 피험자들을 무선할당하지 않고, 대개 기존 집단들의 구성원을 그대로 선발한다는 점에서 진정한 실험 설계와는 다르다. 따라서 집단들간에 관찰된 차이들이 반드시 처치에 기인하는 것이 아니라 다른 요인이 혼입되었을 가능성이 있다. 이를 기호로 나타내면 다음과 같다.

$$O_1 \quad X \quad O_2$$
$$O_3 \qquad O_4$$

두 집단은 실험처치 이전에 사전검사를 통해 집단간의 동등성에 대한 정보가 제공된다. 그러나 사전검사를 통해 두 집단에 관한 정보를 얻는다 해도 두 집단은 많은 점에서 다를 수 있다. 요컨대 무선화를 통해 두 집단의 동등성을 확보하지 못하였으므로 진정한 실험 설계만큼 내적 타당도와 외적 타당도를 확보하지는 못한다.

6 장
집단내 설계

집단내 설계에서는 모든 피험자들이 모든 처치조건에 노출된다. 따라서 개인적인 변산에 기인하는 오차변량을 줄일 수 있다. 집단간 설계와 같이 피험자들은 집단이나 처치에 무선적으로 배당되며, 독립 변인들은 조작된다. 피험자들은 또한 처치순서에도 무선적으로 배당 된다. 먼저 집단내 설계의 기본적인 두 유형인 교차 설계와 라틴방형 설계 그리고 혼합 설계를 살펴본 후에 집단내 설계의 장점과 단점, 집단내 설계 사용시의 고려사항 등에 대해 논의하도록 하겠다.

1. 집단내 설계의 유형

(1) 교차 설계

교차 설계는 한 명의(또는 한 집단의) 피험자가 서로 다른 처치를 모두 받는 집단내 설계의 한 유형이다. 예를 들어 연구자가 두 가지 처치 즉, 스트롱 켐벨 흥미질문지[1]의 검사 해석과 직업 가계도(work genogram) 해석의 효과를 비교해 보고자 한다면, 연구자는 다음과 같은 집단내 설계를 사용할 수 있다. 여기서 종속변인은 직업을 가진

---

1) SCI I; Strong Campbell Interest Inventory.

내담자의 직업 성숙도이다.

$$O_1 \quad X_1 \quad O_2 \quad X_2 \quad O_3$$

O_1, O_2와 O_3는 서로 다른 관찰을 나타낸다(여기에서는 직업 성숙도 질문지의 시행). X_1은 검사해석 처치를 나타내며 X_2는 가계도 처치를 나타낸다. 이것이 바로 교차 설계이다. 모든 피험자들은 보통 연구의 중간쯤에 다른 실험조건으로 교차된다. 만일 연구자가 O_1과 O_2 사이에서보다 O_2와 O_3 사이에서 직업 성숙도가 유의미하게 더 많이 변화했다는 것을 발견했다면 연구자는 가계도가 검사해석보다 직업 성숙도를 증가시키는 데 더 효과적이라고 결론지을 수 있을까? 그럴 수 없다. 왜냐하면 역사(처지들 사이에 피험자들에게 발생하는 사건들), 성숙(정상적인 발달), 순서효과, 계열효과 등과 같은 내적 타당도에 대한 위협이 결론에 영향을 미칠 수 있기 때문이다. 실제로 집단내 설계의 주요 난점은 순서효과 또는 계열효과의 오염가능성이다.

이러한 내적 타당도에 대한 위협을 통제하는 한 가지 방법은 상쇄를 시키는 것(counterbalancing)이다. 다음은 상쇄된 교차 설계의 도표이다.

$$R \quad O_1 \quad X_1 \quad O_2 \quad X_2 \quad O_3$$
$$R \quad O_4 \quad X_2 \quad O_5 \quad X_1 \quad O_6$$

R은 피험자들이 두 집단에 무선적으로 할당되었음을 가리킨다. O_1와 O_4는 검사전 관찰, O_2와 O_5는 교차 시점에서의 관찰, O_3와 O_6는 실험 종결시의 관찰을 나타낸다. 따라서 집단들은 처치를 받는 순서에 있어서만 차이가 나게 된다. 이런 경우, 상쇄는 계열효과까지도 통제할 수 있다.

상쇄와 관련하여 중요한 두 가지가 있는데, 첫째는 처치조건의 순서가 종속변인에 어떤 차이를 만드는지를 알아보기 위하여 연구자가 간단한 통계절차를 사용할 수 있다는 것이다. 예를 들어, 처치 X_1 이 가해진 순서가 효과에 영향을 미치는지를 알아보기 위해, O_2와 O_6 에 대해서 간단한 t검증을 실시할 수 있다. 이러한 분석은 연구자가 현재의 연구를 수행하는 데뿐 아니라, 앞으로의 연구자들이 순서 혹은 계열효과를 아는 데 있어서도 중요하다. 둘째는, 만약 순서효과가 있다 하더라도, 이 효과가 두 처치에 똑같이 일어나기 때문에 결국 순서효과는 통제된다는 것이다.

　　스타일즈, 샤피로와 코젠즈(Stiles, Shapiro & Firth-Cozens, 1988) 는 대인관계적 정신역동 치료와 인지행동적 치료에 있어서 회기 평가와 내담자의 회기 후 기분에서의 차이를 알아보기 위해 상쇄된 교차설계를 사용하였다. 연구에 참가한 40명의 내담자 중에서 19명은 대인관계적 정신역동 처치를 8회기 받은 후에 인지행동적 처치를 8회기 받도록 무선할당하였고, 나머지 21명의 내담자는 처음에 인지행동적 처치를 8회기 받고 나서 대인관계적 정신역동 처치를 받게 하였다. 회기평가와 회기 후 기분(내담자와 상담자 평정 모두)은 내담자, 상담자와 외부 평정자들이 각 회기마다 회기평가 질문지를 쓰게 함으로써 평가되었다. 결과는 상담자들과 외부 평정자들이 대인관계적 정신역동 치료 회기들을 인지행동적 회기들보다 유의미하게 더 영향력 있고, 불안정한 것으로 보았다. 마찬가지로 내담자들은 대인관계적 정신역동 회기들을 유의미하게 더 불안정한 것으로 평정했고, 그들의 회기 후 기분은 인지행동적 회기 후에 유의미하게 더 긍정적이었다. 스타일즈와 그의 동료들이 이월효과(즉 한 처치가 다른 처치의 평정에 영향을 미치는 것)에 대한 아무런 효과도 발견하지 못했다는 것은 주목할 만하다.

(2) 라틴방형 설계(중다처치 역순서화 설계)

집단내 설계의 두 번째 유형은 라틴방형 설계(Latin Square Design; 중다처치 역순서화 설계)이다. 처치의 수가 늘어남에 따라 처치순서나 계열의 상쇄는 극히 복잡해진다. 이런 경우, 모든 처치들이 같은 순서, 같은 빈도로 제시되는 것이 매우 중요하다. 연구자는 어떻게 처치순서를 정해야 할까? 가령, 연구자가 세 가지 처치를 비교하려 한다고 하자. 먼저 각각의 피험자에게 처치순서를 무선적으로 할당할 수 있다. 무선할당은 피험자가 많은 경우에 처치순서가 보통 상쇄되도록 만든다. 즉 똑같은 수의 피험자가 처치 X_1을 첫번째, 두 번째, 세 번째의 순서로 받게 된다(X_2, X_3도 마찬가지). 그러나 피험자의 수가 적을 때에는 처치의 분포에 따라 큰 차이가 있을 수 있다. 예를 들어 12명의 피험자 중에서 8명이 첫번째로 X_1처치를 받도록 할당되고 4명은 첫번째로 X_2처치를 받도록 할당되었다면, X_3처치를 첫번째로 받는 피험자는 아무도 없게 된다. 이렇게 X_2, X_3가 X_1과 같은 빈도로 첫번째로 제시되지 않는 것은 매우 중요한 영향을 미친다. 왜냐하면 많은 연구들이 첫번째로 주어진 처치들이 더 효과적이라는 것을 보여 주고 있기 때문이다.

연구자는 순서가 상쇄된 처치의 계열을 미리 결정하고 무선적으로 내담자에게 특별한 처치순서를 할당함으로써 그러한 불균형을 예방할 수 있다. 라틴방형 설계는 처치의 순서를 미리 결정하는 방법이다. 라틴방형 설계의 가장 큰 특징은 각 처치가 모든 서열적 위치에서 나타난다는 것이다. 〈표 6-1〉은 세 가지의 처치 X_1, X_2, X_3에 대한 라틴방형 설계의 예이다.

라틴방형 설계가 가지고 있는 문제 중 하나는 모든 처치의 계열이 통제될 수는 없다(또는 통계적으로 평가되어질 수 없다)는 것이다. 예를 들어 앞의 설계에서 처치 X_1은 처치 X_2 바로 뒤에 오는 경우가

〈표 6-1〉 라틴방형 설계의 예

처치순서 집단	1	2	3
1	X_1	X_2	X_3
2	X_3	X_1	X_2
3	X_2	X_3	X_1

없다. 모든 가능한 순서가 라틴방형 설계에서 표현될 수 없기 때문에 이런 유형의 계열효과(sequence effect)를 전적으로 배제할 수는 없다. 그러나 이런 문제는 순서효과(order effect)에 비교해 볼 때 그렇게 중요하지는 않다고 생각된다.

허만슨, 웹스터, 그리고 맥파랜드(Hermansson, Webster & McFarland, 1988)는 의사소통에서의 공감, 존경, 그리고 강도의 수준에 대해 상담자의 의도적인 자세의 기울기가 미치는 영향을 조사하기 위하여 라틴방형 설계를 사용했다. 그들은 독립변인, 즉 자세의 기울기의 세 가지 수준을 다루었다(앞으로, 뒤로, 그리고 상담자의 마음대로). 각각의 상담자는 다른 내담자들에게 세 가지 연속적인 회기를 수행하였다. 18분 회기의 첫번째 9분 동안은 상담자가 똑바로 앉고, 그 다음 9분 동안 각 상담자는 앞으로 뒤로 또는 상담자의 선택대로 기대었다. 이 세 가지의 순서는 라틴방형에 의해 결정되었다.

각 상담자는 무선적으로 한 순서에 할당되었다. 이 연구의 결과는 상담자의 기울어진 자세와 언어적 의사소통 사이에 보완적인 관계

〈표 6-2〉 허만슨 등의 연구(1988)에서의 라틴방형 설계

처치순서 상담자	1	2	3
1	앞으로	뒤로	마음대로
2	마음대로	앞으로	뒤로
3	뒤로	마음대로	앞으로

를 보여 주었다. 뒤로 기대었던 자세는 강도와 공감의 수준을 상당히
증가시키는 것을 보여 주는 반면, 앞으로 기울어졌던 자세는 강도와
공감의 수준을 감소시켰다. 선택조건(마음대로 기댄 것)에 대한 영향
은 유의미하지 않았다.

(3) 혼합 설계

앞에서 살펴본 교차 설계나 라틴방형 설계는 집단내 설계의 가장
단순한 형태로서 동일 피험자들에게 단일 독립변인의 모든 수준을 제
시하는 것이었다. 여기서 좀더 나아가 두 가지 독립변인들이 요인적
으로 조합되면 집단내 설계는 두 유형으로 나누어질 수 있다. 한 가
지 유형은 모든 피험자들이 a, b처치의 모든 조합을 받게 되는 '순수
한' 집단내 설계이고(〈표 6-3〉 참조), 또 다른 유형은 한 요인에 대한
반복된 측정치와 다른 요인에 대한 독립 측정치를 포함하는 혼합설계

〈표 6-3〉 (A×B×S) 설계

	a_1 b_1	a_1 b_2	a_1 b_3	a_2 b_1	a_2 b_2	a_2 b_3
S_1						
S_2						
S_3						

〈표 6-4〉 A × (B × S) 설계

	a_1 b_1	a_1 b_2	a_1 b_3		a_2 b_1	a_2 b_2	a_2 b_3
S_1				S_4			
S_2				S_5			
S_3				S_6			

〈표 6-5〉 A×B 설계

	a_1 b_1		a_1 b_2		a_1 b_3		a_2 b_1		a_2 b_2		a_2 b_3
S_1		S_4		S_7		S_{10}		S_{13}		S_{16}		
S_2		S_5		S_8		S_{11}		S_{14}		S_{17}		
S_3		S_6		S_9		S_{12}		S_{15}		S_{18}		

이다(〈표 6-4〉 참조). 이 두 설계는 집단 내의 요인들을 괄호 안에 둠으로써 구별할 수 있다. 완전히 반복된 경우는 (A×B×S) 설계이며, 혼합된 경우는 A×(B×S)이다. 완전히 무선화된 이 요인 설계는 보통 괄호나 S 없이 A×B로 표시된다(〈표 6-5〉 참조).

표에서 세 유형간의 차이를 볼 수 있다. 〈표 6-3〉의 (A×B×S) 설계는 3명의 피험자들이 각각 6가지 처치조합의 모든 경우를 다 받고 있으며, 〈표 6-4〉의 A×(B×S) 설계는 같은 6가지 처치조합이 제시되지만 피험자들은 그것들 중 단지 3가지만을 경험한다. 즉, 피험자 S_1, S_2, S_3는 요인 B의 3수준과 요인 A의 a_1수준과의 조합을 받는 반면, 피험자 S_4, S_5, S_6는 요인 B의 3수준과 요인 A의 a_2수준과의 조합을 받게 된다. 〈표 6-5〉는 A×B 설계를 나타내는데, 이 경우에 6가지 처치조합의 각각에 세 명의 서로 다른 피험자들이 있고, 모든 피험자들은 실험에서 단 한 조건만을 받는다.

2. 집단내 설계의 장점

(1) 개인차의 통제

집단내 설계의 주요 장점은 피험자들간의 차이, 즉 개인차를 통제할 수 있다는 점에 있다. 단일요인(A) 실험을 예로 들어 보자. 피

험자들을 서로 다른 조건에 무선할당했을 경우, 각 조건의 피험자집
단들은 연구자가 측정하고자 하는 속성에서 어느 정도 차이가 날 것
이다. 피험자를 무선할당한 결과로 생겨나는 이 집단간 차이는 처치
효과에 영향을 미치게 된다. 그러나 서로 다른 집단이 아닌 단 한 집
단의 피험자들을 선택해서 이 한 집단의 피험자들에게 모든 처치조건
을 제시하게 되면, 그러한 과정은 동일한 능력을 지닌 피험자들에게
처치조건을 가하기 때문에 처치조건에서 관찰된 어떤 차이도 단지 처
치의 효과만을 반영하는 것이라고 할 수 있다.

그러나 잠깐만 생각해 보면 이러한 논리에는 문제가 있다. 이런
논리에 따르면 한 피험자는 처치효과가 실제로 없는 서로 다른 조건
에 처하게 될 때, 동일한 수행을 보여야만 할 것이다. 그러나 실제로
는 한 피험자가 실험의 같은 조건에서 반복적으로 검사를 받는다 할
지라도 그렇게 동일한 점수가 나오는 경우는 매우 드물다. 한 피험자
라 해도 태도나 동기에서의 변화, 과제에 대한 학습 등에서의 차이로
인해 각각의 검사에서 다르게 반응하게 되기 때문이다. 피험자들은
연속된 검사에서 동일한 상태가 아닐 뿐 아니라, 물리적 환경이나 검
사장치에서의 변화와 같은 통제되지 않은 변산의 원천들이 처치들 사
이의 차이를 만들어 내는 것이다. 요약하자면, 요인 A에서 나오는 변
량은 모든 처치들에서 같은 피험자들이 검사된다 할지라도 오차요소
를 여전히 포함하게 될 것이다.

(2) 경 제 성

집단내 설계에서의 개인차는 서로 다른 실험조건에 피험자들을
무선할당했을 때 생기는 차이만큼은 크지 않을 것이다. 따라서 요인
A와 관련된 오차변량은 독립집단들을 사용한 실험에서보다 반복 측
정치들의 경우에 더 작을 것이다. 이렇게 오차변량이 감소하면 경제

성과 검증력은 직접적으로 증가하게 된다. 반복 측정치 설계가 경제적인 또 다른 이유는 관찰당 걸리는 시간에 있다. 서로 다른 처치조건마다 상세한 설명을 하지 않아도 되므로 이 시간은 상당히 줄어들 것이다. 피험동물을 사용하는 경우에는 실험처치에 동물을 준비시키는 데 필요한 사전훈련에서 굉장한 양의 시간을 절약할 수 있다.

(3) 학습연구에서의 유용성

반복 측정치 설계(즉 집단내 설계)는 학습, 전이, 연습효과와 같은 현상들을 연구하는 데 있어, 가장 흔히 사용되는 실험설계이다. 이런 연구 영역에서는 과제를 연속적으로 경험함으로써 생기는 수행 상의 변화에 관심이 있다. 예를 들어 학습 실험에서 경험은 같은 학습과제에의 반복적 노출로 이루어지며, 시행의 수가 독립변인이 된다. 전이 실험에서는 서로 다른 과제와 자료를 가지고 경험한 것을 통해서 어떻게 학습기술을 발달시키느냐에 관심을 가지고 있다. 이런 연구에서 각 피험자는 독립변인의 각 수준을 받아야 하므로 반복 측정치 설계가 매우 유용하다.

3. 집단내 설계의 단점

(1) 연습효과

집단내 설계의 주요 단점으로는 연습효과와 차별적 이월효과가 있다. 첫번째, 연습효과는 피험자들이 검사를 여러 번 실시하는 동안에 체계적으로 변화할 것이라는 사실과 관련되어 있다. 연습효과에는 세 가지 경우가 있을 수 있다. 피험자들이 검사과정중에 전반적인 향상을 보일 경우, 연습효과는 긍정적이다. 이와 반대로 피로함은 연속적인 검사에서 부정적인 연습효과를 낳는다. 마지막으로 어떤 연구 영역에서의 수행이 결과적으로 접근선에 이르러서 과제에 대한 부가적 연습이 더 이상의 향상을 가져오지 못할 때, 연습효과는 무시될 수 있다. 만약에 연구자가 감각 기능이나 운동과제를 연구하고 있다면, 일반적인 연습효과는 존재하지 않는다고 가정할 수 있다. 반면에 중다검사에서 피로나 지루함으로 인해 수행상에 변화가 생긴다면 연속적인 과제들 사이에 충분한 휴식을 취할 수 있도록 해 주거나, 설명이나 유인가를 사용하여 동기를 불러일으킴으로써 이런 요인들을 제거할 수 있다.

그러나 대부분의 경우에 연습효과는 실제로 일어나게 되므로 피험자들의 현재 수행은 제시된 특정 처치의 효과(처치의 직접적 효과) 뿐 아니라, 연습효과(실험에서 앞선 경험으로부터의 간접적 효과)를 부분적으로 반영하는 것이다. 연습효과에서 처치효과를 분리해 낼 수 없기 때문에 모든 피험자들에게 같은 순서로 처치를 가한다면 연습효과와 처치효과가 오염되어 버린다. 이런 문제를 해결하려면 연습의 각 단계에서 각 실험처치가 똑같이 발생할 만큼 충분한 검사순서들을 사용해야 한다. 이것은 앞에서 보았던 상쇄를 통해서 가능하며, 이러한 실험 설계는 라틴방형의 형태가 된다.

1) 상 쇄

집단내 설계에서 라틴방형의 행과 열을 결정하는 두 요인들은 보통 검사 위치(첫번째, 두 번째, 세 번째 등)와 피험자들(또는 처치의 계열들)이다. 〈표 6-6〉에 있는 상쇄 배열을 생각해 보자. 독립변인이 네 수준인(a=4) 처치조건이 있고, 각 피험자들은 한 번에 각각의 조건을 받게 된다. 조건들이 제시되는 순서는 사각형의 열(검사 위치)에 나타나고, 처치의 특정 계열은 사각형의 행의 입구에 나타나 있다. 라틴방형을 완성하기 위해서는 네 가지 계열이 필요하다. 실제

실험에서 한 계열은, 한 피험자가 주어진 계열을 받는 경우 한 명의
피험자를, 한 집단이 같은 계열을 받는 경우 한 집단을 나타낸다. 어
느 경우든지, 라틴방형의 각 계열들에 같은 수의 피험자를 할당해야
한다.

예를 들어, 첫번째 계열에서 피험자들이 a_1, a_2, a_3, a_4의 순서로
처치를 받고, 다른 세 계열에서 피험자들은 표에 명시된 순서대로 다
른 처치를 받는다. 표의 첫번째 열을 조사해 보면, 요인 A의 각 수준
들이 서로 다른 피험자들이 받는 첫번째 과제로 단 한 번씩 제시된
것을 발견할 수 있다. 마찬가지로 다른 열에서도 처치들은 서로 다른
피험자들이 받는 두 번째, 세 번째, 네 번째 과제로 단 한 번씩만 나
타난다. 이런 배열의 목적은 네 가지 처치조건에 대해서 어떤 연습효
과도 똑같도록 균형을 맞추는 것이다.

〈표 6-6〉에 있는 자료들은 상쇄 구도를 따라 얻어진 네 피험자
들의 점수를 반영하는 것이며, 〈표 6-7〉은 이 점수들을 처치조건에
따라 재배열한 것이다. 맨 아래의 평균은 네 명의 피험자들(계열들)
을 평균시켰을 때 나타나는 처치효과들을 가리킨다. 각각의 다른 계

〈표 6-6〉 **연습효과의 통제를 위한 상쇄**

피험자 (또는 계열)	검사 위치(P)			
	p_1	p_2	p_3	p_4
S_1	a_1 1	a_2 8	a_3 13	a_4 15
S_2	a_3 6	a_1 5	a_4 14	a_2 12
S_3	a_2 4	a_4 11	a_1 8	a_3 14
S_4	a_4 7	a_3 10	a_2 11	a_1 9

〈표 6-7〉 처치조건에 따른 피험자 점수의 재배열

피험자 (또는 계열)	검사조건(A)			
	a_1	a_2	a_3	a_4
S_1	1	8	13	15
S_2	5	12	6	14
S_3	8	4	14	11
S_4	9	11	10	7
총점	23	35	43	47
평균	5.75	8.75	10.75	11.75

열에서 얻어진 결과를 조사한다면 각각이 또한 다른 성과를 만들어 냈다는 것을 발견하게 될 것이다. 이러한 성과상의 차이는 관찰된 차이가 처치효과와 연습효과 모두를 반영하기 때문에 발생하였다. 그러나 모든 네 계열을 포함하고 평균화한 상쇄 구도는 연습효과를 네 조건에서 모두 똑같게 하고, 처치효과가 연습효과에 의해 오염되지 않도록 해 준다.

2) 라틴방형 설계

반복 측정치가 포함될 때에는 라틴방형 설계를 하는 데 특별한 주의가 필요하다. 가장 바람직하지 않은 배열은 각각의 하위열이 처치들을 한 칸에서 왼쪽으로 이동시킴으로써(처치의 기본 계열은 같게 하면서) 만들어지는 순환적인 정방형이다. 계열 1이 1-2-3-4의 순서로 되어 있는 앞의 예에서 순환적인 정방형은 계열 2를 2-3-4-1의 순서, 계열 3을 3-4-1-2의 순서, 계열 4를 4-1-2-3로 만드는 것이다. 라틴방형은 만들어지지만, 조건의 순서는 변하지 않는다(a_1은 항상 a_4 뒤에 오고, a_2는 항상 a_1 뒤에 오는 등). 훨씬 더 좋은 배열은 각 조건이 모든 다른 조건들의 앞과 뒤에 오는 것, 즉 상쇄되었다고 말할 수 있는 라틴방형이다(앞의 〈표 6-6〉 참조). 여기서 문제가 되는 것은 상쇄된 정방형이 처치조건이 짝수인 실험에만 가능하다는 것이다. 수준들이 홀수인 경우에 두 개의 라틴방형이 있어야 한다.

상쇄를 시키는 것이 문제되지 않는다면, 라틴방형을 선택하기 위해 무선방법을 사용할 수 있다. 집단내 설계의 라틴방형 설계는 통계적 분석이 매우 복잡해질 수 있고, 그 결과로 종종 연구자들에게 무시될 수 있다. 그러나 통계적 분석에서 라틴방형은 오차변량의 크기를 줄일 수 있고, 처치×위치 상호작용의 중요성을 평가하는 기회를 제공하기 때문에 이러한 분석이 간과되는 것은 바람직하지 않다.

(2) 차별적 이월효과

처치와 위치의 상호작용은 차별적인 연습효과와는 다른 이유로 발생할 수 있다. 이것은 검사가 다 끝난 뒤에도 먼저의 처치가 계속 영향력을 가져서 잇따른 처치조건에 영향을 미치는 것을 말한다. 가장 전형적으로 그런 이월효과는 검사받은 조건과 그에 앞서 행해진 조건에 따라 달라진다. 따라서 이를 차별적 이월효과라고 부르며, 여기에서 처치와 위치의 상호작용이 생기게 된다.

예를 들어 한 독립변인이 난이도에 따라 세 가지 수준으로 나누어진 실험을 생각해 보자. 가장 어려운 조건을 첫번째로 받았던 피험자들이 중간 난이도의 조건에서 수행한 것과, 가장 쉬운 조건을 첫번째로 받았던 피험자들이 중간 조건에서 수행한 것은 똑같을까? 또는 첫번째로 통제조건을 받았던 피험자들은 첫번째로 실험처치를 받았던 피험자들과, 실험처치에서 같은 수준의 수행을 보일까? 대답은 '그렇지 않다'이다. 차별적 이월효과는 바로 이러한 차이를 만들어 내는 것이다.

서로 다른 지시를 사용해서 한 과제에 대한 피험자의 지각을 바

꾸어 보려고 시도할 때 이러한 차별적 이월효과가 고려되어야만 한
다. 예를 들어 어떤 과제의 수행을 통해 지능을 측정한다고 피험자들
에게 말했다면, 그들은 실험상황이 바뀌었을 때에도 그들에게 제시된
과제를 지능을 측정하는 것으로 볼 것이다. 또한 특정한 종류의 전략
을 사용해서 어떤 자료들을 학습하라고 피험자들에게 말했다면, 그들
은 조건이 바뀌었을 때에도 여전히 그 전략을 사용할지도 모른다.

이러한 차별적 이월효과를 줄이는 가장 일반적인 방법은 회기 사
이에 충분한 시간을 제공해서 앞선 처치조건의 영향이 완전히 없어지
게 하는 것이다. 약물연구를 예로 들면 피험자의 신체 내에서 약물의
투여에 대한 생리학적 반응과 약물 회기에 뒤따르는 피험자의 생리학
적 상태를 구별하는 것이 필요하다. 즉 약물 그 자체가 신체 내에서
완전히 없어졌을 때에도 앞선 회기에서의 약물의 경험이 피험자에게
영향을 미치는지를 알아보아야 한다.

4. 집단내 설계 사용시 고려사항

(1) 시   간

집단내 설계가, 더 적은 수의 피험자들을 사용하면서도 집단간
설계에서와 같은 통계적 검증력을 얻을 수 있지만, 집단내 설계는 연
구를 하는 데 좀더 많은 시간을 들여야만 한다. 한 예를 들어 보도록
하자. 우울증의 처치에 대한 대인관계적 접근과 인지행동적 접근을
비교해 보려는 연구자가 24명의 우울증 내담자를 선택하였다. 만약
연구자가 집단간 설계를 사용하기를 원한다면, 그는 무선적으로 대인
관계적 처치의 12회기에 12명을 할당하고, 인지행동 처치의 12회기
에 나머지 12명을 할당할 수 있다. 이 설계에서 연구자는 12주 만에
그 연구를 마칠 수 있고 자료를 모을 수 있다. 만약 연구자가 이와는

달리 12명의 내담자를 가지고 집단내 설계를 사용해서, 무선적으로
6명의 내담자를 12회기의 인지적 치료를 받은 뒤 12회기의 대인관계
적 치료를 받도록 할당하고 나머지 6명의 내담자는 반대 순서로 처
치를 받게 한다면, 연구자는 자료를 모으기 위해 집단간 설계에서보
다 더 많은 시간이 필요할 것이다. 따라서 중요한 고려사항은 피험자
들의 수와 시간과의 관계이다. 시간이 피험자들보다 더 중요한 경우
도 종종 있지만, 단지 시간이 너무 조급하다고 해서 집단내 설계를
간과하지 않도록 주의해야 한다.

(2) 순서효과 및 계열효과

앞에서 보았듯이 순서효과란 처치 자체가 아니라, 처치가 행해지
는 순서(즉 첫째, 둘째 등과 같은 서열적 위치)가 종속변인의 변화에
영향을 미칠 가능성을 말한다. 따라서 순서효과는 내적 타당도에 대
한 위협으로 여겨질 수 있다. 순서효과가 상쇄 교차와 라틴방형 설계
에서와 같이 통제될 수 있을 때조차도, 처치의 순서가 종속변인에 영
향을 미쳤는지를 조사하는 것은 여전히 중요하다. 상쇄는 순서 때문
에 생기는 영향을 동등화하기 때문에 연구자는 그러한 순서효과를 무
시할 수 있다. 그러나 이와 같은 전략은 근본적인 물음에 관한 어떤
정보도 제공할 수 없다. 어떤 연구에서 어떤 순서효과가 있었는가?
그러한 정보는 유사한 주제를 가지고 연구를 설계하는 장래의 연구자
들에게 매우 유용하다. 그리고 상담자들은 치료의 효과를 극대화시키
려 할 때 처치의 순서가 차이를 만드는지를 아는 데 관심을 가질 수
있다.

계열효과 역시 내적 타당도에 대한 위협이 될 수 있다. 계열효과
란 계열상의 순서 때문에 생기는 처치들(또는 실험적 조건들)의 상호
관계를 의미한다. 즉 처치 X_1이 X_2보다 선행하는지 후행하는지에 따

라 다른 효과가 나타나는가 하는 것이다. 상쇄교차 설계에 있어서, 이 계열효과나 이월효과는 모든 가능한 계열들이 연구에 제시되기 때문에 통계적으로 조사될 수 있다. 그러나 라틴방형 설계에서는 모든 가능한 계열이 다 포함된 것은 아니다. 따라서 라틴방형 설계는 계열효과가 소거되기가 더 어렵기 때문에 전반적으로 더 낮은 내적 타당도를 가지고 있다.

(3) 측정상의 문제

집단내 설계와 관련하여 관심을 가질 만한 두 가지 측정상의 문제점은 천정 및 마루효과(ceiling and floor effects)와 척도점수의 균등성(equivalency of scale points)이다. 천정 및 마루효과란 종속 측정치의 상한값과 하한값에 관련된 문제이다. 본질적으로 종속변인의 상한과 하한은 그 변인에서 나타날 수 있는 변화량의 한계를 정한다. 이것은 모든 연구 설계에 해당되는 문제이지만, 집단내 설계에 있어서는 더욱 중요한 문제이다. 왜냐하면 집단내 설계가 종속변인상의 연속된 증가나 감소를 검사하는 반복측정에 의존하기 때문이다. 다음과 같이 표시된 스타일즈 등(1988)의 연구를 생각하여 보자.

$$R \quad O_1 \quad X_1 \quad O_2 \quad X_2 \quad O_3$$
$$R \quad O_4 \quad X_2 \quad O_5 \quad X_1 \quad O_6$$

이 연구에서는 내담자 모두에게 우울증에 대한 두 가지 처치, 즉 대인관계적 정신역동 처치와 인지행동적 처치를 실시하였고, 각 처치 후에 우울 수준을 측정하였다. 사전검사(O_1과 O_4)에서 모든 내담자는 벡 우울증 질문지(BDI)의 점수가 15점 이상이었다. 내담자들은 처치 순서가 다른 두 집단으로 나뉘는데, 각 집단에서 첫번째 처치 후의 우울 수준(O_2와 O_5)은 평균 2점(BDI)이었다. BDI의 값은 0보다 작

은 값을 가질 수 없기 때문에(즉 하한값이 0이기 때문에), 두 번째 처
치에서 더 나아질 여지가 거의 없다.

그 외에, 집단내 설계에 관련된 측정상의 문제로는 척도점수의
균등성의 문제가 있다. 예를 들어 평균 BDI점수가 15에서 10으로 변
했다고 할 때, 이것은 10에서 5로 변하는 것과 같다고 할 수 없다.
그러나 집단내 설계는 이런 문제들을 정확히 다루지 못하고 있다.

(4) 변인의 제한

집단내 설계에서 어떤 독립변인들은 사용할 수 없는 경우가 있
다. 예를 들면 어떤 처치가 효과적이라는 기대와 그것이 효과적이지
않을 것이라는 기대를 동시에 유도한다는 것은 불가능하다. 즉, 두
가지 처치가 서로 양립할 수 없는 경우가 있다는 것이다. 카즈딘
(Kazdin, 1980)은 체계적 둔감화와 대량자극법(flooding)의 상충되는
접근을 보여 주었다. 집단내 설계를 사용하려 하는 연구자에게 있어
서 중다처치가 서로에게 가지는 영향을 자세히 조사하는 것은 매우
중요하다. 각각의 피험자가 모든 처치를 받았다고 할 때, 실험자는
중다처치의 조합이 실제적이고 공정하게 제시되었는지를 평가해야만
한다. 또한 성격변인(내향성과 외향성), 인구통계학적 변인(출신지역과
성별), 그리고 신체적 특성 등을 포함한 변인들은 한 실험의 같은 피
험자 내에서 달라질 수 없다. 예를 들면 한 피험자는 남성이면서 동
시에 여성일 수 없고, 도시 출신이면서 동시에 농촌 출신이 될 수 없다.

하지만 조심해야 할 것이 있는데, 어떤 처치가 양립하지 못할 것
이라고 너무 조급하게 결론을 내림으로써 조사를 제한하지 말아야 한
다는 것이다. 카즈딘(1980)은 "행동 치료와 정신역동적 치료는 특정
한 피험자들 내에서 쉽게 비교될 수 없다"고 제안한다. 그러나 스타
일즈 등(1988)은 탐구적(대인관계적-정신역동) 치료와 지시적(인지-행

동) 치료의 8개 회기들을 비교하는 집단내 설계를 매우 성공적으로 사용했다. 비록 상담연구자들 사이에 처치오염에 대한 우려가 있다 할지라도, 이 연구는 교차효과를 공정하게 평가하고, 집단내 설계를 창의적으로 생각하게 한다.

우리가 중다요인 실험을 설계하고서 반복 측정치를 사용하려 한다고 가정해 보자. 차별적 이월효과가 문제가 되지 않는다면, 우리는 피험자들이 상쇄된 또는 무선적인 순서로 모든 처치조합을 받는 순수한 집단내 설계나, 혹은 한 독립변인의 모든 처치 수준이 다른 독립변인의 한 수준과만 연결된 혼합 설계 중에 선택할 수 있다. 순수한 집단내 설계는, 피로나 지루함이 문제되지 않고 반복 측정치에서 일반적으로 발견되는 민감성이 증가하는 조건하에서 두 독립변인의 효과를 연구하고자 할 때 선택된다. 혼합 설계는 독립변인 중 하나가 집단내 조작에서처럼 명백한 것(예를 들어, 학습실험에서의 실행)이지만 다른 독립변인은 차별적 이월효과를 만들어 낼 수 있을 때 선택된다.

(5) 동시 집단내 설계

지금까지 논의한 집단내 설계는 동일 피험자에게 서로 다른 처치 조건들을 '연속적으로' 제시하는 것으로 이루어져 있다. 연습효과의 가능성 때문에 연습효과와 처치효과가 오염되지 않는 방식으로 처치 순서를 변화시켜야 하는데, 상쇄와 라틴방형 설계는 이 문제를 해결해 준다. 이제 이와는 달리 피험자들에게 서로 다른 조건들을 '동시적으로' 제시하는 방법에 대해 생각해 보자.

예를 들어 어학 선생이 영어-이탈리아어 순서 대 이탈리아어-영어 순서로 같은 뜻의 영어와 이탈리아어를 학습할 때의 상대적 어려움에 관심을 가지고 있다고 하자. 집단내 설계로 이 문제를 연구할 수 있는데, 피험자들의 반은 어떤 한 언어체계를 영어-이탈리아어의 순서로 학습한 후에 또 다른 언어체계를 이탈리아어-영어 순서로 학습하고, 나머지 반의 피험자들은 두 언어체계를 반대의 순서로 학습하는 것이다. 같은 실험을 동시적 설계에서 수행하면, 두 언어체계가 두 개의 자료로 분리되지 않고 단일 체계로 무선적으로 제시된다. 이 배열의 분명한 이점은 쌍들의 두 유형이 동시적으로 학습되기 때문에 연습효과가 제거된다는 것이다. 그러나 여전히 문제가 남아 있는데 바로 대조효과의 가능성이다.

예로서 그라이스와 헌터(Grice & Hunter, 194)가 보고한 실험을 생각해 보자. 이들은 고전적 조건형성 연구에서 조건화된 자극인 소리의 효과를 두 가지 실험상황에서 조사하였는데, 하나는 피험자들의 한 집단이 부드러운 소리를 듣고 다른 집단은 커다란 소리를 듣는 집단간 설계이고, 다른 하나는 부드러운 소리와 커다란 소리가 서로 혼합된 동시적 집단내 설계이다. 여기서 동시적 설계는 두 자극에 의한 학습에서 극적인 차이를 드러낸 반면, 집단간 설계는 그 효과에서 주목할 만한 감소를 보였다. 비슷한 발견을 포스트만과 릴리(Postman & Riley, 1957)가 보고하였는데 이들은 유사하거나 유사하지 않은 요소들로 구성된 쌍의 학습을 대조시켰다. 피험자들이 집단간 설계에서 단일 유형의 쌍들을 학습했을 때 두 유형의 쌍 사이에는 아무런 차이가 없었지만, 피험자들이 동시적 집단내 설계에서 그 쌍들을 학습했을 때는 엄청난 차이가 있음을 발견하였다.

두 예들은 동시적 설계가 가지고 있는 문제, 즉 조건들 사이의 대조가 실험 설계에 의해 만들어지기 때문에 피험자들이 다르게 행동할 가능성을 지적해 준다. 달리 말하면, 피험자들이 서로 다른 처치들을 비교할 기회는 처치가 비교의 가능성 없이 단독적으로 제시되었을 때에는 볼 수 없는 수행상의 차이를 만들어 낸다. 이러한 발견들은 결과를 일반화할 수 있는 정도를 제한하며, 서로 다른 현상들이 두 가지 설계 중 더 적합한 설계를 통해 연구되어야 함을 보여 준다.

(6) 실험 설계의 통계적 비교

연속적인 집단내 설계의 결과들을 동시 집단내 설계의 결과들과 비교하는 것은 간단하다. 여기에 필요한 일은 한 요인이 실제 조작을 나타내고 다른 요인은 설계 유형을 나타내도록 배열하는 것뿐이다. 전자는 반복된 측정치들을 포함하고, 후자는 서로 다른 설계에서의 피험자들의 독립집단을 포함한다. 분석은 변량에 대한 표준 배합 분석 유형을 따르게 되고, 주의의 초점은 두 요인들간의 상호작용이 된다. 피험자들이 처치조건들 중에 단 하나만을 받는 집단간 설계를 가진 집단내 설계 유형의 비교는 또한 요인 설계를 포함하지만, 그 분석은 상당히 더 복잡하다. 엘레바커(Erlebacher, 1977)는 이 유형의 분석이 어떻게 수행되는지의 보기를 제시한다. 설계의 일반적 논리는 더 복잡한 유형의 비교들에까지도 확장될 수 있다.

〈표 6-8〉 집단내 설계의 실례──박현순(1996)의 연구

---

1. 연구의 주제 및 가설

주제─공황장애 환자의 인지특성:
　　신체감각에 대한 파국적 해설가설의 검증(실험 2)

가설─공황장애 환자들은 정상인에 비해 신체감각에 대한 파국적
　　인 문장 내용에 대한 신체감각 단어의 점화효과가 더 클 것
　　이다.

2. 연구방법

1) 피험자의 선정
　환자집단─공황장애 진단을 받은 정신과 외래환자 26명
　정상집단─정신과적 장애나 치료경력이 없는 일반인 26명

2) 도　구
　자극재료는 공황장애의 진단기준이 되는 신체증상과 환자들의 자
기보고 자료를 토대로 구성된 두 종류의 문장이었다. 문자의 전반부는
점화자극으로 공황증상과 관련된 신체감각을 기술하고(예: 가슴이 답답

하게 조여들 때면…), 후반부는 문장 전반부에 자연스럽게 이어지는 파국적인 내용(예: … 심장마비가 올 것만 같다)과 비파국적인 내용(예: … 맑은 공기를 마시고 싶다)의 두 종류로 구성하였다. 이러한 파국적 내용과 비파국적 내용의 두 가지 처치는 환자집단과 정상집단 모두에게 주어졌다.

　3) 절　　차

　　컴퓨터 화면으로 선명하게 제시된 문장 전반부를 피험자가 이해한 다음에는 컴퓨터 자판의 초록색 키를 눌러서 문장의 후반부를 부르고, 전반부에 비해 희미하게 제시되는 문장의 후반부를 제시와 동시에 될 수 있는 대로 빨리 소리내서 읽게 하였다. 피험자의 반응시간은 피험자가 문장의 후반부를 읽기가 끝남과 동시에 실험자가 자판의 빨간색 키를 누름으로써 측정하였다.

3. 주요 결과 및 함의

　　전체 문장의 읽기반응 시간은 공황장애 환자집단(평균 2516 msec)이 정상집단(평균 2224msec)보다 더 길었으며 이 차이는 통계적으로 유의하였다. 문장내용에 따라 읽기반응 시간은 집단별로 다른 패턴을 보여서, 공황장애 환자들은 파국적 내용이 기술된 문장 후반부를 더 빨리 읽었다. 이는 점화자극인 신체감각 정보에 의해 신체감각 정보와 연합된 파국적 해석이 활성화되어 있어서 그 내용을 쉽게 인출할 수 있었음을 의미한다.

4. 논　　의

　　이 실험은 환자집단과 정상집단의 각 피험자에게 파국적 내용과 비파국적 내용의 문장을 모두 처치했으므로 집단내 설계라고 할 수 있다. 또한 처치조건인 파국적 내용의 문장과 비파국적 내용의 문장이, 두 가지 체계로 분리되어 따로 제시된 것이 아니라, 단일 체계로서 '동시적으로' 제시되었으므로 이 실험은 동시 집단내 설계의 전형적인 유형이다.

7 장

시간계열 설계

이 장에서는 먼저 여러 가지 시간계열 설계들의 종류와 특징, 각
각의 설계에서 주로 문제가 되는 가외변인들 그리고 이들 설계를 이
용한 연구의 예들을 살펴볼 것이다. 그리고 상담연구에 시간계열 설
계를 적용한 실제 예들을 살펴볼 것이다.

1. 시간계열 설계의 기본 개념

시간계열 설계는 여러 시간에 걸쳐서 여러 번 관찰을 한다는 점
에서 다른 준실험 설계와 구별된다. 이러한 관찰은 동일한 피험자를
대상으로 반복적으로 이루어질 수도 있고 혹은 비슷하지만 서로 다른
피험자를 대상으로 할 수도 있다. 후자의 예로는 중학교 3학년생
들의 학업성취 점수를 매년 조사한다고 할 때 해마다 3학년이 되는
학생이 서로 다르게 되는 경우를 들 수 있다. 시간계열 설계의 가
장 기본적인 형태인 '중단 시간계열 설계'를 도표로 나타내면 다음과
같다.

$$O_1 \quad O_2 \quad O_3 \quad O_4 \quad O_5 \quad X \quad O_6 \quad O_7 \quad O_8 \quad O_9 \quad O_{10}$$

여기서 X는 처치를 시행하는 것을 의미하며 이 시점을 다른 말로 '중단시점'이라고도 한다. $O_1 \cdots O_{10}$은 각각 시간의 흐름에 따른 관찰치들을 의미한다. 이 설계의 기본 논리는 통계적 분석방법에 비해 간단하다. 즉 처치(X)가 주어지기 전($O_1 \cdots O_5$)과 후($O_6 \cdots O_{10}$) 사이의 변화를 탐지하는 것이다. 따라서 시간계열 설계에서는 시간의 흐름 중에서 어느 시점에 처치가 이루어질지 미리 결정해야 한다. 중단 시간계열 설계는 처치 전에 발생할 수 있는 변화를 충분히 알 수 있기 때문에 연구자가 여러 가외변인을 검토하여 통계적 분석시에 이를 제거함으로써 처치효과를 보다 잘 알 수 있다는 장점이 있으며, 또한 관찰된 자료의 주기적 경향성을 분석할 수 있다는 이점이 있다. 참고로 복잡한 통계적 분석방법은 이 책의 영역 밖이므로 관심 있는 독자는 다음 절 끝부분에 소개된 쿡과 캠벨(Cook & Campbell)의 1979년 판 책의 제6장을 참조하기 바란다.

2. 시간계열 설계의 종류

(1) 단순한 중단 시간계열 설계

이 설계는 바로 위에서 이미 살펴본 바 있다. 하나의 실험집단이 필요하고 처치 전, 후로 시간의 흐름에 따라 여러 번의 관찰이 있게 된다. 이를 도식으로 나타내면 다음과 같다.

$$O_1 \quad O_2 \quad O_3 \quad O_4 \quad O_5 \quad X \quad O_6 \quad O_7 \quad O_8 \quad O_9 \quad O_{10}$$

여기서는 처치 전, 후의 관찰수가 각각 5개씩 동일하지만 반드시 필수사항은 아니다. 이 설계를 사용할 때 내적 타당도의 측면에서 고려해야 할 위협요인들을 검토해 보자. 먼저 처치효과와 혼동될 수 있는 가외변인으로 '성숙'요인을 들 수 있다. 이것은 처치효과에 의한

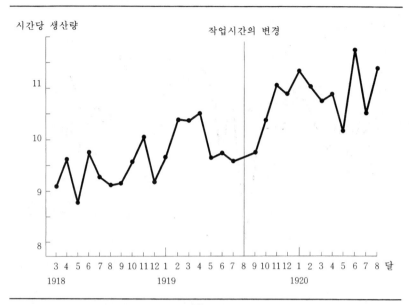

〈그림 7-1〉 **근무시간 변경에 따른 시간당 생산성의 변화**(Farmer, 1924)

종속변인상의 증가적 변화가 아니라 시간의 흐름에 따르는 일반적인 종속변인 점수의 증가 경향성을 의미한다.

　예를 들어 1920년대 초반 영국의 한 연구자가 중단 시간계열 설계를 사용하여 노동자의 근무시간 변경과 시간당 생산성과의 관계를 연구했고 그 결과가 〈그림 7-1〉과 같다고 하자. 연구자의 기본 가설은 근무시간을 10일에서 8일로 줄이면 시간당 노동생산성이 증가할 것이라는 것이었다. 그러나 〈그림 7-1〉에서 보면 생산성의 증대가 근무시간의 변화라고 하는 처치요인의 효과일 수도 있지만 성숙요인, 즉 여기서는 처치에 의한 중단시점 이전부터 이미 생산성은 증가해 오고 있었다는 점 때문일 수도 있다. 단순 중단 시간계열 설계에서는 이러한 성숙요인을 통제하기 어렵다는 점을 고려해야 할 것이다.

　두 번째로 이 설계에서 처치효과와 혼입될 수 있는 또 다른 가외

계획된 시간 중에서
실제 작업한 시간의 백분율

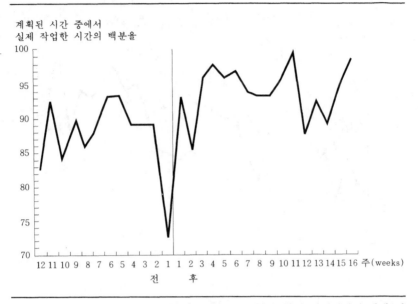

〈그림 7-2〉 **유인가 있는 의사결정제도의 도입과 실제 작업시간의 관계**(실
험집단)(Lawler & Kackerman, 1969)

변인은 주기적으로 반복되는 경향성이다. 앞의 〈그림 7-1〉을 자세히
살펴보면, 1918년 8월과 1919년 8월에는 생산성이 낮았다가 직후에
는 생산성이 상승곡선으로 바뀌는 주기적인 양상을 보이고 있음을 알
수 있다. 따라서 생산성의 증대가 근무시간의 변화 때문인지 아니면
주기적인 경향성 때문인지를 연구자는 명확히 가려 낼 수 없게 된다.
연구자는 1920년 8월 이후의 자료를 더 검토하였고 그 결과 이러한
경향성은 더 이상 나타나지 않음을 발견하였다. 그러나 만일 관찰할
시간계열을 이처럼 길게 설정하지 않았더라면 연구자는 결코 처치의
효과를 확신할 수 없었을 것이다.

　　셋째로 또 다른 중요한 가외변인은 역사적 사건이나 특정 사건의
영향이다. 여기서 야간 방범대원을 대상으로 한 한 연구를 검토해 보
자. 이들 방범대원들에게 자유로운 의사결정 방식의 도입이라는 유인

가 제도를 도입하기 이전과 이후 실제로 이들이 일한 작업시간간에 어떤 차이가 있는지 살펴본 결과가 〈그림 7-2〉에 나와 있다.

이 그림에서 보면, 처치(X)가 주어지기 직전의 실제 작업시간 측정치가 매우 낮았다. 만일 처치 이전과 이후의 관찰치를 각각 한번씩으로 제한했다면 처치 전, 후의 통계적 차이는 매우 유의미하게 나왔을 것이다. 그러나 실제로 처치 직전에 방범대원들의 파업과 같은 특정한 역사적 사건의 요인이 개입되었다면 이 연구 결과를 순수한 처치효과라 할 수 없을 것이다. 여기서 우리는 중단 시간계열 설계에서는 처치 전, 후의 충분한 관찰이 필요하고, 특히 처치 시점 근처에서 발생한 사건들에 대한 세밀한 기록을 할 필요가 있음을 알 수 있다. 또 한 가지 해결방법으로는 사건 개입의 영향을 최소화하기 위해서 관찰을 하는 시간 간격을 줄이는 것을 들 수 있다. 이외에도 처치가 주어지지 않는 통제집단을 첨가시킴으로써 특정한 역사적 사건 요인을 감소시키는 방법이 있다. 이런 목적을 지닌 설계에 대해서는 나중에 설명할 것이다.

넷째, 내적 타당도를 위협하는 또 다른 요인으로는 관찰을 기록하는 방식 및 절차의 변경을 들 수 있다. 예를 들어 잔디깎는 기계로 인한 부상자 수와 어느 시점에 잔디깎는 기계의 안전성을 홍보하는 광고(X)간의 관계를 살펴보는 한 연구가 있다고 하자. 그 결과 광고가 있은 다음 부상자 수가 훨씬 줄었을 수 있다. 그러나 이 관찰 자료를 여러 병원에서 얻었을 때 처음에 병원에서 부상자라고 체크한 기준이 점차 시간이 갈수록 더 엄격하게 적용되어 부상자 수가 줄어들었을 수 있다. 이러한 요인은 실제 치료효과를 위협할 수 있는 가외요인 중의 하나이다.

다섯째로 생각할 수 있는 가외변인으로는 실험집단의 구성상에 갑작스런 변화가 있을 때 생길 수 있다. 예를 들어 중학교 3학년의 학업성취 점수가 관찰대상이고 새로운 교육방식이 처치(X)로 주어질 경우, 매년 중 3 이 되는 학생들이 달라진다고 하는 요인이 순수한 처치 효과를 위협할 여지가 있다. 이럴 경우 관찰대상 학생들의 배경적 자료를 세밀히 검토하여 피험자집단이 동질적이라는 점을 확인해야 한다.

부가적으로 이 설계를 사용할 때 외적 타당도의 측면에서 고려해야 할 요인은 피험자들이 자신이 앞서 한 반응을 기억하고 있고 언제 처치가 도입되는지 민감하게 알고 있을 때 실험 결과가 왜곡될 수 있다는 점이다. 이런 경우는 피험자의 반응을 관찰하는 시간 간격이 너무 짧을 때 그럴 수 있으므로 이를 조절하는 것이 한 가지 해결방법이 될 수 있다.

(2) 통제집단이 첨가된 중단 시간계열 설계

이 설계는 앞서 살펴본 단순 중단 시간계열 설계에 처치(X)가

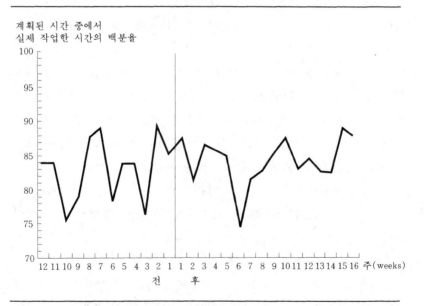

〈그림 7-3〉 **유인가 있는 의사결정제도의 도입과 실제 작업시간의 관계**(통제집단)(Lawler & Kackerman, 1969)

없는 통제집단을 하나 더 첨가해서 설계의 내적 타당도를 높인 것이
다. 이 경우 얻을 수 있는 이점은 처치시점 주변의 특정한 역사적 사
건요인의 혼입효과를 통제할 수 있다는 점인데, 왜냐하면 이 가외요
인은 실험집단과 통제집단 모두에 공통적으로 적용되므로 순수한 처
치효과를 더 민감하게 탐지할 수 있기 때문이다. 이 설계를 도식으로
나타내면 다음과 같다.

$$O_1 \quad O_2 \quad O_3 \quad O_4 \quad O_5 \quad X \quad O_6 \quad O_7 \quad O_8 \quad O_9 \quad O_{10}$$
$$O_1 \quad O_2 \quad O_3 \quad O_4 \quad O_5 \qquad O_6 \quad O_7 \quad O_8 \quad O_9 \quad O_{10}$$

앞서 살펴본 연구 결과(〈그림 7-2〉 참조)가 실험집단에 대한 것
이었다면 〈그림 7-3〉은 통제집단에 대한 결과를 제시하고 있다. 실
험집단에 비해 처치 중단시점이 주어지지 않은 관계로 관찰반응상에
뚜렷한 변화가 보이지 않고 있음을 주목하기 바란다.

(3) 서로 다른 종속변인이 첨가된 중단 시간계열 설계

이 설계는 단순 중단 시간계열 설계에 비해, 서로 다르지만 개념
적으로 연관된 두 개의 종속변인을 첨가함으로써 처치효과 이외의 특
정한 역사적 사건의 혼입효과를 감소시키는 데 그 목적이 있다. 이
설계를 도식으로 나타내면 다음과 같다.

$$O_{A1} \quad O_{A2} \quad O_{A3} \quad O_{A4} \quad O_{A5} \quad X \quad O_{A6} \quad O_{A7} \quad O_{A8} \quad O_{A9} \quad O_{A10}$$
$$O_{B1} \quad O_{B2} \quad O_{B3} \quad O_{B4} \quad O_{B5} \quad X \quad O_{B6} \quad O_{B7} \quad O_{B8} \quad O_{B9} \quad O_{B10}$$

여기서 OA와 OB는 각각 서로 다른 종속변인을 나타낸다. 서로
개념적으로 관련된 두 종속변인이 처치효과에 대해 차별적으로 반응
하게 됨으로써 순수한 처치효과를 검증할 수 있게 된다.

예를 들어 영국에서 음주탐지기를 사용하여 음주운전을 강력히

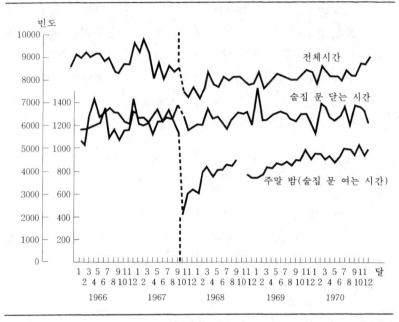

빈도

〈그림 7-4〉 **영국에서 음주탐지기의 사용과 교통사고 사상자 수의 관계**
(Ross, Cambell & Glass, 1970)

단속할 때(처치 X), 그 시기 전·후 교통사고 사상자의 수를 비교하는
연구를 했다고 하자. 두 가지 종속변인은 하루중의 시간과 관련된 것
인데, 하나는 술집이 문닫는 통근시간대의 교통사고 사상자 수이고
다른 한 종속변인은 술집이 문여는 주말 밤시간대의 사상자 수였다.
연구가설은 음주운전이 교통사고 사상자 수에 큰 영향을 미치기 때문
에 술집이 문여는 주말 밤의 경우 음주탐지기를 통한 단속효과가 더
커서 교통사고 사상자 수가 격감할 것이라는 것이다. 이 경우 하루중
의 시간대라는 동일한 개념을 공유하고 있는 두 개의 종속변인의 도
입으로 특정한 역사적 사건요인을 통제할 수 있다. 〈그림 7-4〉는 위
의 연구 결과를 보여 주고 있다.
　　다만 이 연구 결과는 일반화와 관련된 외적 타당도의 측면에서

문제점이 있을 수 있다. 즉 이런 문제점과 관련된 질문으로는 "이 연구결과가 영국이 아닌 다른 나라에서도 얻어지는가," "특정한 유형의 운전자에게 더 강한 효과를 보이는가" 등을 들 수 있다.

(4) 처치 없이 서로 다른 종속변인이 사용된 시간계열 설계

이 설계는 특정한 처치에 의한 중단이 없다는 점만 제외하고는 바로 앞에 소개한 설계와 동일한 설계이다. 이 설계에서의 초점은 두 종속변인간의 연계적 관련성을 알아보려는 것인데, 이를 도식으로 나타내면 다음과 같다.

$$O_{A1} \ O_{A2} \ O_{A3} \ O_{A4} \ O_{A5} \ O_{A6} \ O_{A7} \ O_{A8} \ O_{A9} \ O_{A10}$$
$$O_{B1} \ O_{B2} \ O_{B3} \ O_{B4} \ O_{B5} \ O_{B6} \ O_{B7} \ O_{B8} \ O_{B9} \ O_{B10}$$

이 설계에서는 시간의 흐름에 따라 연구자가 두 개의 종속변인을 관찰하고 통계적으로는 양방향적인 회귀분석 등을 이용해서 한 종속변인의 변화가 시간계열 속에서 다른 종속변인의 연속된 변화를 야기하는지 살펴보는 데 그 목적이 있다.

(5) 처치를 제거하는 시기가 포함된 중단 시간계열 설계

이 설계는 하나의 실험집단에 대해 처치에 의한 중단(X)이 있는 경우와 처치가 있다가 제거되는 경우(X′)를 설정함으로써 특정한 역사적 사건과 같은 가외요인의 혼입을 통제할 수 있다는 것이 특징이다. 이 설계를 도식으로 나타내면 다음과 같다.

$$O_1 \ O_2 \ O_3 \ O_4 \ X \ O_5 \ O_6 \ O_7 \ O_8 \ O_9 \ X' \ O_{10} \ O_{11} \ O_{12} \ O_{13}$$
A시점   B시점

이 설계에서 A시점(X의 도입)에서는 처치의 효과로 인해 종속변인상의 변화가 있다가 B시점(X의 제거)에서는 다시 A시점과는 반대 방향으로 종속변인상의 변화가 이루어질 것이라고 가정된다.

(6) 처치의 도입/제거를 여러 번 반복하는 중단 시간계열 설계

만일 실험실과 같은 통제된 상황을 구성할 수 있다면, 이론적으로는 처치의 도입-처치의 제거-처치의 재도입-처치의 재제거 등을 시도해 볼 수 있다. 이것이 이 설계의 구성상의 특징이다. 이를 도식으로 나타내면 다음과 같다.

$$O_1 \ O_2 \ X \ O_3 \ O_4 \ X' \ O_5 \ O_6 \ X \ O_7 \ O_8 \ X' \ O_9 \ O_{10} \ X \ O_{11} \ O_{12} \ X' \ O_{13} \ O_{14}$$
　　　　처치　　처치 제거

이 설계에서는 처치의 도입과 제거에 따라 처치가 있는 시점(X)과 처치가 제거된 시점(X')에서 종속변인 측정치가 각각 일관된 방식으로 반응할 것이다. 즉 두 시점간의 종속변인 반응의 방향성은 서로 반대가 될 것이라고 가정한다. 이때 처치 도입과 처치 제거시기는 무선적인 간격으로 이루어지는 것이 바람직하다. 왜냐하면 그렇게 함으로써 주기적인 성숙요인이 처치효과와 혼입될 가능성을 줄일 수 있기 때문이다. 이 설계는 처치효과를 검증하는 데 매우 효과적이다. 이 설계를 응용해서 처치 도입의 시기(X)에 각각 성격이 다른 처치(X_1, X_2)들을 도입해 볼 수도 있겠다. 그러나 이 설계는 상당히 통제된 실험상황을 요하기 때문에 실제 연구에서 적용하기가 어렵다는 단점이 있다. 또한 처치가 도입되면 초기에 처치의 효과가 즉각적으로 작용해야 한다는 제한조건이 따른다. 만일 처치가 제거되는 시기까지 처치효과가 지연된다면 순수한 처치 제거의 효과를 탐지하기 어려웠기 때문이다.

(7) 서로 처치 시기를 달리하는 중단 시간계열 설계

이 설계에서는 두 개의 다른 표본 혹은 피험자에 대해 각기 다른 시기에 처치를 받게 하는 것을 특징으로 하고 있다. 그 논리는 한 집단이 처치를 받는 실험집단이 될 때 다른 집단은 통제집단의 역할을 할 수 있다는 데 그 근간을 두고 있다. 이 설계를 도식으로 나타내면 다음과 같다.

$$O_1 \quad O_2 \quad O_3 \quad O_4 \quad O_5 \quad O_6 \quad O_7 \quad O_8 \quad X \quad O_9 \quad O_{10} \quad O_{11}$$
$$O_1 \quad O_2 \quad O_3 \quad X \quad O_4 \quad O_5 \quad O_6 \quad O_7 \quad O_8 \quad O_9 \quad O_{10} \quad O_{11}$$

이 설계의 장점은 통제집단의 도입으로 대부분의 내적 타당도 위협요인의 영향을 통제할 수 있다는 점이며, 또한 표본집단이 2개이므로 일반화와 관련된 잠재적 외적 타당도 위협요인을 통제할 수 있다는 점이다. 예를 들어 도시의 부유한 마을 A(인구 점증 상태)와 시골의 가난한 마을 B(인구 증가가 정적인 상태)가 있다고 하자. 처치는 TV의 도입이고 종속변인은 인구당 책을 읽는 비율이라고 할 때, A집단은 1947년에 TV가 마을에 도입되었고 B집단은 1952년도에 TV가 마을에 도입되었다. 연구가설에 따르면 1947년경에는 A마을의 경우 TV도입으로 인하여 독서인구의 감소라는 결과를 보일 것이고, 1952년경에는 B마을에서 TV의 도입으로 인한 독서인구의 감소 추세를 보일 것이다. 그 결과가 〈그림 7-5〉에 제시되어 있다.

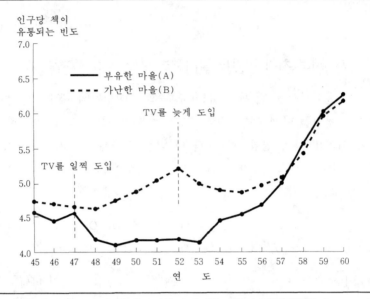

인구당 책이
유통되는 빈도

— 부유한 마을(A)
‑‑‑ 가난한 마을(B)

TV를 늦게 도입

TV를 일찍 도입

연   도

〈그림 7-5〉 **TV의 도입으로 인한 A, B 두 마을의 독서인구**(Parker et al.,
1971)

(8) 중단 시간계열 설계를 사용하는 연구들에서 고려할 부
차적인 문제들

중단 시간계열 설계를 사용하는 연구에서는 다음의 몇 가지 문제
점들을 고려해야 한다. 첫째, 처치 도입의 효과가 즉작적이지 않고
시간적 지연을 보이게 되면 순수한 처치효과를 탐지하기 어렵다. 이
런 경우는 앞서 언급한 ‘처치 시기를 달리한 중단 시간계열 설계’를
사용하는 것이 효과적이다. 둘째, 일반적으로 시간계열 설계를 사용
할 때 통계적으로 유의미한 결과를 얻기 위해서는 50개 이상의 관찰
치가 필요한데 대부분의 연구에서는 이보다 관찰치가 작게 마련이므
로 통계적 해석시 신중할 필요가 있다. 셋째, 시간계열 설계와 관련

된 연구문헌들은 찾기가 어려울 뿐 아니라, 문헌들을 찾더라도 관찰치들간의 시간 간격이 너무 커서 여러 가외변인이 혼입될 가능성이 있거나 각 시간 간격 사이에 처치변인이나 종속변인의 개념적 정의가 달라질 가능성도 있으므로 이들 문헌을 재해석할 때는 신중해야 한다.

3. 상담연구에서 시간계열 설계를 적용한 예

상담 관련연구에서 시간계열 설계를 적용한 예는 그리 많지 않지만 단일 사례연구 등에 대한 관심이 높아지고 있는 시점에서 시간계열 설계의 사용은 점증하고 있는 추세에 있다. 이제까지는 상담을 포함한 심리학적 제문제에 이 설계를 사용한 것은 주로 거시적인 수준에서였다. 예를 들어 질병예방 프로그램의 도입효과를 알아보거나 승용차 제한속도의 변화가 교통사고 사상자의 수를 변화시키는가 등의 연구문제가 바로 그것이다. 그러나 이 절에서 예시하는 상담과정연구 결과를 보면 미시적인 관점에서도 시간계열 설계를 적용할 수 있음을 알 수 있다. 이런 연구분야에 대해 독자 여러분들의 관심이 있기를 바란다.

(1) 두 개의 종속변인을 지닌 중단 시간계열 설계를 사용한 상담과정연구의 예

키블라이언(Kivlighan, 1990)은 이 설계를 사용하여 상담자의 훈련과정에 미치는 생생한 현장 슈퍼비전의 효과를 살펴보았다. 이 설계는 앞 절에서 살펴본 바와 같이 다음과 같이 표시될 수 있다.

$$O_{A1} \quad O_{A2} \quad O_{A3} \quad O_{A4} \quad O_{A5} \quad X \quad O_{A6} \quad O_{A7} \quad O_{A8} \quad O_{A9} \quad O_{A10}$$

$$O_{B1} \quad O_{B2} \quad O_{B3} \quad O_{B4} \quad O_{B5} \quad X \quad O_{B6} \quad O_{B7} \quad O_{B8} \quad O_{B9} \quad O_{B10}$$

연구의 세부 절차는 다음과 같다. 먼저 모집된 한 명의 내담자에 대해 한 초심상담자가 50분씩 4회기의 상담면접을 실시했다. 이 과정은 모두 비디오로 녹화되었으며 비교적 경험이 많은 박사과정 수준의 지도감독자가 슈퍼비전을 실시했다. 지도감독자는 한 쪽에서만 볼 수 있도록 고안된 일방 투시경을 통하여 초심상담자가 실시하는 상담면접을 세밀히•지켜보다가 각 회기의 중반쯤 들어가서 상담과정에 대한 논평과 상담의 진행방향에 대해 조언했다. 이 연구에서의 관찰 측정치로는 각 상담자의 반응에 대한 제3의 관찰자의 평정이 사용되었고 두 개의 종속변인 중 하나는 상담자의 반응이 얼마나 인지적인가 아니면 정서적인가에 초점이 맞추어져 있고 또 다른 하나의 종속변인은 상담자의 반응이 상담관계의 즉각적인 측면에 몰입하고 있는가 하는 점에 초점이 맞추어져 있었다. 연구자는 상담의 일반적인 훈련모형에 의거하여 지도감독자가 상담실에 들어가는 시점(중단적 처치)이 있은 후 상담자의 반응에 대한 관찰자의 평정은 상담자가 지도감독자의 개입 이전에 비해 덜 인지적인 반응과 보다 더 즉각적인 상담관계에 몰입하는 반응을 보일 것이라고 예언했다. 〈그림 7-6〉은 이 연구의 결과를 보여 주고 있다.

상담자 반응 60번째와 61번째의 시점에 지도감독자가 개입하였을 때, 이 연구 결과는 한 눈에 봐도 상담자의 반응이 보다 덜 인지적이고 보다 더 즉각적 관계에 몰입하는 방향으로 변모했음을 보여 주고 있다. 이 연구 결과를 기초로 키블라이언(1990)은 생생한 현장 슈퍼비전의 개입은 초심 상담자로 하여금 인지적인 반응을 덜 보이게 하고 보다 더 즉각적 관계에 몰입하는 반응을 하도록 유도한다고 결론지었다.

이 연구는 상담과정연구에서도 시간계열 설계가 유용하게 적용될 수 있음을 보여 주고 있다. 개념적으로 관련되어 있지만 서로 다른 두 개의 종속변인을 선정함으로써 연구자는 처치 도입 후 관찰된

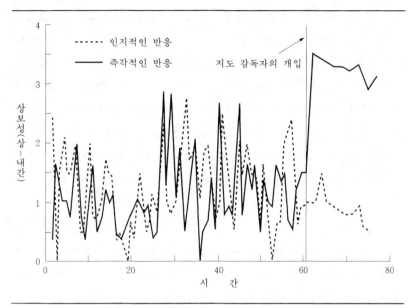

〈그림 7-6〉 **슈퍼비전 개입과 상담자의 반응 양식의 변화**(Kivlighan, 1990)

변화가 특정한 역사적 사건과 같은 가외요인에 의한 것이 아님을 보
여 줄 수 있었고 이 연구 결과는 후속 연구에 의해서 반복검증되었
다. 시간계열 설계를 이용한 단일 사례 연구에서는 연구 결과의 일반
화를 위해 반복검증과 같은 절차가 필요하다고 하겠다.

(2) 시간계열 분석방법의 적용 예

존스 등(Jones et al., 1993)은 우울증으로 진단받은 환자 M(여,
35세)을 대상으로 치료자 X박사(여)가 2년 반 동안 주당 2회씩 총
208회기의 정신역동적 심리치료를 실시한 단일 사례에 대해 시간계
열 분석을 실시했다. 이 사례에는 전형적인 시간계열 설계가 포함되
지는 않았지만 상담자의 치료적 변인과 내담자의 증상에 대한 종속변

인간의 관계를 시간계열 분석방법을 통해 탐색하였으므로 이 절에서
소개하고자 한다. 이 연구에서 사용된 상담자의 치료적 요인으로는
크게 4가지를 평가하였으나 그 중 시간계열 속에서 상담자가 얼마나
수용적 혹은 중립적인 태도를 보였는가와 상담자가 얼마나 관계에 대
해 적극적으로 통제하는가의 요인이 중점적으로 조사되었다. 종속변
인으로는 우울상태에 민감한 3가지 측정치, 즉 벡(Beck)의 우울 질
문지(BDI), 우울과 관련된 자동적 사고 질문지(ATQ), 환자의 증상의
심각성에 대한 질문지(SCL-90-R; GSI) 등이 시간 간격에 따라 측정
되었다.

　　각 심리치료 회기는 비디오로 녹화되었고 환자의 변화는 매 16
회기 시간 간격마다 환자의 자기보고를 포함한 여러 도구에 의해 측
정되었다. 또한 매 6개월 단위마다 보다 정밀한 분석이 실시되었고
종결 후에도 1년 후 추수면접이 실시되었다.

　　환자 M은 치료를 시작할 때 35세인 여자였으며 10년 전에 이혼
하였고 3명의 자녀가 있었다. 치료를 받는 도중에 새로운 남자와 결
혼하였다. 그녀의 주요 증상은 우울증이었고 주요 호소문제는 이혼하
기 전 남편과 함께 살고 싶어하는 맏아들(16세)에 대한 불편한 감정
처리 문제였다. 심각한 우울증 일화는 6년 전에 있었고 두 번 유산한
경험이 있다. 그 당시 항우울제의 투여와 심리치료를 받은 경험이 있
으며 불면증은 완화되었으나 식욕감퇴 등의 증상을 보고했다. M의
아버지는 그녀가 어릴 때는 성공한 기업가였다 그리고 M은 주부였던
엄마와는 정서적으로 가까웠던 기억이 없다. M에게는 엄마가 전남편
과의 사이에서 낳은 1명의 이복 오빠가 있었고 그와는 9살 차이였
다. M은 그 오빠를 존경했으며 자기 아빠가 항상 아들이 없는데 대
해 실망감을 표시했던 기억을 갖고 있다. M이 9살 때 오빠가 수영사
고로 죽었고 원래 외향적이고 정열적이었던 M의 엄마는 그 사고 후
심각하고 지속적인 우울증을 경험했다. M의 생각에, M의 엄마는 그

후 그 충격에서 헤어나오지 못했다고 한다. 그 후 M의 아버지는 M
과 어머니를 버려 두고 떠났고 M은 외로움을 느꼈다. M의 엄마는
점차 수동적이 되어 갔고 아빠도 결국은 정서장애로 치료를 받게 되
고 심각한 과음과 공격적이고 지배적인 성격으로 바뀌었다. 그런 상
황에도 불구하고 M은 학교에서 공부를 잘했고 급우들에게도 인기가
있었다. M의 첫 남편은 대학에서 만났고 대학 2학년때 결혼했다. 21
세에 첫 아이를 낳았고 M은 교사로 일했다. 9년여의 결혼생활이 이
혼으로 끝나게 된 것은 남편이 심각한 알콜중독이었기 때문이다.

　치료자 X박사는 40대 중반의 여자 임상심리학자였다. 개인적으
로 개업을 하고 있었고 각종 연구활동도 왕성하게 하는 사람이었다.
주로 사용하는 치료적 접근은 자아 심리학적 치료관점이었다.

　시간의 흐름에 따른 주요 결과는 〈그림 7-7〉과 〈그림 7-8〉에 제

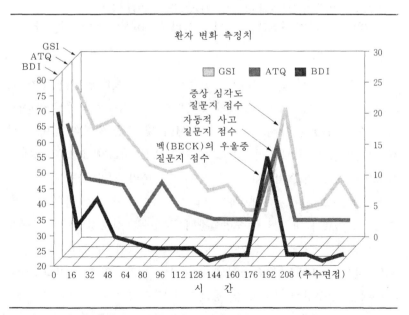

〈그림 7-7〉 **환자 M의 우울증상의 변화 양상**

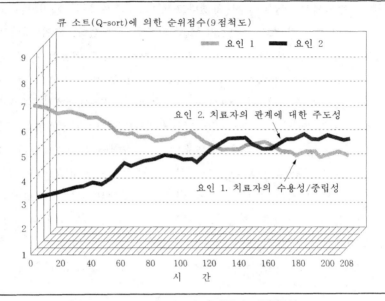

〈그림 7-8〉 치료자 X박사의 치료자 요인들의 변화 양상
요인 1. 치료자의 수용성/ 중립성   요인 2. 치료자의 관계에 대한 주도성

시되어 있다.

〈그림 7-7〉을 보면, M의 우울증은 시간의 흐름에 따라 점차 완화되고 있음을 알 수 있다. 다만 176회기때 일시적으로 우울증 지표의 점수가 높았던 이유는 그 시기에 M이 몇 주간 자신의 엄마와 함께 시간을 보냈기 때문이다. 〈그림 7-8〉에서 치료자 요인 1과 2를 살펴보면, 치료자 X박사는 시간이 지남에 따라 점차 수용적이고 중립적인 태도보다는 관계에 대해 더 적극적으로 통제를 가했음을 알 수 있다. 치료자 요인과 종속변인간에 존재하는 상호설명력을 알아보기 위해 시간계열에 걸쳐 카이 자승(chi-square)과 유사한 분석을 실시한 결과 치료자의 수용적이고 중립적인 태도요인과 GSI(SCL-90-R)측정치 점수간에 유의미한 통계적인 관련성이 나타났다. 즉 치료자가 시간이 흐름에 따라 보다 덜 중립적인 태도를 견지하는 것이

GSI(SCL-90-R)상에 나타나는 우울증상의 완화에 대해 예언적이었다. 자세한 결과 및 수학적인 분석방법에 대해서는 이 절의 끝부분에 소개되어 있는 존스 등(1993)의 논문을 참조하기 바란다.

이미 앞에서 특정한 처치 없이 종속변인들간의 상호관련성을 살펴보는 시간계열 설계(앞 절 2-4 참조)를 살펴본 바 있다. 존스 등의 연구에는 특정한 시간계열 설계가 사용되지 않았지만 변인들간의 상호설명력을 시간계열상에서 분석했다는 점에서 유사한 방법론을 적용하고 있다 하겠다. 이러한 방법론은 상담연구의 주요 질문들에 대해 유용하게 적용될 수 있다. 예를 들어 "상담자의 자기공개라는 요인이 시간의 흐름 속에서 내담자의 자기공개라고 하는 요인을 변화시키는가?"라는 질문은 이상에서 살펴본 시간계열 설계와 그 분석방법 등으로 살펴볼 수 있을 것이다.

(3) 사례별 시간계열 분석방법을 적용한 국내 상담연구의 예

다음의 내용은 상담 상호작용의 사례별 시계열 연구방법에 관한 김인규(1992)의 석사학위 논문에서 발췌, 요약한 것이다. 이 연구는 사전에 시간계열 설계를 고안한 연구는 아니지만 상담사례에 대해 시간계열 분석방법을 적용한 연구의 예로서 살펴보기로 한다.

〈표 7-1〉 **시간계열 분석방법을 적용한 연구의 실례 ― 김인규(1992)의 연구**

1. 연구주제
　시간계열 분석방법으로 살펴본, 상담에서의 화제결정지표와 상담의 효율성 평가간의 관계

2. 연구의 주요 변인
　연구의 주요 변인은 상담에서의 화제결정정도(김정욱, 1990)인데, 이는 2자간의 대화에서 대화자들이 서로 상대방이 제시하는 화제를 얼마나 따라가는지의 정도를 말하며 여러 연구를 통해 이 변인이 특

히 초기상담에서 상담관계형성에 중요할 뿐 아니라 상담의 성공여부에
도 중요한 것으로 알려지고 있다(Tracey, 1986; Tracey & Ray, 1984).
이 변인은 그 변화과정이 상담회기의 진행에 따라 뚜렷하다는 점과 사
례별로 독특한 유형을 보이기 때문에 시간계열 분석에 적당한 것으로
판단된다.

3. 상 담 자

상담 경력이 3년 정도로 26세의 남자이고 서울대학교에서 상담전공
으로 석사과정을 수료한 상태였다. 치료접근 방법은 절충적인 입장을
취하였고 20회 이상의 개인 슈퍼비전과 60회 이상의 집단 슈퍼비전에
참여한 경험이 있다.

4. 내 담 자

대학교 3학년 남학생으로 주요 호소문제는 감정통제를 잘 못한다
는 점과 대인관계상의 부적응이었다.

5. 상담과정

상담은 1주일에 1회씩 총 10회기를 실시하여 이 중 녹음상태가
불량한 한 회기(9회)를 빼고 나머지 9회기를 분석에 사용하였다. 연구
절차에는 우선 내담자에게 자료수집에 대한 협조를 구하고 테이프에
상담과정을 녹음한 후 축어록으로 만드는 것과 여러 질문지에 대해 상
담자와 내담자가 평정하는 것이 포함되었다. 질문지로는 상담회기 평
가질문지(Session Evaluation Questionnaire; SEQ), 상담자 평가질문지
(Counselor Rating Form; CRF), 상담만족 평가질문지(Client Satisfac-
tion Questionnaire; CSQ) 등을 사용되었다.

6. 분석방법

상담 상호작용의 특성을 분석하기 위해서 사례의 화제결정지표들
의 회기별 그래프를 구하여 시각적으로 변화하는 모습을 검토하고, 만
일 회기별 측정치간에 유의미한 차이가 있는지의 여부를 알아보려면
카이 자승(chi-square)검증을 사용한다. 아울러 화제결정지표와 상담효
율성평가 점수간의 관계를 알아보기 위해서는 두 변인의 변화과정을
한 그래프에 그려서 그 유형을 시각적으로 검토하고 두 변인간의 단순
상관계수(r)를 구해서 그 통계적 유의미성을 검토한다.

7. 주요 결과

1) 화제결정지표의 시간계열적 특성

이 연구에서 적용된 사례의 경우 거의 모든 회기에서 상담자의 화제결정지표가 내담자의 화제결정지표보다 높은 특성을 보였다(아래의 〈그림 7-9〉 참조). 이는 내담자가 상담자의 말을 따르는 정도가 그 반대의 경우보다 더 많다는 것을 의미하며 이 사례에서 상담자가 내담자보다 더 주도적이었음을 시사해 준다. 부가적으로, 〈그림 7-9〉를 보면 8회기의 경우 내담자의 화제결정정도가 .4 이하로 내려갔다는 점이 특이하다. 이 사례에서 9회기때 내담자가 상담자와의 약속을 지키지 않았는데 이는 8회기때 내담자의 낮은 화제결정정도에 영향받은 것으로 보인다. 이 결과는 내담자의 낮은 화제결정정도가 상담의 조기종결이나 결석행동에 영향을 미친다고 하는 연구 결과들(김정욱, 1990; Tracey, 1980)과 유사하다는 점에서 의의가 있다.

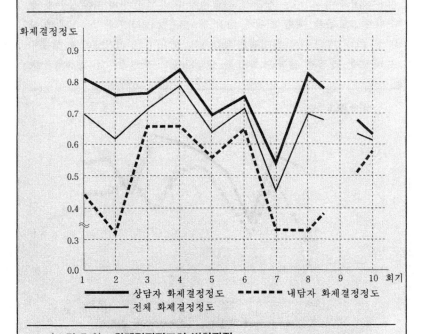

〈그림 7-9〉 화제결정정도의 변화과정

2) 상담 전체에 대한 효율성 평가점수의 변화과정

여러 가지 측정치 중 상담회기 평가질문지(SEQ)상의 점수 변화가 〈그림 7-10〉에서부터 〈그림 7-12〉까지 나타나 있다. 이를 자세히 살펴보면, 먼저 〈그림 7-10〉에서, 5회기까지는 상담에 대해 상담자와 내담자의 평가가 동일한 방향으로 변화하다가 6회기 이후에는 서로 다른 방향으로 변화하고 있음을 알 수 있다. 특히 7회기에서는 상담에 대한 상담자와 내담자간의 효율성 평가가 가장 큰 차이를 보이고 있다. 〈그림 7-12〉를 볼 때, 이 차이가 특히 상담효율성 평가의 두 차원 (순조로움, 깊이) 중 상담의 깊이차원에서 상담자와 내담자간에 서로 다른 인식을 보였기 때문임을 추측할 수 있다. 〈그림 7-11〉을 보면, 상담의 순조로움 차원에서 3회기의 경우 상담자와 내담자 모두 동일한 방향으로 매우 낮은 점수를 보이고 있는 반면에 8회기의 경우에는 상담자와 내담자가 순조로움의 차원에서 서로 다른 방향으로 반응하고 있어 대조적이다. 이는 상담이 진행됨에 따라 상담자와 내담자간에 상담의 순조로움에 대한 기대가 다를 수 있음을 시사한다. 이 결과에 대한 한 가지 가설로는, 상담자는 내담자가 좀더 자기 내면상태를 탐색하고 다양한 정서적 경험을 할수록 상담과정이 순조롭다고 생각하지만

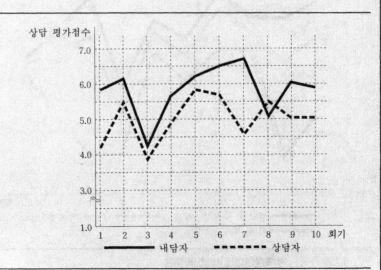

〈그림 7-10〉 전체 상담 평가점수의 변화과정

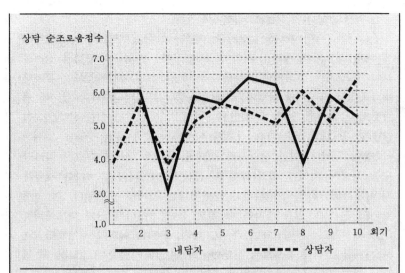

〈그림 7-11〉 **상담 순조로움 평가점수의 변화과정**

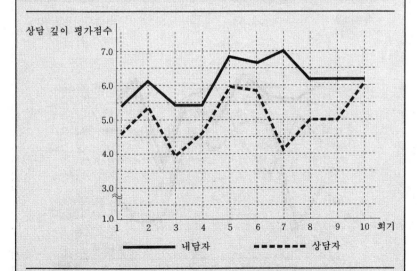

〈그림 7-12〉 **상담 깊이 평가점수의 변화과정**

내담자는 자신이 별로 직면하고 싶지 않은 감정에 초점이 맞추어지면
상담과정이 순조롭지 않다고 생각하는 경향이 있다는 것을 들 수 있다.

3) 화제결정지표와 상담평가점수와의 관계

〈그림 7-13〉에서는 상담자와 내담자의 화제결정정도와 상담과정
에 대한 상담자의 평가점수(특히 상담의 깊이 차원에 대한)간의 관계를
보여 주고 있다. 6회기까지 상담자와 내담자의 화제결정정도는 유사한
변화유형을 보이지만 상담자가 평가한 상담의 깊이점수와는 상이한 변
화유형을 보이고 있다. 5회기까지 대체로 이 두 요인(화제결정정도와
상담의 깊이차원 점수)간의 상관계수는 대체로 부적인 상관(−.79에서
−.88)이 있었다. 이는 상담자와 내담자 서로가 상대방의 말을 따라갈
수록 상담이 깊이가 없었다고 평가했음을 시사하는데 이러한 결과는
김정욱(1990)의 연구 결과와는 상반된다는 점에서 주목된다. 더 자세
한 내용을 알고 싶은 독자는 이 절의 끝에 제시되어 있는 참고문헌들
(김정욱, 1990; 김인규, 1992)을 검토하기 바란다. 이처럼 시간계열적으
로 사례를 분석해 봄으로써 선행연구의 일반화 가능성을 검토할 수 있
다는 점이 시간계열 분석방법의 장점이라 하겠다.

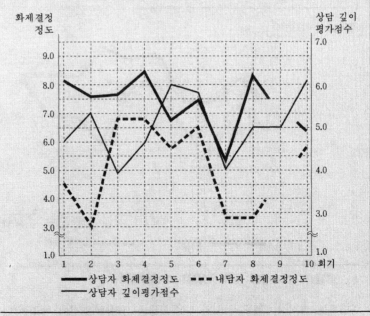

〈그림 7-13〉   화제결정정도와 상담자 깊이 평가점수의 변화과정

9. 논 의

단일 사례에 대한 시간계열 분석을 적용한 김인규(1992)의 연구는 다음과 같은 의의점들을 가지고 있다. 첫째, 화제결정지표의 단순발생 빈도와 상담효율성 측정치간의 관계를 사례구별 없이 탐색했던 선행연구들보다 단일 사례에서 시간계열에 따라 관계의 변화양상을 살펴봄으로써 상담과정에 대한 실제양상을 보다 잘 설명하고 있다. 둘째, 선행연구(1990, 김정욱)의 연구 결과를 반복검증하여 상이한 결과를 얻음으로써 결과의 일반화 측면에서 새로운 정보를 제공했다.

후속연구를 위해 이 연구에서 제시하는 시사점들은 다음과 같다. 첫째, 자료가 누락된 회기에 대한 명확한 처리방법을 고려해야 한다. 둘째, 이 연구에서는 본 절에서 소개한 사례를 포함하여 두 개의 상담 사례를 다루었는데 사례마다 같은 변인에 대해서도 상이한 상담단계의 양상을 보임으로써 연구 결과의 일반화를 위해서는 보다 많은 사례를 수집해야 할 것이다. 셋째, 수집된 상담회기가 10회기로 제한적이었기 때문에 초기 상담이 아닌 전반적인 상담에까지 그 결과를 일반화하기 어렵다. 후속연구에서는 상담의 초, 중, 종반 각각에 맞는 자료를 수집하는 것이 바람직하다.

(4) 상담연구에서 시간계열 설계를 적용하기 힘든 이유

이상에서 우리는 상담연구에서 시간계열 설계를 적용한 예(Kivlighan, 1990)와 상담연구에서 시계열 분석방법을 도입한 예들(Jones et al., 1993; 김인규, 1992)에 대해서 검토해 보았다. 하지만 전자의 경우를 제외하고 실제로 연구설계상 시간계열 설계를 상담연구에 적용하는 데는 다음과 같은 난점들이 있다. 먼저 상담은 연속적인 과정이므로 각 회기가 다양한 치료적 분위기에서 진행되는 것이 보통이며 초기, 중기, 종반 시점에 따라 그 변화 양상이 다양하다. 그런데 연구자가 이러한 상담과정중 어느 특정한 시기에 인위적인 처치를 가하고 그 처치효과를 처치 전후에 걸쳐 비교한다는 것은 자연스러운 상담분위기를 해치게 되며 이런 방식으로 얻어진 결과는 실제 상담장면에 적용하기 어려워진다. 앞서 살펴본 *키블라이언*(1990)의 연구를 다시 검토해 보자. 연구의 목적으로 지도감독자가 실제 상담 과정 중간에 들어가서 지금까지의 상담진행에 대해 이야기해 주는 것은 슈퍼비전의 측면이라는 특수한 상황이 아니라면 자연스러운 상담 관계를 해칠 수도 있는 중요한 요인이 될 수 있다. 실제 상담장면은 실험실과 같은 분위기가 될 수 없으며 상담분위기를 해치지 않으면서 처치를 도입하는 시기를 찾기가 어렵다는 점에서 시간계열 설계의 적용상 한계점이 있다 하겠다. 둘째로 앞에서 이미 언급했듯이 시간계열 설계를 상담에 적용할 때 생길 수 있는 가외변인(특정한 역사적 사건의 혼입효과, 측정도구에 대해 상담자나 내담자가 익숙해지는 문제 등)을 통제하기가 어렵고 이를 달성하기 위해서는 설계상 처치를 가하지 않는 통제집단을 설정해야 하지만 실제 상담상황에서 또 다른 통제집단을 설정하기는 매우 어렵다는 문제점이 있다.

우리는 지금까지 앞 절에서 시간계열 설계의 전반적인 내용, 종류, 유의점을 검토하였고 이 절에서는 이러한 시간계열 설계가 상담 관련 장면에서 어떻게 활용되고 있는지의 예들을 살펴보았다. 요약하면, 상담과정은 시간계열 속에서 상담자와 내담자간의 끊임없는 상호작용을 통해 천천히 변화해 가는 과정이라 할 수 있다. 따라서 단순히 상담과정을 기록해 놓은 축어록에서 상담자 반응이나 내담자 반응을 일정한 길이로 나누고 그 반응중에 나타나는 두드러진 한두 요인들과 상담성과를 연결시키려는 종래의 빈도중심적 접근보다는 상담 전과정에 걸쳐 지속적으로 나타나는 변화의 추이를 살펴보는 시간계열 설계 및 분석방법이 상담과정의 실제에 대한 더 많은 함의를 가질 수 있다고 할 수 있다.

8 장

단일 피험자 설계

　단일 피험자 설계(single-subject design)는 한 명 혹은 소수의 피험자를 시간에 걸쳐 지속적이고 반복적으로 집중적인 조사를 하는 연구설계이다. 전통적으로 집단간 설계가 많은 수의 피험자를 대상으로 하는 데 비해, 단일 피험자 설계는 단일 피험자나 소수의 피험자를 대상으로 한다. 본 장에서는 단일 피험자 설계를 크게 '무통제 단일사례 설계'와 '단일 피험자내(단일 피험자 시계열) 설계'로 나누어 설명하고자 한다. 무통제 단일사례 연구는 다시 '통제되지 않은 사례연구'와 '집중적 단일 피험자 설계'로 구분하여 각각의 특징을 설명할 것이다. 또한 단일 피험자내 설계는 AB 설계, ABAB 설계, 무선 AB 설계, 그리고 중다 기저선 설계로 세분화하여 각 설계의 특징을 살펴볼 것이다. 또한 본 장에서는, 단일 피험자 설계가 집단간 설계와 비교할 때 어떤 장점과 단점을 지니고 있는지를 단일 피험자 설계의 유용성과 한계를 고려하면서 논의할 것이다. 한편, 단일 피험자 설계를 사용할 때 주의해야 할 방법론적·이론적 고려점을 자료수집, 분석, 적용의 측면에서 살펴볼 것이다. 끝으로 실제 단일 피험자 설계를 이용한 연구사례를 대상으로 단일 피험자 설계의 특징과 장단점을 확인하고, 추후 단일 피험자 설계를 활용하기 위한 비평적인 논의를 할 것이다.

1. 무통제 단일 사례연구

(1) 통제되지 않은 사례연구

통제되지 않은 사례연구[1]는 개별적인 내담자 혹은 내담자-상담
자 쌍을 통제되지 않은 조건하에서 단순히 관찰하는 방법을 말한다.
여기서 '통제되지 않았다'는 것은 처치조건과 비교하기 위한 통제조
건이 연구절차에 도입되지 않았다는 것을 나타내며, 이는 대안적인
가설을 배제하기 어려움을 의미하므로, 엄격한 의미에서 실험적 연구
설계에 포함되지 않는다. 일반적으로 통제되지 않은 사례연구는 사후
에 회고적인 방식으로 이루어지는 경향이 있다. 즉, 관찰이 계획적이
고 체계적이기보다는 그때 그때의 정보의 수집 차원에서 이루어진다.

만일 통제되지 않은 사례연구로부터 어떤 특정 가설을 지지하는
결과를 발견하였다 하더라도, 연구절차에 통제조건이 도입되지 않았
기 때문에, 그러한 결과를 설명할 수 있는 많은 대안적인 가설을 배
제할 수 없게 된다. 따라서 통제되지 않은 사례연구로부터 나온 연구
결과는, 명료하게 해석될 수 없는 모호한 정보라고 할 수 있다.

통제되지 않은 사례연구의 한 예로, 다니엘스(Daniels, 1976)의
연구를 들 수 있다. 다니엘스는 강박적 사고를 치료하는 데 있어서
'사고중지' 기법의 효율성에 대한 연구를 하였다. 그는 여러 가지 일
련의 기법을 사용하는 것이 우울사고, 강박사고, 부정적 생각의 반추,
그리고 급작스런 불안 발작을 통제하는 데 도움이 된다는 결과를 보
고하였다. 사용된 일련의 기법은 사고중지, 10부터 1까지 헤아리기,
단서-통제적 이완, 그리고 숨겨진 정보의 수정 등이다. 이러한 기법

---

1) 본 장에서 '사례연구'란 상담지도(supervision) 등에서 사용하는 것처럼 실
제 상담사례에 대한 분석과 평가를 의미하는 것이 아니라, 소수의 피험자나
집단 등을 대상으로 조사하는 연구 설계를 지칭하는 것이다.

을 1시간씩 3회의 훈련을 시켰을 때 내담자들은 '통제감과 즉각적인 성공'을 느꼈다는 것이다.

다니엘스의 연구에서 실험적 통제가 없었다는 점은 연구설계상 가장 취약한 부분이다. 즉, 그의 연구에서는 '사고중지'기법이라는 처치가 도입되지 않거나, 다른 기법이 도입된 사례와의 비교를 할 수가 없다. 따라서, 다니엘스가 얻은 연구 결과는 추후의 연구를 위한 가설 설정에 기초가 될 수 있을지는 몰라도, 결과 자체의 의미를 정확히 해석하기는 어렵다. 왜냐하면, 그러한 결과가 나온 것은 내담자가 성공적이라는 보고를 하도록 은연중에 강요받았을 가능성과, 설혹 실제 성공적인 변화가 일어났다 하더라도 그러한 변화는 일시적이고 지속적이지 않을 가능성, 그리고 실제적인 변화를 유발한 것이 다니엘스가 사용한 '사고중지'기법이 아닌 다른 기법들일지도 모른다는 가능성 등이 존재하기 때문이다.

(2) 집중적 단일 피험자 설계

통제되지 않은 사례연구의 단점을 보안하기 위해, 최근에는 연구자가 관심을 가지고 있는 변인들을 좀더 체계적인 방식으로 엄격하게 조사하는 방법을 사용하는 경향이 있다. 집중적 단일 피험자 설계란, 특정 변인들간의 관계를 밝히기 위해, 혹은 동일한 피험자 내에서 변인들간의 비교를 하기 위해, 체계적이고, 중다적이며, 반복적인 관찰을 하는 것을 말한다. 집중적 단일 피험자 설계에서는 분명하게 정의된 변인에 한해 체계적인 방식으로 관찰이 이루어지며, 일반적으로 그러한 관찰은 자료 수집 이전에 계획되는 것이 특징이다. 그리고 이러한 관찰이 여러 시기에 걸쳐 반복적으로 이루어짐으로써 시간의 경과에 따른 비교가 가능하다는 특징이 있다. 또한 관찰이 단일 측정이나 단일 조망에서 나오는 것이 아니라, 여러 측정도구를 포함한 다양

〈표 8-1〉 '집중적 단일 피험자 설계'의 실례 — 조성호(1997)의 연구

1. 연구의 주제 및 가설

저항의 변화과정에 대한 단일 사례 연구(연구 3)

2. 연구방법

1) 피험자의 선정

학생생활연구소에 자발적으로 찾아온 내담자 중 한 사례를 표집함

2) 측정변인의 선택

반발경향성, 작업동맹, 상담성과, 상담자 개입의 질, 저항

3) 측정도구

내담자 질문지(반발경향성 질문지, 작업동맹 질문지, 회기평가 질문지) 평정(상담자 개입의 지시성, 깊이, 분위기, 위협도)

4) 측정방법

상담 1회부터 14회(진행중)까지 전회기에 걸쳐 관련 변인에 대한 측정을 한다.

3. 주요 결과 및 함의

1) 저항과 상담자 개입의 네 가지 특성, 그리고 작업동맹 및 상담효율성간의 상관관계를 분석한 결과, 저항은 상담자 개입의 지시성, 깊이 및 분위기와 유의미한 상관이 있었다.

2) 내담자의 저항은 회기의 진행에 따라 전반적으로 상승하거나 하강하는 선형적인 패턴을 나타내지 않고 몇 개의 회기를 주기로 등락을 반복하는 경향이 있음을 관찰할 수 있었다.

3) 저항은 상담자의 개입에 의해 발생하는 '반응적 저항'과 뚜렷한 외적 조건 없이 나타나는 '자기발생적 저항'으로 나누어 볼 수 있다.

4. 비평적 논의

단일 피험자에 대한 집중적이고 반복적인 측정을 함으로써 양적인 분석에서 검증된 각 변인들간의 관련성을, 실제 상담내용을 통해 구체적인 의미를 확인할 수 있었다. 또한 변인들간의 관련성이 상담의 흐름에 따라 변화해 가는 패턴을 살펴볼 수 있었다.

한 관점에서 파악되며, 특정 양식에 국한된 관찰이 아니라 인지, 행
동, 감정의 측면을 포괄하고 상담과정과 상담결과를 모두 고려하는
중다적인 관찰이라는 것이 집중적 단일 피험자 설계의 두드러진 특징
이다. 이러한 관찰로부터 얻어진 자료는 연구자가 관심을 가지고 있
는 특정 변인들간의 관계를 밝힐 수 있도록 해 주며, 동일한 피험자
내에서도 사전 관찰과 사후 관찰간의 비교를 통해 변인들간의 차이를
밝힐 수 있도록 한다. 이 경우, 피험자는 자기 자신이 통제조건으로
서의 기능을 하는 것이라 볼 수 있다.

집중적 단일 피험자 설계를 사용한 최근 연구의 예를 들면서, 집
중적 단일 피험자 설계의 특징을 구체적인 연구과정을 통해 살펴보는
것이 설계를 이해하는 데 도움이 될 것이다. 사례로 선정한 조성호
(1997)[2]의 연구에 대한 개요는 〈표 8-1〉과 같다.

연구자는 내담자의 저항이 상담이 진행됨에 따라 어떠한 변화과
정을 거쳐가는지를 알아보고자 하였다. 그리고 그러한 변화가 상담자
개입의 특성들의 변화, 작업동맹 수준의 변화, 상담효율성의 변화, 그
리고 상담에서 논의되는 대화의 내용 등과 어떠한 관련이 있는지를
알아보고자 하였다. 이를 위해 단일 사례연구방법을 사용하여 상담
초기 단계부터 시작하여 매 회기별로 내담자 저항과 관련 변인들의
패턴을 비교하고 분석하였다. 이러한 연구절차는, 관련 변인에 대한
체계적인 측정과 시간에 걸친 반복적인 관찰 그리고 다양한 관점에서
의 평가가 체계적으로 이루어졌다는 점에서 '집중적 단일 피험자 설
계'에 해당된다고 볼 수 있다. 사례로 든 연구(조성호, 1997)가 집중
적 단일 피험자 설계를 사용함으로써 얻게 된 이득을 크게 두 가지로

2) 조성호(1997)의 본래 연구는 "내담자 저항에 영향을 미치는 상담 요인에
관한 연구"이며, 세 가지 하위연구 주제로 나뉘어 있다. 연구 1은 '내담자
저항 평정척도의 개발'이며, 연구 2는 '내담자의 반발 경향성, 상담자 개입의
특성 및 작업동맹 수준과 저항간의 관계'이고, 연구 3은 '저항의 변화과정에
대한 단일 사례연구'이다. 여기서는 단일 피험자 설계에 해당하는 연구 3을
중심으로 논의하고자 한다.

분석해 볼 수 있다. 첫째로, 연구자는 그의 하위 연구 중 하나인 "내담자의 반발경향성, 상담자 개입의 특성 및 작업동맹 수준과 저항간의 관계(연구 2)"에서 검증한 변인들간의 관련성을 단일 사례를 통해 구체적으로 확인할 수 있었다는 것이다. 두 번째 이득은, 연구자가 변인들간의 관련성을 시간의 흐름에 따라 살펴볼 수 있었다는 점이다.

구체적으로 살펴보면, 연구자는 연구 2에서 경험적인 자료를 가지고 양적인 분석을 함으로써, 상담자 개입의 지시성, 깊이, 분위기 및 위협도가 저항과 유의미한 상관을 보인다는 결과를 얻었다. 이러한 결과는 여러 개의 상담회기(37개)에 걸쳐 나타난 결과이다. 하지만, 이러한 양적인 분석 결과만으로는 상담자의 어떤 반응이 내담자로 하여금 얼마만큼의 저항을 어떠한 이유에서 불러일으켰는지를 구체적이고 생생하게 알기 어렵다는 한계가 있다. 이러한 한계를 연구자는 연구 3에서 단일 피험자 설계를 도입함으로써 극복하였다.

〈그림 8-1, 8-2, 8-3, 8-4〉에서 알 수 있듯이, 단일 피험자 설계를 도입한 연구 3의 질적 분석 결과는 연구 2의 양적 분석 결과와 마찬가지로 상담자의 지시성, 깊이 그리고 분위기가 내담자의 저항과 유의미한 상관을 보인다는 것이고, 이러한 결과는 연구 2를 반복검

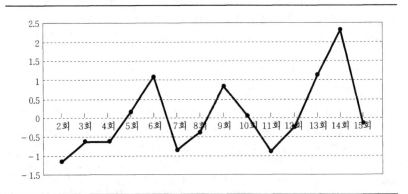

〈그림 8-1〉 상담 회기의 진행에 따른 저항 변화 패턴

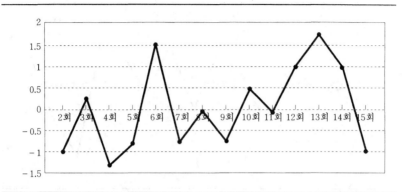

〈그림 8-2〉 상담 회기의 진행에 따른 상담자 개입 지시성 변화 패턴

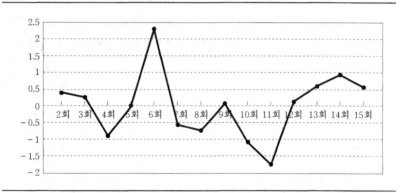

〈그림 8-3〉 상담 회기의 진행에 따른 상담자 개입 깊이 변화 패턴

증한 것이다. 하지만 연구 3의 결과는 단순한 반복검증 이상의 의미를 지닌다.

특정 회기를 예를 들어 살펴보면 다음과 같다. 위 그림에서 보듯이, 6회는 내담자의 저항이 갑자기 증가된 회기임을 알 수 있다. 상담자의 지시성과 깊이 그리고 분위기의 변화 추이는 6회에서 상승하는 변화 패턴을 보이고 있다. 이는 내담자의 저항이 상담자의 지시성과 깊이 그리고 분위기와 관련된다는 연구 2의 결과와 일치하는 결

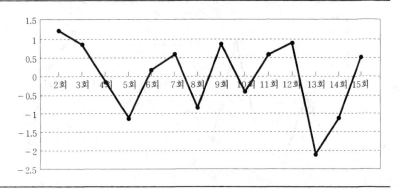

〈그림 8-4〉 상담 회기의 진행에 따른 상담자 개입 분위기 변화 패턴

과이다. 이러한 결과는 다음과 같은 궁금증을 불러일으킨다. 내담자
의 저항과 상담자의 개입 패턴이 동일하게 변화하는 구체적인 이유는
무엇인가? 내담자는 어떤 이유에서 저항을 하게 되었을까? 내담자로
하여금 저항하게 만든 상담자의 상담 진행방식과 언어적 표현은 무엇
인가? 이러한 물음에 대해 '양적인 분석'은 구체적이고 명료한 대답
을 할 수 없다. 하지만 단일 피험자 설계를 사용하여 사례에 대한 질
적인 분석을 함으로써 다음과 같은 분석이 가능하였다.

6회는 내담자의 저항이 증가된 회기였다. 상담자 또한 이전의 회기들
에 비해 6회에서 더 지시적이고 깊이 있는 개입을 많이 하였다. 이 회기
에서 내담자는 별로 친하게 지내지 않던 어떤 친구로부터 느닷없이 군대
로 면회와달라는 전화를 받았다고 이야기하면서, '싫었지만 어쩔 수 없
이'면회가기로 했다고 말했다. 그리고 그와 유사한 몇 가지 경험들을 이
야기했다. 상담자는 면회가기 싫으면서도 거절하지 못한 것이 바로 내담
자의 현재 문제와 관련이 있다고 반응했다. 이에 대해 내담자는 그 자리
에서 거절하면 상대방에게 상처를 줄 것 같았다고 말했고, 상담자는 그러
한 내담자 행동이 오히려 문제를 키울 수도 있다고 반응했다.
이후 상담자는 내담자가 자기에게 호감을 표현하는 남자친구들을
별로 좋아하지 않으면서도 그들의 접근을 거절하지 못하는 이유에 대

해 시험적인 해석적 반응을 여러 번 하였다. 내담자는 상담자의 이러한 언급들에 대해 두드러지게 반박하지는 않았지만 이를 수용하는 것 같지도 않았다. 이렇게 상담자의 언급들이 내담자에게 수용되지 않은 것은 아마도 6회기에서의 상담자의 언급들이 다소간 단정적이고 논쟁적이며, 내담자의 생각과 행동 패턴을 반박하는 형태를 띠고 있다는 점과 관련된 것으로 보인다.

6회기에서 상담자는 내담자가 별로 관심도 없는 사람의 부탁을 거절하지 못하며, 그것으로 인해 내담자가 더 복잡한 상황에 휘말려 들어가게 된다는 점을 지적하려 한 것 같다. 그러나 내담자는 상담자의 이러한 언급들이 시사하는 바를 충분히 받아들이는 것 같지 않다. 아마도 내담자는 상담자가 어떤 '입장'을 가지고 자신을 몰아세우는 것으로 지각했을 수도 있으며, 그것이 이 회기에서의 저항의 증가와 관련이 될 수 있다.(조성호, 1997 중에서)

이러한 분석을 통해, 연구 2에서 밝힌 바 있는 변인들간의 관련성을 보다 생생하게 확인하고 그 실제 의미를 포착할 수 있음을 알 수 있다. 또한 이러한 시계열적인 분석방법을 통해, 변인들간의 관련성이 시간의 흐름에 따라 어떻게 달라지는지를 기술할 수 있으므로 그 변화 패턴을 살펴볼 수 있다.

2. 단일 피험자내 설계

단일 피험자내 설계(intra-subject design)에서도 집중적 단일 피험자 설계와 마찬가지로 보통 하나 혹은 그 이상의 피험자를 대상으로, 둘 혹은 그 이상의 변인들간의 관계를 조사한다. 또한 단일 피험자내 설계는 피험자내 설계(within subjects design)와 마찬가지로 한 피험자가 모든 처치조건을 체험함으로써 피험자 자신이 통제 역할을 수행한다. 한편, 단일 피험자내 설계는 시간계열 설계(time series design)처럼 시간에 걸친 반복적인 관찰이 이루어진다. 이처럼 단일 피험자내 설계는 다른 연구 설계들과 유사한 측면들을 지니고 있다.

단일 피험자내 설계의 독특한 특징은 전통적인 행동주의적 실험연구에서 그 뿌리를 찾아볼 수 있다. 단일 피험자내 설계는 조작적 조건형성의 패러다임에 중요한 기원을 두고 있다. 조작적 조건형성 연구에서는 특정한 목표 행동을 정하고, 처치 회기를 분명히 정의하는데, 이러한 연구절차가 단일 피험자내 설계의 근간을 이룬다. 따라서 단일 피험자내 설계는 다음과 같은 중요한 특징을 갖는다.

먼저, 처치 목표를 구체화한다는 점이다. 단일 피험자내 설계는 조작적 조건형성의 패러다임에 기원을 두기 때문에, 대부분 '목표' 혹은 '목표 행동'이라 할 수 있는 행동적 목표를 명세화한다. 상담연구에서, 목표 행동은 연구자가 고려하고 있는 종속변인이 된다. 둘째, 시간의 흐름에 따라 종속변인을 반복측정하는 것이다. 측정되는 종속변인은 시간 간격을 달리할 수 있는데, 보통 일주일에 한 번, 혹은 하루에 한 번, 경우에 따라서는 하루에 여러 번 측정을 할 수 있다. 이렇게 연속적인 반복측정을 함으로써, 연구자는 종속변인에서의 패턴을 시간에 걸쳐 조사할 수 있게 된다. 셋째, 서로 다른 처치 단계(phase)를 도입함으로써, 각 처치 단계가 하나의 실험조건을 나타내는 효과를 거둔다는 점이다. 각 단계를 명세화하는 대표적인 방법은 기저선 단계와 처치 단계를 명세하는 것인데, 기저선 단계에서 얻은 자료는 처치 시작 전에 수집하며 현재의 상태를 기술하고 후속 수행을 예측하는 데 사용된다. 각 단계를 명세화하는 또 다른 방법은 상이한 처치조건을 서로 다른 단계에 무선적으로 할당하는 것이다. 이렇게 단계를 달리하는 이유는 처치의 도입에 따른 변화를 확인하기 위한 것이다. 단일 피험자내 설계의 네 번째 특징은 기저선 자료의 안정성이다. 기저선 자료가 불안정하고 일관성이 없다면, 처치조건의 도입에 따른 변화를 제대로 탐지할 수 없게 된다. 연구자가 어떤 처

치에 따른 변화의 인과성을 입증하기 위해서는 기저선 단계에서 종속
변인의 정확하고 안정적인 측정을 할 수 있어야 한다.

(1) AB 설계

AB 설계는 두 단계로 구성된다. A단계는 기저선 단계이고 B단
계는 처치 단계이다. AB 설계의 논리는 처치가 주어지지 않는 기저
선 단계에서의 측정과 관찰이 집단간 설계에서의 통제조건에 해당되
고, 처치 단계에서의 측정과 관찰은 집단간 설계의 실험조건에 해당
되므로 두 단계간의 비교가 가능하다는 것이다. 절차는 다음과 같다.
먼저 기저선 단계 동안에 행동을 관찰하고 측정하여 목표 행동(종속
변인)이 증가나 감소 없이 일정하게 안정성을 보이면 처치를 시행한
다. 이를 도식적으로 나타내면 아래와 같다.

이때, 기저선 단계와 처치 단계 동안에 반복적인 측정과 관찰이
이루어진다. 만일 기저선 단계와 처치 단계에서 반복적인 측정을 하
지 않고 각 단계에서 한 번의 관찰만 이루어진다면, 이는 AB 설계라
고 할 수 없고, 단지 단일 피험자 사전-사후검사 설계가 된다.

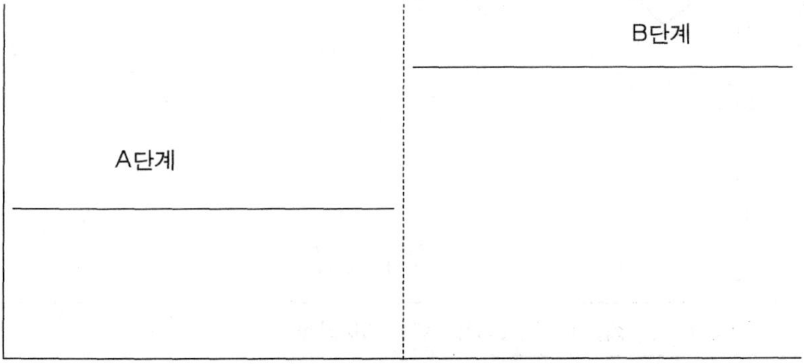

〈그림 8-5〉 **AB 설계의 도식**

　　AB 설계를 다음과 같은 연구를 통해 살펴볼 수 있다. 얄롬(Yalom, 1985)은 집단상담에서 '돌아가면서 문제 내놓기'(agenda-go-round)[3]라는 기법이 집단의 응집력과 몰입을 증진시키는 데 사용할 수 있다고 제안하였다. 이러한 가설을 AB 설계를 사용하여 검증해 볼 수 있다. 먼저 치료집단을 정하고 처음 10회기 동안을 매 회기마다 집단응집력과 몰입 수준을 측정한다. 이러한 절차는 기저선 단계인 A 단계에 해당된다. 그 다음 절차는, 연구자가 집단치료자로 하여금 '돌아가면서 문제 내놓기' 기법을 실시토록 하는 것이다. 즉 11회부터 20회까지 매회기 '돌아가면서 문제 내놓기'를 실시하고, 회기마다 집단 응집력과 몰입수준을 측정하는 것이다. 이는 처치 단계인 B단계에 해당된다. 연구자가 '돌아가면서 문제 내놓기'가 정말로 효과가 있는지를 알아보려면, 연구자는 A단계와 B단계의 집단응집력과 몰입 수준을 비교하면 된다. 그 일부 결과는 〈그림 8-6〉과 같다.

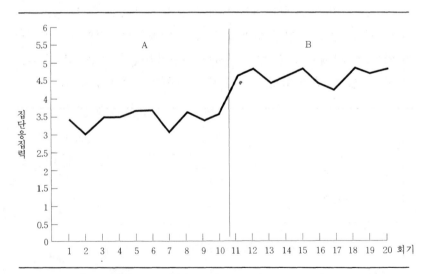

〈그림 8-6〉   집단응집력 비교를 위한 AB 설계

3) '돌아가면서 문제 내놓기'는 집단치료자가 회기를 처음 시작할 때 각 성원들에게 그 회기에서 다루고 싶은 문제를 스스로 제시하도록 하는 방법을 말한다.

〈그림 8-6〉에서 가로 축은 회기를 나타내며, 세로 축은 집단응
집력을 나타낸다. 그림에서 나타나듯이 10회기 이전까지의 집단응집
력과 처치가 도입된 11회기 이후의 집단응집력이 차이를 보임을 알
수 있다. 따라서, '돌아가면서 문제 내놓기'는 집단응집력에 효과가
있다는 얄롬의 가설이 검증된 결과라고 볼 수 있다.

(2) ABAB 설계

AB 설계가 두 단계로 구성되는 데 비해, ABAB 설계는 총 네 단
계로 구성된다. ABAB 설계는 먼저 기저선 자료를 얻는 단계부터 시
작하여(A_1), 처치 단계를 거친다(B_1). 여기까지는 AB 설계와 동일한
절차이다. 그런데 이때 처치를 철회함으로써 다시 기저선 단계로의
복귀하는 절차가 포함되고(A_2), 그런 다음 다시 처치를 받게 된다(B_2).
따라서 ABAB 설계를 '반전 설계'라고도 부른다.

그런데 이처럼 복잡한 절차를 거치는 이유는 무엇일까? 이에 대
한 ABAB 설계의 기본 논리는 다음과 같다. 만일 B_1단계에서 어떤 처
치(독립변인)가 목표 행동(종속변인)상의 변화를 이끌었다면, 처치를
철회하는 절차는 피험자의 목표 행동을 다시 기저선 수준으로 되돌려
야 한다는 것이다. 더욱이, 만일 그러한 반전이 기저선 수준으로 되
돌리는 결과를 낳았다면, B_2단계에서 다시금 처치를 주었을 때 피험
자는 다시금 목표 행동상의 변화를 낳아야 한다는 것이다. 만일 그러
한 결과가 나올 때, 이는 단순히 두 변인간(처치와 목표 행동 / 독립변
인과 종속변인)의 인과적 관련성을 반복검증하는 것일 뿐 아니라, 인
과적 관련성을 더욱 확고하게 입증하는 것으로 해석할 수 있다. 이와
반대로, A_2단계에서 처치(독립변인)가 철회되었음에도 불구하고 기저
선으로의 반전이 일어나지 않는다면, 처치와 목표 행동간의 인과적
관련성을 추론할 수 없으며, 이 경우에는, 아마도 알려지지 않은 다

른 변인들이 목표 행동(종속변인)상의 변화를 설명할 수 있을지 모른
다. 이를 도식적으로 나타내면 〈그림 8-7〉과 같다.

　　이처럼 ABAB 설계는 AB 설계에 비해 엄격한 검증절차를 요구함
으로써 변인들간의 인과적 관련성을 명확히 할 수 있다는 장점을 지
니고 있다. 그러나 이를 상담연구에 도입하는 데는 몇 가지 난점이 있
다. 첫째, 통계적인 문제이다. ABAB 설계를 사용할 경우 기저선 단
계와 처치 단계간의 차이를 검증하는 통계적 방법을 사용할 때, 보통
t검증이나 F검증을 쓰게 된다. 하지만, t검증이나 F검증을 이용하기
위한 가정 중의 하나는 독립적인 관찰이어야 한다는 것인데, ABAB
설계에서는 독립적인 관찰의 가정이 위배된다는 것이다. 둘째, 이월
효과(carry-over effect)이다. 즉, B_1단계에서 처치조작의 효과가 A_2나
B_2단계에 영향을 미칠 수 있다는 점이다. A_2단계에서 처치가 중단되
더라도 B_1에서의 처치조작의 효과가 지속되어 기저선 수준으로의 회
귀가 어려운 경우, 반전불가능이라는 결과가 곧바로 처치의 효과가
없음을 의미하는 것은 아님은 분명하다. 또한 B_1단계에서의 처치조작
의 효과가 지속될 경우, B_2단계에서 처치가 다시 주어졌을 때 나타나는

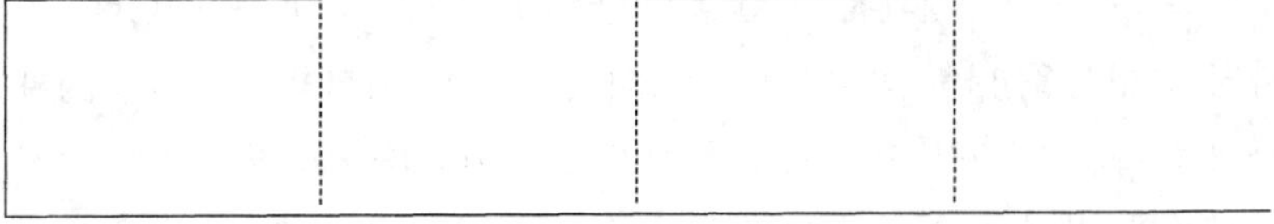

〈그림 8-7〉　**ABAB 설계의 도식**

변화가, B_1단계에서의 처치효과를 어느 정도 반영하는 것인지를 분명히 하기 어렵다. 셋째, 치료단계를 반전시키는 것이 상담 및 심리치료 상황에서는 바람직하지도 않으며 윤리적이지도 않다는 점이다. 처치를 제거하자마자 변화된 행동이 바로 기저선 수준으로 돌아간다면, 이는 임상적 장면에서는 오히려 바람직하지 않은 효과이다. 상담 및 심리치료 장면에서는 내담자의 지속적인 변화를 추구하는데, 처치가 중단된 즉시 변화가 단절된다면, 처치 자체의 지속성에 문제가 있음을 드러내는 결과로 해석될 수 있기 때문에, 치료의 효율성의 측면에서 바람직하지 못한 것이다. 또한 처치가 효과를 보이고 있음에도 불구하고 연구절차상 의도적으로 처치를 중단한다는 것은 윤리적으로도 문제를 지닌다.

ABAB 설계의 한 예로, 패터슨과 포개취(Patterson & Forgatch, 1985)의 연구를 들 수 있다. 패터슨과 포개취는 치료자의 행동과 내담자의 저항간의 관련성을 검토하고자 하였다. 먼저, 이들은 여러 가지 상담자의 행동에 뒤따르는 내담자의 저항의 가능성을 기술적인 방식으로 검토하였다. 그 결과, 치료자의 교육적 반응에 뒤이은 내담자의 저항이 내담자 저항의 기본율보다 유의미하게 높음을 발견하였다. 이러한 결과는 기술적인 분석을 통해 나온 것이므로, 패터슨과 포개취는 치료자의 교육적 반응이 내담자의 저항을 일으킨 원인인지를 분명히 알기 어려웠다. 따라서, 두 변인간의 인과적 관련성을 검토하기 위해 패터슨과 포개취는 ABAB 설계를 도입하였다. 먼저, 치료자는 기저단계(A_1)로 시작하였다. 즉, 치료자는 내담자에게 교육적인 방식의 개입을 하지 않았다. 그런 후, 처치단계(B_1)가 도입되었다. 처치단계에서는 치료자가 교육적인 방식의 개입을 많이 사용하도록 하였다. 그리고 나서 다시 두 번째 기저단계(A_2)와 최종 처치단계(B_2)를 도입하였다. 이처럼 ABAB 설계를 사용한 결과, 치료자는 두 번의 처치단계 동안 교육적인 반응을 보다 많이 사용하였다는 결과를 얻었다.

이 결과는 처치 조작이 제대로 이루어졌음을 반영하는 것이다. 더욱 중요한 결과는, 치료자가 교육적인 반응을 많이 하는 동안 내담자는 더 높은 저항을 보였다는 것이다. 이는 치료자의 교육적 반응과 내담자의 저항간의 관계가 인과적인 관련성을 가지고 있음을 보다 직접적으로 입증한 결과라고 해석할 수 있다.

한편, ABAB 설계의 또 다른 예로, 앞서 AB 설계에서 살펴본 '돌아가면서 문제 내놓기'(agenda-go-round)기법의 효율성에 대한 연구를 들 수 있다. 먼저, 10회기 동안 집단응집력과 분위기에 대한 자료를 얻는 기저단계(A_1)로 시작한다. 다음으로, 10회기 동안 '돌아가면서 문제 내놓기'를 실시하면서 집단응집력과 분위기에 대한 자료를 얻는 처치단계(B_1)가 도입된다. 여기까지는 앞서 AB 설계에서와 동일하다. ABAB 설계가 다른 점은, 다시 '돌아가면서 문제 내놓기' 기법을 사용하지 않는 두 번째 기저단계(A_2)를 거친 후, 최종 처치단계(B_2)를 도입하는 것이다. 그 일부 결과가 〈그림 8-8〉에 제시되어 있다.

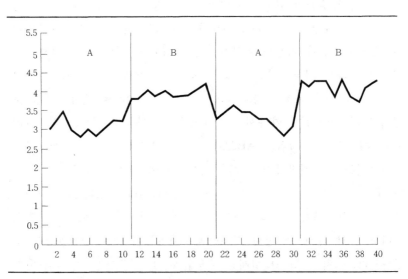

〈그림 8-8〉 집단분위기 비교를 위한 ABAB 설계

(3) 무선 AB 설계

무선 AB 설계는 무선적으로 반복되는 두 단계로 구성된다. 여기서 무선적이라는 것은 시간상의 특정 시점에서 A단계와 B단계가 무선적으로 할당된다는 것을 의미한다. 예를 들어, 총 20회기의 상담사례를 분석할 경우 처치를 하지 않는 A단계와 처치가 개입되는 B단계를 회기에 걸쳐 무선할당할 수 있는데, 다음과 같은 처치순으로 나타날 수 있다

단계 A A B A B A B B B A B A A B B A B A B A
회기 1 2 3 4 5 6 7 8 9 10 11 12 13 14 15 16 17 18 19 20

〈표 8-2〉 **무선 AB 설계의 예**

선행단계	단계 A	단계 B
A	2, 13 회기	4, 6, 10, 12, 16, 18, 20회기
B	3, 5, 7, 11, 14, 17, 19회기	8, 9, 15회기

(Heppner, Kivlighan & Wampold, 1992에서 인용함)

이 사례의 경우, A는 처치가 도입되지 않은 회기를 나타내며 B는 처치가 도입되는 회기를 나타낸다. 이러한 설계를 도입할 경우 얻게 되는 이점은 두 가지이다. 먼저, 각 단계가 각 회기에 무선적으로 할당되므로, A단계와 B단계를 비교하기 위해 무선화된 검사나 전통적인 모수적 검증이 사용될 수 있다. 둘째로, ABAB 설계에서 문제가 되었던 이월효과를 분석할 수 있다는 이점이 있다. 이 경우 각 회기는 〈표 8-2〉와 같이 2×2 요인설계로 재편될 수 있다. 자료는 어떤 단계에 뒤이어 오느냐에 따라 그리고 어떤 처치를 받느냐에 따라 나뉘어진다. 이러한 설계로부터 얻은 자료를 변량분석하면 다음과 같은 결과를 얻을 수 있다. 단계 A와 단계 B간의 차이를 주효과를 통해

알 수 있으며, 선행 단계에 해당하는 주효과를 알 수 있다. 그리고 선행 단계와 해당 단계의 상호작용 효과를 구할 수 있다. 여기서 선행 단계와 해당 단계간의 상호작용 효과를 분석을 함으로써 이월효과를 직접적으로 검증할 수 있게 된다.

(4) 중다 기저선 설계

ABAB 설계가 처치의 개입과 철회를 조작하여 처치효과를 평가하는 설계라면, 중다 기저선 설계는 처치를 서로 다른 시점에서 몇 개의 다른 기저선에 적용했을 때 각 기저선에서 일관된 행동 변화가 나타났는지를 관찰함으로써 처치효과를 평가하는 방법이다. 즉, 기저선을 여러 개 만들어서 각각에 대해 처치를 도입할 경우 기저선이 처치단계에서 요구되는 수준으로 변화하는지를 알아보는 방법이다. 만일 각각의 기저선이 처치를 적용할 때마다 같은 방향으로 행동 변화를 일으킨다면, 이러한 행동 변화는 처치에 기인한 것이라고 추정할 수 있다는 논리이다. 중다 기저선 설계에서는 ABAB 설계처럼 일단 처치가 도입되면 다시 행동을 반전시켜 기저선 수준으로 돌아가도록 처치를 중단하는 절차를 사용할 필요가 없기 때문에, 임상적으로 보다 유용하다.

중다 기저선 설계는 여러 가지 변형들[4])이 있지만, 서로 다른 행동을 기저선으로 삼는 경우와 다른 피험자를 기저선으로 삼는 경우, 그리고 다른 상황을 기저선으로 삼는 경우로 크게 나누어 볼 수 있다. 즉, 중다 기저선은 동일한 사람의 여러 행동이 될 수도 있고, 상이한 피험자의 동일한 행동들일 수도 있으며, 동일한 피험자의 다른

---

4) 중다 기저선 설계의 변형들은 기저선이 한 개인의 서로 다른 반응들인지, 서로 다른 개인들의 동일 반응인지, 혹은 서로 다른 상황들에서 한 개인의 동일 반응인지에 따라 달라진다.

상황일 수도 있는데, 기저선을 무엇으로 삼느냐에 따라 구분할 수 있는 것이다. 여기서는, 서로 다른 행동을 기저선으로 삼는 설계를 살펴보면 다음과 같다. 우선 피험자의 여러 행동에 대해 처치를 하지 않는 기저선 단계에서 피험자가 어떤 수준의 행동을 보이는지를 알아보기 위해 자료를 수집한다. 이들 여러 행동들이 안정된 비율로 나타날 때, 먼저 첫번째 행동에 대해 처치를 하여 처치가 주어진 동안에 행동의 변화가 나타나는지를 살펴본다. 이때 처치를 가한 첫번째 행동에서는 변화가 일어나지만, 관찰한 나머지 행동들(중다 기저선)에서는 변화가 나타나지 않는다면, 첫번째 행동에서 나타난 변화가 처치에 기인한 것이라고 추정할 수 있다. 하지만, 이 단계에서는 아직 여러 가지 다른 외적인 요인들(예를 들면, 성숙, 환경의 영향)이 행동의 변화에 영향을 미쳤을 가능성을 배제할 수 없다. 따라서 처치를 가한 첫번째 행동이 안정된 수준에 이를 때, 두 번째 행동(이는 첫 단계에서는 하나의 기저선이었음)에 대해 처치를 가하는데, 만일 두 번째 행동에서도 첫번째 행동에서와 일치되는 방향의 변화를 보인다면, 처치효과에 대해 더 강력한 추정을 할 수 있게 된다. 마찬가지 방식으로 세 번째 행동에 대해서도 처치를 가하고 처치효과를 관찰하는 절차를 계속한다. 이런 방식으로 진행하여 결국 모든 반응들은 서로 다른 시점에서 처치를 받게 된다. 중다 기저선 설계에서는 각 반응이 처치가 시작되기 전에는 변화를 보이지 않다가 처치가 시작된 후에만 변화를 보이는 것으로 처치와 행동간의 인과관계를 입증할 수 있다.

　　중다 기저선 설계에서 처치효과의 명료성에 영향을 주는 두 가지 주된 고려사항은 기저선의 수와 상호독립성이다. 명확한 효과를 입증하는 데에 필요한 기저선의 숫자는 기저선의 상호의존성의 문제에 달려 있지만, 일반적으로 최소한 2개 내지 3개의 기저선은 되어야 처치의 효과를 나타낼 수 있다고 본다. 한편, 처치효과가 일반적이어서 한 행동상의 변화가 다른 행동의 변화를 유발하는 경우가 있는데, 기

저선의 이러한 상호의존성은 중다 기저선 설계를 사용하는 데 걸림
돌이 된다. 예를 들어, 서로 다른 개인들의 어떤 행동을 기저선으로
삼는 경우에 기저선의 상호의존성이 나타날 수 있다. 기저선의 상호
의존성이 나타날 경우에는 처치와 행동간의 인과관계를 입증하기 위
한 다른 단일 사례 설계의 특징(예를 들어, 반전 단계)을 추가적으로
도입하는 방법을 사용할 수 있다.

3. 단일 피험자 설계의 장점과 단점

(1) 통제되지 않은 사례연구의 단점

통제되지 않은 사례연구의 가장 큰 단점은 실험적 통제가 부족하
다는 점이다. 실험적 통제를 하지 못함에 따라, 내적 타당도의 위협
을 받게 된다. 즉, 역사(history), 성숙, 검사, 선발, 이탈과 같은 내적
타당도를 위협하는 여러 조건들로부터의 위협에 대처하기 어려운 설
계이다.

사례연구는, 많은 경우에 자료가 체계적이지 않고 회고적인 방식
으로 얻어지므로, 편파되고 왜곡될 가능성을 안고 있다. 또한 자기
보고식으로 얻어진 데이터는, 피험자나 응답자로 하여금 요구적 특성
(demand characteristics)을 낳게 함으로써, 연구자에게 유리한 결과를
제공할 가능성이 있다. 끝으로, 사례연구에서 신뢰도와 타당도가 알
려지지 않은 도구를 사용하는 경우가 종종 있는데, 이럴 경우 도구의
부적절한 도구의 사용으로 인해 심각한 결과의 오염을 낳게 된다.
요컨대, 많은 통제되지 않은 변인들의 편파는 변인들간의 관련성을
모호하게 만들고, 결과의 해석을 모호하게 한다. 연구 결과에 영향을
미칠 수 있는 변인들을 통제하지 않는다는 것은, 얻어진 결과에 대한
많은 대안적 설명을 가능하게 하기 때문에 연구의 과학적 가치를 떨

어뜨리게 된다.

(2) 집중적 단일 피험자 설계의 단점

통제되지 않은 사례연구에 비해, 집중적 단일 피험자 설계는 보다 체계적인 관찰이 이루어지고, 실험적 통제를 가할 수 있는 설계이다. 즉, 집중적 단일 피험자 설계는 체계적이고, 중다적으로 시간에 걸쳐 반복적으로 관찰하는 방식을 취함으로써, 특정 변인들간의 관계를 밝히거나 동일 피험자 내에서 변인들간의 비교를 하는 데 사용되는 설계이다.

힐, 카터, 그리고 오패럴(Hill, Carter & O'Farrell, 1983)의 연구는, 내담자, 상담자, 평정자, 내담자의 어머니와 같은 다양한 조망으로부터, 주관적·객관적인 자료를 얻고자 하였다. 또한 '가장 잘된' 회기와 '가장 잘못된' 회기를 비교함으로써, 동일한 내담자 내에서 변인들간의 관련성을 탐색하였다. 힐 등(1983)의 이러한 연구절차는 집중적 단일 피험자 설계의 특징인 체계적이고 중다적인 반복측정의 원리와 일치하는 것으로, 단일 피험자 자체가 통제조건이 됨으로써 내적 타당도의 위협을 상당 부분 줄이는 결과를 낳았다. 이처럼 잘 통제된 연구는 대안가설을 줄여, 보다 확정적인 결론을 가능케 하므로 연구자가 관심을 가지고 있는 가설에 대한 강력한 경험적 지지를 제공해 줄 수 있다.

하지만, 집중적 단일 피험자 설계에도 단점이 존재하는데, 첫째로 집중적 단일 피험자 설계에서 실험자는 자신이 기대한 정보만을 찾게 되어, 자기의 기대와 다른 정보를 무시하고 지나칠 수도 있다는 점이다. 위에서 예를 든, 힐 등(1983)의 연구에서도 이같은 단점을 찾을 수 있는데, 웜폴드와 김계현(Wampold & Kim, 1989)은 힐 등(1983)이 탐지하지 못한 상담자와 내담자간의 상호작용의 측면을 분석하여 제시하였다.

힐 등(1983)의 연구는 치료의 과정과 결과를 기술하고, 상담과정
에서 변화 기제를 탐색하고자 한 것이었다. 이들은 ① '가장 잘된' 회
기와 '가장 잘못된' 회기를 비교하였고, ② 상담자와 내담자에게 있어
서 각 회기에서 긍정적인 사상(event)과 부정적인 사상(event)을 평
정토록 하여 분석하였으며, ③ 내담자의 언어 반응에 이은 상담자의
언어 반응의 즉시적 효과를 연계분석(sequential analysis)를 통해 분
석하였다. 이들 연구의 주요 결과는 첫째, 상담성과와 관련하여, 치료
는 전반적으로 긍정적이었으며, 12회기 후에 측정한 결과 개선되었음
을 보였다. 이러한 치료를 통한 개선은 치료 2개월 후까지 유지되었
으나, 7개월 후에는 재발되었음을 보였다. 두 번째 주요 결과는 상담
과정에 관한 것인데, 상담자의 '해석', '직접적인 피드백(feedback)',
'게슈탈트(Gestalt) 연습', '치료관계의 검토' 등이 변화의 주요 기제라
는 것이다. 하지만, 웜폴드와 김계현(1989)은 힐 등(1983)의 연구 자
료를 가지고 과정 자료를 보다 정밀히 재분석한 결과, 상담자의 '가
벼운 격려'(minimal encounter) 반응은 내담자의 '기술'(description)
반응을 강화하지만, 상담자의 '직면' 반응은 내담자로 하여금 좀더 개
방하고 좀더 깊은 경험을 하도록 이끌지 못함을 발견하였다. 이러한
웜폴드와 김계현(1989)의 연구가 단일 피험자 설계의 단점에 관한
논의에 주는 시사점은, 단일 피험자 설계에서 어떤 주어진 자료에
연구자의 기대와 다른 정보가 있을 경우, 그에 대한 세심한 주의와
분석을 하지 않을 때, 자칫 편파적인 측면만을 보고 전체적인 실제
모습을 파악하지 못할 가능성이 있다는 점이다.

두 번째 문제점은, 외적 타당도의 문제이다. 집중적 단일 피험자
설계를 사용하는 데 있어서의 주요 이슈(issue) 중의 하나는 "발견된
결과가 다른 사람, 다른 상황에서도 마찬가지로 발견되는가" 하는 문
제이다. 즉, 사람과 상황에 걸친 일반화 가능성이 문제될 수 있다는

점이다. 하지만 이러한 문제점은, 잘 고안된 반복연구(replication study)를 통해서 극복될 수 있다. 예를 들면, 트레이시와 레이(Tracey & Ray, 1984)는 상담자와 내담자간의 상호작용이 상담단계에 따라 어떻게 달라지며, 상담성과와 어떤 관련성을 지니는지를 살펴보고자 하였다. 이를 위해 성공사례(n=3)와 실패사례(n=3)를 각 사례별로 회기에 걸쳐 개별적으로 분석을 하였다. 즉 6개의 집중적 단일 피험자 설계를 한 것이다. 이들은 성공 사례에서는 '고·저·고'의 상보성 수준을 보일 것이라는 가설을 검증하기 위해, 누가 화제를 결정하는지를 지표(Topic Initiation/ Topic Following; TITF)로 삼아 상보성을 측정하였다. 이들 연구의 결과는 성공한 사례에서는 화제 결정이 시간에 걸쳐 유의미한 변화를 보이나 실패한 사례에서는 화제 결정이 시간에 걸쳐 일정하게 유지된다는 것이다. 만일 트레이시 등(1984)의 연구가 각 사례를 개별적으로 분석하지 않고, 집단별로 묶어서 분석하는 방식을 택했다면(즉, 자료가 통합되었다면), 성공 사례와 실패 사례간의 이러한 차이는 나타나지 않았을 것이다. 이 연구가 주는 시사점은, 결과 패턴이 6사례에서 반복검증됨을 보임으로써, 집중적 단일 피험자 설계로 행한 연구도 일정 정도의 외적 타당도를 확보할 수 있음을 보여 주었다는 점이다.

　단일 피험자 설계는, 집단간 설계에서 상대적으로 무시되는 개인들의 다양한 분산을 포착함으로써, 단순히 평균화된 자료로부터 얻을 수 없는 많은 양의 정보를 확보할 수 있다는 이점을 가지고 있다. 특히 상담장면의 경우, 집단간 평균차에 대한 관심보다는 각 개인들의 행동에 관심을 가지는 경우가 많기 때문에, 특정 내담자의 반응과 상담자의 개입에 관한 많은 양의 정보를 제공해 줄 수 있는 단일 피험자 설계가 효과적으로 활용될 수 있는 연구영역이다. 하지만, 이러한 이점에도 불구하고, 단일 피험자 설계를 사용할 경우 앞서 살펴본 내적 타당도와 외적 타당도의 위협으로부터 오는 제한점을 분명히 검토하고 고려해야 할 것이다.

(3) 단일 피험자 설계의 장점

단일 피험자 설계는 집단간 설계가 지니지 못한 여러 가지 상대적인 장점을 가지고 있는 연구설계법이다. 단일 피험자 설계의 유용성을 5가지 측면에서 살펴볼 수 있다.

먼저, 많은 정보와 연구 아이디어를 제공해 준다. 전통적인 집단간 설계는 집단간 평균에 주목하기 때문에 집단을 이루고 있는 각 개인들의 다양한 편차가 묻혀 버리는 약점이 있다. 하지만 실제 상담장면에서는 각 개인들의 다양성과 고유성이 중요한 변인이 되며, 그러한 개별성에 초점을 둔 상담과정은 포괄적이고 상세한 분석을 필요로 한다. 단일 피험자 설계는 각 개인들의 다양한 편차에 주목하기 때문에, 집단간 평균 차이의 검증에서 희생되는 많은 양의 정보를 얻을 수 있다. 또한 단일 피험자 설계는 시간과 노력이 많이 소요되는 절차를 연구에 도입할 수 있기 때문에 많은 양의 정보와 심층적인 자료를 얻을 수 있게 된다. 예를 들어, 케이건(Kagan, 1975)의 IPR(Interpersonal Process Recall) 기법[5]이나 마틴(Martin, 1985)의 연상망(associative network)을 이용한 인지구조 평가방법은 많은 피험자를 대상으로 실시하기에는 엄청난 시간과 노력이 소요되는 연구절차이다. 이러한 절차는 단일 피험자를 대상으로 집중적이고 심층적인 분석을 가능케 하여, 많은 양의 세부적인 정보를 제공하게 된다. 한편, 단일 피험자에 대한 심층적이고 다양한 정보는 연구자로 하여금 흥미

---

5) IPR 기법은 상담회기에 대한 기록(녹음, 녹화)을 재생하면서 상담자와 내담자의 내면적인 인지, 감정 및 경험 등을 회상하도록 하는 방법이다. 즉, 상담이 끝난 후 상담내용에 대한 상담자와 내담자의 기억을 도모하기 위해 기록된 자료(녹음, 녹화)를 제시하면서 그 당시의 경험을 참여자 자신이 체크하도록 하는 절차이다.

로운 현상을 발견하도록 자극하여, 새로운 연구가설을 세우는 데도 도움을 줄 수 있다.

둘째, 치료기법을 검증하는 수단으로서의 의미를 가진다. 단일 피험자 설계를 통해 새로운 기법을 발견할 수도 있고, 비교적 알려져 있는 기법을 의도적으로 검증해 볼 수도 있으며, 일단 검증된 기법이 새로운 상황에서도 적용가능한지를 확인해 볼 수 있다. 예로, 브러이어(Breuer)가 안나 오(Ann. O) 사례를 통해 '말로 하는 치료'(talking cure)가 가능함을 발견한 경우를 들 수 있다. 또한 로저스(Rogers)는 많은 임상 경험을 통해 자신의 치료이론을 발전시킨 바 있는데, 이는 단일 피험자 연구가 치료기법을 발견하는 수단으로 기여한 좋은 예가 된다. 한편, 어떤 특정한 치료방법이 다양한 상황에서 적용가능한지를 알아보는 하나의 예로써, 체계적 둔감법이 여러 종류의 공포증(phobia)에 효과적으로 적용될 수 있는지를 살펴보는 연구를 들 수 있다.

셋째, 연구방법론을 검증하는 수단으로서의 의미를 지닌다. 연구자가 어떤 새로운 연구절차가 상담에 대한 유용한 정보를 제공하는지를 알고자 할 때, 단일 피험자 설계를 통해 검증해 볼 수 있다. 예로, 마틴(1985)의 연구를 들 수 있다. 마틴(1984)은 인지매개 모델(cognitive mediation paradigm)을 제시하면서, 상담과정을 이해하기 위해서는 정보처리적 관점에서 내담자의 인지구조와 처리과정을 이해해야 함을 강조하였다. 이러한 인지매개 모델을 검증하기 위해 마틴(1985)은 내담자의 인지구조를 측정하는 방법을 필요로 했는데, 이에 대한 검증을 사례연구를 통해 보고하였다. 마틴(1985)은 자신의 내담자와의 사례에서 매 회기 후에 특정 단어(예: 문제, 내담자의 이름, 남편 이름 등)를 제시하고 이완된 상태에서 자유연상을 하도록 하였다. 각 단어에 대한 연상이 끝나면 각 단어들간의 관련성을 거리와 선을 통해 나타내도록 하였다. 이러한 절차를 통해서 마틴은 내담자가 엄청난 양의 정보를 내놓음을 알 수 있었는데, 내담자가 내놓은 방대한 양의 정보는 내담자의 인지구조를 이해하는 하나의 방법으로 사용될 수 있음을 실제로 검증할 수 있었다.

넷째, 희귀하거나 개별적인 사례에 대한 연구수단으로서의 의미를 지닌다. 단일 피험자 설계는 개별 내담자의 특이성(idiosyncracy)을 기술하는 데 특히 유용하다. 특히, 내담자가 보이는 문제의 특성이 아주 드물게 나타나는 증상인 경우에 집단간 비교가 실제로 불가능하기 때문에, 단일 피험자 설계는 유일한 대안이 된다. 예를 들어, 신경성 식욕부진증(anorexia nervosa)은 남성의 경우 매우 드물게 나타나는 증상이다. 다중 성격(multiple personality) 역시 임상적으로 매우 희귀한 사례이다. 이 경우 집단간 비교를 하기 위해, 동일한 사례가 모일 때까지 치료적 처치 없이 기다리게 한다면, 이는 매우 비윤리적인 연구절차가 된다. 이런 경우 단일 피험자 자체가 연구 대상이 되어 귀중한 정보를 제공할 수 있다.

다섯째, 가설이나 이론을 지지하거나 반박하는 증례로서 의미를 지닌다. 단일 피험자 설계로부터 보고된 사례는 기존의 가설이나 주장을 지지하는 증거로써, 혹은 반증하는 사례로써 사용될 수 있다. 예를 들면, 스트럽(Strupp, 1980a, 1980b, 1980c)의 경우 성공 상담사례와 실패 상담사례 3사례씩을 이용하여, 상담의 성과에 영향을 미치는 기제를 밝히고자 하였다. 개별 사례를 분석한 결과, 스트럽은 상담자의 태도나 치료적 기법과는 상관없이 내담자가 치료자의 틀(framework)을 자신의 것으로 삼는 능력, 그리고 치료적 관계를 이용하는 내담자의 능력이 치료의 긍정적 성과와 관련이 있음을 보고하였다. 이러한 사례연구를 통한 증거를 바탕으로 스트럽은 내담자 변인이 치료적 성과를 평가하는 데 있어서 치료자의 태도나 기술보다 강력한 영향을 미친다는 주장을 할 수 있었다. 즉, 사례연구의 결과를 들어, 상담자의 태도나 기법이 상담에서의 변화에 결정적이라는 주장에 대해서는 반대의 예를 제공한 것이며, 치료적 변화에 내담자의 변인이 중요하다는 입장에 대해서는 지지적인 예를 제공한 것이다.

4. 단일 피험자 설계의 고려사항

단일 피험자 설계와 집단간 설계의 장단점을 충분히 살펴보고 연구자의 연구주제와 방법 그리고 연구의 제한점 등을 감안하여, 단일 피험자 설계를 이용한 연구를 수행하기로 결정한다 하더라도 단일 피험자 연구방법을 사용할 때 고려해야 할 몇 가지 이론적·실제적 문제들이 있다. 단일 피험자 설계에서 대상으로 하는 피험자의 선정의 문제, 자료 분석방법 및 제시의 문제, 단일 피험자로부터 얻은 자료를 일반화하는 문제, 그리고 연구 결과의 실용성의 문제가 그것이다.

(1) 연구사례 수집의 문제

단일 피험자 설계에서는 단일 사례나 소수의 사례를 수집하여 사례에 관한 집중적인 분석을 하기 때문에, 어떤 사례를 연구 대상으로 선정할지의 문제는 연구절차상 매우 중요한 문제이다. 단일 피험자 설계에서 대상으로 한 사례가 연구주제와 관련된 전형적인 사례일수록 사례연구의 대표성이 간접적으로 확보된다고 볼 수 있다. 만일 단일 피험자 설계에서 표집한 사례가 연구주제나 목적과 일치하지 않을 경우, 단일 피험자 설계를 통한 연구 결과의 타당성은 그만큼 절감될 것이다. 구체적으로, 어떤 종류의 문제를 지닌 내담자를 선정할 것인지, 그리고 어느 정도의 심각한 문제를 지닌 내담자를 선정할 것인지를 결정하는 것은 연구 결과에 중요한 영향을 미칠 것이므로, 내담자 변인에 대한 다각적인 고려를 해야 할 것이다. 이러한 문제와 관련하여, 램버트(Lambert, 1983)는, 힐 등(1983)의 연구에 대한 비평에서, 사례연구에 적절한 내담자는 "손쉽게 해결될 것 같지 않아 보이는 명확한 문제를 지닌 내담자"라고 주장한 바 있다. 힐 등의 연구는 연구자 자신과 슈(Sue)라는 내담자가 12회 동안 상담한 사례를 분석한 것으로, 슈는 일시적인 문제를 지닌 내담자였다. 그런데 이런 일시적인 문제를 지닌 내담자의 사례는 상담 후 내담자의 변화나 성장이 상담의 효과로서 나타난 것인지 아니면 내담자의 문제가 일시적이었기 때문에 나타난 것인지를 구분하기 어렵기 때문에, 결과에 대한 정확한 해석을 하기가 힘들다는 것이다. 또한 내담자의 변화가 다소 극적인 사례가 그렇지 않은 사례보다 더 사례연구에 적합하다고 제시하였다.

그러나 이렇게 단일 사례연구에 이상적인 내담자만 연구할 경우, 특정 내담자의 문제나 상담 기법에 관해서는 중요한 시사점을 얻을 수 있지만, 그런 유형 이외의 많은 내담자들에게 연구 결과를 적용하기 어렵다는 문제가 있다. 또한 상담자가 실제로 만나게 되는 일시적인 문제를 호소하는 내담자들의 사례에 관해서는 잘 알 수 없게 된다는 문제가 있다. 이처럼 상담과정은 사례의 특성에 따라 다르다는 것을 고려할 때, 단일 피험자 연구는 여러 유형의 내담자와 상담자를 대상으로 진행되어서 각 사례의 특성에 따라 상담과정이 어떤 특성을 지니는지를 파악하고, 각 유형의 내담자들에게 가장 효과적인 상담과정의 특성을 탐색하는 것이 필요하다. 즉, 상담과정에 대한 단일 사례연구에서는 어떠한 연구대상이라도 자료만 충분히 수집된다면 연구대상으로 선정될 수 있으며, 이렇게 할 때 여러 가지 다양한 유형의 사례로부터 연구 결과가 축적될 수 있게 된다. 단, 연구자는 연구사례의 구성이나 진행 특성 등을 세밀하게 기술해서 연구 결과가 어떤 유형의 사례에 적용될 수 있는지를 밝히고 반복연구를 통한 연구결과의 검토 및 수정, 확장의 가능성을 열어놓아야 한다.

집단간 연구에서도 연구자의 관심과 연구 여건에 따라 여러 가지 방법으로 연구사례를 선정하고 수집한다. 집단연구방법에서 사용하는 사례수집방법은 표집이론에 근거한 것으로서 표집된 사례들은 어떠한 전집을 대표하고 있으며 연구를 통해서 나타난 집단의 특성이 전집 사례에 일반화될 수 있다는 가정을 지니고 있다. 그러나 상담사례들은 상당히 개별적(idiosyncratic)이고 이질적이어서 모든 상담사례를 전집으로 한다는 것은 별 의미가 없기 때문에 연구하는 사례들의 전집을 구체화해야 한다는 주장도 있다(예를 들면, 키슬러(Kiesler, 1981)). 그러나 지금까지 집단연구에서는 전집을 구체적으로 규정하지 않아 왔으며, 또한 전집을 구체적으로 규정한다 해도 집단연구의 방법은 표집방법에서의 문제를 가지고 있다. 즉, 표집이 전집을 대표하는가의 여부는 표집 결과에 의해서라기보다는 표집절차에 의해서 판단된다. 사회과학 분야에서 대표적인 표집을 얻기 위해 사용하는 표집절차로는 무선표집방법과 체계적인 표집방법을 들 수 있는데, 일반적으로 집단연구방법을 사용한 상담연구에서 사용한 사례선정방법은 전집을 대표할 수 있는 표집방법이라고 하기 어렵다. 또한 집단적 연구에서 분석 대상으로 삼는 각 사례의 구체적 특성이 제시되지 않는다면, 이질적인 특성의 사례들이 연구사례 내에 포함될 가능성이 많기 때문에 연구 결과의 해석과 적용이 어렵게 될 수도 있다.

(2) 분석방법의 문제

단일 피험자 설계는 보통 일회적인 관찰과 측정에 그치기보다는 시간에 걸쳐 지속적이고 반복적인 측정을 하는 경우가 많다. 이러한 시계열적 분석방법은 각 사례별로 나타나는 상담 특성의 변화과정을 자세히 나타낼 수 있도록 한다. 각 사례들의 독특한 상담 특성의 변화를 살펴봄으로써 실제 상담에서 중요한 개별사례 내에서의 변화과정을 밝힐 수 있으며, 개별 사례에 대한 분석이 축적됨으로써 상담

특성의 변화과정에 관한 일반적인 경향성을 알아볼 수 있다. 또한 시
계열적으로 분석하게 되면, 상담과정의 특성을 한 사례 내에서도 여
러 번 관찰하여 상호작용 특성간의 상관관계나 인과관계를 명확하게
알 수 있다는 장점이 있다.

한 예로, 트레이시와 레이(1984)는 3개의 성공적인 사례와 3개
의 비성공적인 사례를 사례별 시계열 분석방법으로 분석하여, 성공적
인 상담사례들은 공통적으로 화제결정정도가 초기에는 높다가 중기
에는 낮아지고 다시 후기에는 높아지는 것을 발견하였다. 그런데 동
일한 자료를 개별 사례별로 보지 않고 여러 사례를 회기별로 통합하
여 분석하는 집단적 횡단 연구방법을 사용하였더니, 사례별 분석에서
밝혀진 화제결정정도의 변화과정을 포착할 수 없었다. 이러한 결과는
집단적 연구방법을 사용한 경우, 각 사례별로 특징적인 화제결정정도
의 수준과 변화과정이 서로 상쇄되어 특징이 없는 평평한 평균선만을
나타내었기 때문이다.

이러한 사례연구의 분석방법과는 달리 집단적 연구방법은 회기
의 진행에 관계없이 전반적으로 나타나는 상담 특성을 탐색하는 횡단
적 분석방법을 주로 사용한다. 물론, 연구에 따라서는 상담 진행을
몇 단계로 구분하여(예를 들면, 초기·중기·말기) 각 단계마다 상담
과정의 특성을 밝히고, 이렇게 밝혀진 각 단계의 특성을 종단적으로
제시하여 상담의 진행 추이에 따른 상담 특성의 변화과정을 살펴보려
는 시도를 하기도 한다. 하지만, 이러한 분석방법도 각 단계 내에서
일반적으로 나타나는 상담 특성을 발견하려는 데 초점을 둔 것이므
로, 기본적으로 횡단적 분석방법이라고 볼 수 있다.

이러한 횡단적 분석방법은 상담회기의 진행에 따라 변화하는 상
담 특성을 나타낼 수 없다는 결정적인 제약을 지니고 있다. 한 사례
내에서도 상담회기의 진행에 따라 상담 특성 및 특성들간의 관계가
변화하기 마련인데, 횡단적 분석방법을 사용하게 되면 각 회기마다의

독특한 특성이 없어지고 단지 평균적인 특성만이 제시될 뿐이다. 이러한 문제점을 극복하고자 상담의 진행을 초기·중기·후기 등으로 나누어 각 단계마다의 상담 특성을 탐색하는 방법이 개발되었으나, 이 방법은 상담의 진행을 너무 일률적으로 규정한 문제가 있다. 각 사례에 따라 각 단계의 시작 회기와 각 단계에 머무르는 회기의 수가 다를 수 있음에도 불구하고, 상담 단계를 연구자가 규정하여 모든 연구사례에 일률적으로 적용하여 통합분석하게 되면, 각 사례마다 독특한 변화과정이 서로 상쇄되어 단순한 평균치만을 제시하게 되는 문제가 있다.

(3) 자료 처리와 제시의 문제

단일 피험자 연구방법은 집단 평균치의 사용보다는 개별 사례 내에서 각 회기값을 시계열적으로 분석하는 경향이 있다. 각 회기로부터 얻은 자료를 처리하고 제시하는 방법은 크게 세 가지이다. 첫째 각 회기 값을 그래프에 그려서 시각적으로 검토하는 시각적 검토법, 둘째 비모수적 통계방법이나 연계분석방법을 사용하는 통계적 검토법, 끝으로 각 회기값의 임상적 의미를 기준으로 분석하는 임상적 분석법 등이 사용된다. 시각적 검토법과 임상적 분석법은 통계방법이 지닌 객관성과 엄밀성은 낮지만, 상호작용 특성의 변화과정을 쉽게 볼 수 있고, 그 변화의 의미를 실제 사례에서의 의미를 중심으로 살펴볼 수 있다는 장점이 있다.

단일 피험자 연구에 비해 집단적 연구는 수집된 사례나 회기의 평균값에 기초하여 연구 결과를 제시하고, 통계적으로 의미 있는 수치를 얻는 것을 중요하게 여긴다. 그런데 이러한 평균값은 독특한 변화과정을 지닌 상담 특성에 관하여 의미 있는 정보를 제공해 주지 못하는 경우가 많다. 한편, 각 상담회기의 값을 세밀히 관찰하지 않으면 극단적으로 이탈된 사례나 회기에 의해서 평균이 상당히 영향을 받을 수 있다. 더욱이 상담과정 특성과 상담성과간에 통계적으로 의미 있는 상관이 발견될지라도 임상적으로는 상담성과의 차이가 별 의미가 없는 경우가 있을 수 있다. 반대로, 의미 있는 상관을 보이지 않는 상담과정 특성이 실제로는 내담자에게 커다란 영향력을 미치기도 한다. 가령, 집단적 연구에서의 상담과정변인과 상담성과변인이 유의미한 정적 상관을 보일 때, 한 사례 내에서 상담과정변인의 수치가 올라가면 상담의 성과도 증가할 것으로 해석되나, 집단연구에서 얻은 상관은 사례내 변산뿐 아니라 사례간 변산에 영향을 받은 통계치이므로, 그러한 결과가 개별 사례에는 적용되지 않을 수 있다.

또한 앞서도 살펴보았듯이, 집단연구에서 사용하는 단순상관계수, t검증, F검증, 중다회기 분석 등의 통계방법을 시계열적인 단일사례연구에 사용할 때 발생하는 문제가 있다. 이러한 통계방법은 측정치간의 상호독립성과 전집의 정규분포를 가정하고 사용되는데, 반복적인 측정을 하는 상담사례 연구에서는 이러한 가정을 충족시키기 어렵기 때문이다. 즉, 상담연구의 측정치는 각 사례 내에서 동일한 상담자와 내담자를 대상으로 계열적으로 측정되었기 때문에 측정치들간의 독립성이 보장되지 못하고, 오히려 상호의존되었을 가능성이 높다. 이 경우, t검증이나 F검증에서 각 관찰치의 오차항이 독립되어야 한다는 가정을 위배하기 때문에 이러한 통계적 검증방법을 사용할 수 없다. 또한 상담내 변인의 특성은 평균을 중심으로 정상분포되어 있기보다는 편중분포되어 있는 경우가 많다. 이런 경우에는 기존의 통계방법보다는 전집의 정규분포성을 가정하지 않아도 되는 비모수적 방법이나 연계분석방법을 사용하는 것이 적절하다.

(4) 결과의 일반화와 일반법칙의 문제

행동과학에서 일반적 법칙을 발견하기 위해서는 반복적인 연구를 통한 확증과정을 거쳐야 한다. 단일 피험자 설계는 집단간 설계에 비해 반복연구(replication study)가 용이하며, 구체적인 사례의 특성이 제시되기 때문에 반복연구에서도 유사한 특성을 지닌 사례를 연구하여 동일한 연구 결과를 얻을 수 있다. 특정 사례에 대한 연구 결과가 다른 사례와 다른 조건에서도 나타나는가를 탐색하는 반복연구는 다음과 같은 두 가지 방법으로 시행된다.

첫째, 직접적인 반복연구를 하는 것이다. 원래 연구된 사례와 가능하면 모든 조건이 동일한 가운데 반복적으로 연구를 수행함으로써 결과의 안정성을 확인하는 것이다. 즉, 동일한 조건에서 같은 결과가 나오는지를 알아봄으로써 원래 사례연구의 결과를 확증하거나 부정하게 되는데, 이러한 방법은 일반화의 기초적 단계에 해당한다. 한 예로, 트레이시와 레이(1984)는 한 연구에서 여러 사례를 분석하여 반복연구의 효과를 보인 바 있다.

두 번째 방법은, 체계적인 반복연구를 하는 것이다. 원래 연구된 사례에서 관심이 있는 몇 가지 변인을 체계적으로 바꾸어서 반복연구를 하는 것이다. 원래 연구된 사례와 다소 이질적인 사례에서도 동일한 연구 결과가 반복된다면 처음 연구 결과의 일반화 가능성은 더욱 커지게 되는 것이다. 이 경우, 반복연구의 수와 그 대상의 이질성이 커질수록 사례연구의 결과는 더 큰 설명력을 인정받는다. 반복연구의 예로, 원래 연구사례가 우울증을 지닌 남자 내담자와 남자 상담자간의 상담사례였다면, 반복연구에서는 우울증을 지닌 여자 내담자와 남자 상담자의 경우에서도 동일한 결과가 나오는지를 검증해 보는 것이다. 이는 성의 결합이 다른 사례를 통해 연구를 반복검증하는 경우이다.

그러나 단일 피험자 연구방법은, 일반적으로 법칙의 발견보다는

198 Ⅱ부 상담연구의 방법

법칙의 부정에 더 적합한 연구방법으로 알려져 있다. 이는 반복연구
가 축적되어서 일반 법칙을 발견하기까지는 많은 시간과 노력이 필요
한 데 비해, 사례연구를 통해서 일반 법칙이라고 알려져 있는 내용을
부정하는 하나의 사례를 얻기는 쉽기 때문이다.

단일 사례연구와는 달리, 집단적 연구는 연구의 양이 많고 절차
가 복잡하여 반복연구가 더욱 어려운 경향이 있다. 또한 반복연구가
되어도 연구대상이 달라지기 때문에 동일한 연구 결과를 얻기 어렵
다. 그럼에도 불구하고 집단적 연구방법에 의한 연구 결과가 사례별
연구방법에 의한 연구 결과에 비해 일반화 가능성이 높은 것으로 받
아들여지고 있는 것은, 표집이 클수록 전집에서 벗어날 가능성이 적
다는 표집이론과 통계적 일반화의 잘못된 사용에 기인한다. 조사연구
나 실험연구에서는 표집의 크기가 클수록 연구하고자 하는 변인 외의
변인이 연구 결과에 미치는 영향력이 서로 상충되어 연구의 내적 타
당도와 외적 타당도를 높일 수 있다고 인정한다. 그러나 상담연구에
서는 전집의 가정이 현실적으로 불가능하며, 연구 결과에 유의미한
영향을 미치는 연구 외의 변인들 자체가 실제 상담장면에서 상담자의
주요 관심의 대상이 되기 때문에, 이들 변인을 서로 상쇄하여 없어지
게 하기보다는 그 영향력을 잘 탐색할 경우 실제 상담에 유용한 정보
를 제공할 수 있다. 따라서 집단적 연구방법의 연구들이 많은 수의
회기를 분석하였다고 해서 연구 결과의 일반화 가능성이 확보되는 것
은 아니다.

(5) 연구 결과의 실용성의 문제

단일 피험자 연구에서 나온 연구 결과는 개별 사례에 대한 구체
적인 기술을 바탕으로 이루어진다. 따라서 상담자는 연구된 사례가
자신의 어떤 사례와 비슷한지를 살펴봄으로써, 자신의 실제 상담에

연구 결과를 이용할 수 있다. 또한 단일 사례연구는 각 사례의 상담 과정 특성과 상담성과와의 관계를 살펴봄으로써, 현재 진행되는 사례 가 최상의 성과를 얻기 위해서 어떤 상담자 개입이 사용되어야 할 것 인지를 제시해 줄 수 있다. 이처럼 단일 사례연구 결과는 상담 실제 에 관한 유용한 정보를 제공해 줄 수 있으며, 상담연구와 상담 실제 간의 괴리를 상당히 해소해 준다.

반면에, 집단적 횡단연구방법으로부터 나온 연구 결과는 개별적 인 상담과정의 특성을 효과적으로 나타내기 어려울 뿐만 아니라, 상 담자가 관심을 가지고 있는 개별 내담자에 대해 의미 있는 정보를 제 공하지 못하기 때문에, 현장 상담자들로부터 외면되어 온 것이 사실 이다. 또한 집단연구를 수행하기가 실제적으로 어렵고, 힘들게 연구 하여 얻은 연구 결과가 실제 상담에 시사하는 바가 미약하다는 이유 에서, 많은 상담자들이 자신의 상담사례를 연구하면서 상담을 진행하 는 것을 꺼리고 있는 것이 현실이다.

5. 단일 피험자 설계의 실례

지금까지 국내 상담연구는 주로 집단간 연구 설계를 사용해 왔 다. 하지만 상담 및 심리치료 장면에서의 집단간 연구 설계는, 연구 표집의 대표성 문제, 이질적 상담사례의 평균치 사용의 문제, 상담이 지닌 시계열적 관점의 부재, 그리고 통계 모델의 부적절함 등 중요한 방법론적 결함이 있음을 앞서 살펴보았다. 최근 들어, 이러한 문제를 극복하기 위해서 단일 사례 및 소사례를 집중적으로 분석하는 연구가 증가되는 추세이다. 본 장에서는 이러한 일련의 최근 연구들 중의 하 나인 하정혜(1994)의 연구를 중심으로 단일 피험자 설계의 실제 적 용 사례를 살펴보고, 단일 피험자 설계를 사용함으로써 생긴 연구의 장단점을 분석한 후, 추후 연구를 위한 비평적 논의를 하고자 한다.

(1) 연구주제

연구자(하정혜)는 내담자의 대인관계 패턴에 관심을 가졌다. 여기서 '대인관계 패턴'이란 개인의 생애를 통해서 형성된 것으로 다른 사람과의 관계에 대한 기대나 신념, 그리고 거기에서 비롯된 개인 특유의 상호작용 방식, 타인의 행동에 반응하는 방식, 또는 타인과 관계 맺는 방식을 의미한다. 기존의 대인관계 패턴에 대한 경험적 연구는 두 가지 유형으로 나뉘는데, 대인관계 패턴의 구조적 측면과 과정적 측면이다. 대인관계 패턴의 구조적 측면은 대인관계 패턴의 내용 자체를 기술하는 것이며, 과정적 측면은 상담이 진행됨에 따라 상담자와의 관계뿐 아니라 내담자가 상호작용하는 사람들과의 관계주제가 어떤 내용으로 달라지는가에 관한 것이다.

연구자(하정혜)는 두 유형의 연구가 내담자의 대인관계 패턴을 측정함과 동시에 상담의 진행과정에 따라 그 패턴이 어떤 추이로 변화하는지를 탐색하지 못했음을 지적하였다. 즉, 구조와 그 변화과정을 동시에 탐색하지 못했다는 것이다. 한편, 연구자는 변화과정에 대한 연구에서 상담이 성공적일 경우 대인관계 패턴이 변화한다는 것을 내용의 관점에서 실증적으로 검증하는 시도가 부족하였음을 지적하였다.

이러한 배경에서, 연구자는 세 가지 연구문제를 제기하고 있다. 첫째, CCRT[6)]에 의해서 내담자의 대인관계 패턴이 드러나는가? 둘째, 상담의 전 과정을 통해서 내담자의 대인관계 패턴은 변화하는가? 셋째, 그러한 대인관계 패턴의 변화는 상담의 성과(성공/실패)에 따라 다르게 나타나는가? 하는 것이다.

---

6) CCRT는 대인관계 패턴을 내용적으로 분석하는 도구이다.

(2) 연구의 개요

연구자(하정혜)는 대인관계 패턴의 구체적인 내용을 측정하는 도구로써 루보스키(Luborsky)가 개발한 CCRT(Core Conflict Relationship Theme)를 사용하였다. 본 사례연구에서 CCRT는 가장 중요한 연구도구이기 때문에, 이에 대해 간단히 설명한 뒤 연구절차와 설계에 대한 분석이 뒤따르는 것이 연구를 이해하는 데 도움이 될 것이다. CCRT는 상담과정에서 내담자가 내놓는 즉각적이며 주요한 대인관계 주제들의 내용을 밝히기 위해서 개발되었다. CCRT는 내담자가 상호작용하는 대상에 대해 가지는 35가지의 기대나 의도(Wish; W), 상호작용하는 상대방이 내담자에게 보이는 30가지 반응(Response of Other; RO), 이에 대한 내담자 자신의 반응(Response of Self; RS) 31가지로 이루어져 있다. 이 세 가지 요소들의 조합이 내담자의 대인관계 패턴을 형성하는 것으로 본다.

연구대상은 연구자가 수집한 12사례 중 상담이 종료된 후 실시한 상담성과 질문지(Target Complaints; TCs)에서 가장 높은 점수를 가진 상위 두 사례와 가장 낮은 점수를 가진 하위 두 사례가 선정되었다. 네 사례의 40회기 축어록을 작성하고 3명의 평정자(coder)가 각 축어록에서 관계일화(Relationship Episode; RE)를 선정하였다. 그후 또 다른 세 명의 평정자(coder)가 관계일화(RE)에 나타난 내담자의 W, RO, RS를 평정하여 내담자의 대인관계 패턴을 분석하였다.

연구자는 평정한 자료를 바탕으로 대인관계 패턴의 하위패턴이 존재하는지를 알아보기 위해 클러스터 분석[7]을 실시하였다. 클러스터 분석 결과 네 사례 모두에서 독특한 대인관계 패턴을 보였다. 연

---

7) 클러스터 분석이란, 관심의 대상이 되는 다수의 관찰값들을 몇 가지의 클러스터로 분류하되, 같은 클러스터 내에 속하는 개체들은 서로 유사하고 서로 다른 클러스터에 속하는 개체들간에는 상이하게끔 분류하는 통계적 분석 방법을 말한다.

구자는 사례분석을 통해, 내담자들이 여러 개의 대인관계 주제들을 가지고 있음을 알 수 있었고 그 패턴은 대상에 따라 명확히 구분되기 보다는 상황이나 대상, 내담자의 상태에 따라서 다르게 나타남을 알 수 있었다.

한편, 연구자는 상담성과의 상위 두 사례와 하위 두 사례의 사례 간의 분석을 한 결과 뚜렷한 대비를 보임을 알 수 있었다. 상담을 통해 자신이 변화되었다고 보고한 상위 두 사례에서는, 상담 초기에는 내담자의 기대와 반응 사이의 부정적이며 갈등적인 대인관계 패턴을 보였다. 그러다가, 상담이 진행됨에 따라 내담자가 기대를 수정하거나, 상담자나 다른 사람과의 새로운 관계 경험을 통해서 이러한 갈등이 해결되는 변화를 보였다. 그러나 상담을 통해서 별 다른 변화가 생긴 것 같지 않다고 보고한 하위 두 사례의 경우, 상담의 진행과 상관없이 지속적으로 갈등적인 대인관계 패턴 구조를 보였다. 한편, 상담성과와는 무관하게 네 사례 모두 상담의 전기와 후기에 모두 대인관계 패턴의 변화를 보였지만 그 내용에 있어서는 매우 상이한 결과를 보였다. 상담성과에서 상위 두 사례의 경우, 처음 호소문제에 해당하는 대인관계 패턴이 상담 진행과 함께 변화하였고, 그 내용에 있어서도 갈등이 해결되는 문제의 해결방향으로 긍정적인 변화를 보였다. 그러나 상담성과에서 하위 두 사례의 경우에는, 대인관계 패턴은 변화된 것으로 보였지만 긍정적이고 해결 지향적인 변화라기보다는 지속적으로 새로운 대인관계문제를 화제만 전환하여 나열하는 식으로 나타났음을 알 수 있었다.

(3) 비평적 논의

연구자는 종래의 집단적 횡단 연구방법을 상담연구에 적용하는 데는 여러 가지 문제가 있을 수 있음을 지적하면서, 몇 개의 사례만을 표집하여 상담의 전과정을 분석하는 복수 사례연구(multiple case study) 방법을 사용하였다. 복수 사례연구는 실제로 단일 사례연구의 반복과 다르지 않은데, 복수의 사례를 이용하는 것은 단일 사례연구를 반복검증함으로써 외적 타당도를 높인다는 장점이 있다. 연구자의 이러한 방법은 특히, 유사한 사례와 대비되는 사례를 분석할 때 유용하다. 이러한 이유에서 연구자는 상담성과 점수상의 상위 두 사례와 하위 두 사례를 선정하여 상담성과에 따라 내담자의 대인관계 패턴의 변화가 어떻게 다른지를 분석함으로써 사례들간의 유사점과 차이점을 보여 주는 반복연구를 하였다. 연구설계의 측면에서 본 연구에서는 사례별 시계열 방법을 사용하고 있는데, 이를 통해 각 사례를 종단적으로 추적 연구함으로써 대인관계 패턴의 추이를 검토할 수 있었다.

여기서 잠시, 사례로 든 하정혜(1994)의 연구에 대한 비평적 논의를 하기에 앞서, 단일 피험자를 대상으로 하여 시계열적 분석방법을 사용한 연구와 집단을 대상으로 횡단적 분석방법을 사용한 연구간의 차이를 요약함으로써 연구자(하정혜)가 사용한 방법론의 논리를 검토하고자 한다. 사례별 시계열 연구방법과 집단적 횡단 연구방법의 차이는 크게 두 가지 차원에서 비교될 수 있다. 하나는 연구방법과 분석절차가 시계열적 관점을 취하느냐 아니면 횡단적 관점을 취하느냐에 따른 구분이고, 또 다른 차원은 연구대상이 개별 사례냐 집단이냐에 따른 구분이다.

먼저, 연구방법과 분석절차에 따른 차이를 살펴보면 다음과 같다. 사례별 시계열 연구방법은 각 상담사례를 분석단위로 하여 각 사례마다 나타나는 상호작용의 시계열적 특성을 분석하는 방법이다. 이 분석방법은 상담 상호작용의 사례별 특성과 사례내 변화과정을 탐색할 수 있도록 한다. 이에 비해 집단적 횡단 연구방법은 여러 상담사례나 회기들을 통합하여 여러 사례나 회기간에 공통적으로 나타나는 상호작용 특성이나 치료방법의 효과를 분석하는 방법이다. 사례별 시계열 연구방법은 상호작용 특성이 상담 회기의 진행에 따라 변화하는 과정을 밝히는 데 관심이 있는 반면에, 집단적 연구방법은 상담 진행에 관계없이 전반적으로 나타나는 상호작용 특성을 탐색하는 데 관심이 있다.

사례별 시계열 연구방법을 사용할 경우, 연구자는 수집된 자료를 각 사례 내에서 상담회기의 진행에 따라 분석할 수 있다. 즉 어떤 사례의 특정 회기는 다른 사례나 동일 사례의 다른 회기와 통합되어 분석되지 않는다. 사례별 연구방법 중에는 개별 사례에서 계열적으로 수집된 자료를 통합하여 집단적으로 분석하는 방법도 있지만, 사례별 시계열 연구방법은 개별 사례 내에서 시계열적인 분석에 중점을 둔다.

사례별 시계열 연구방법에 비해 집단적 횡단 연구방법은 횡단적 분석을 시도한다. 여러 사례에서 수집된 자료를 상담의 진행에 따라 일률적으로 여러 단계로 나누거나, 아예 단계를 설정하지 않고 전체 상담과정을 무시한 채 각 상담단계 혹은 전체 진행된 상담에서 일반적으로 나타나는 상호작용 특성이 어떠한지를 탐구하려고 한다. 횡단적 분석방법의 특징은 상호작용 특성이 회기의 진행에 따라 나타나는 변화 특성을 고려하지 않고 각 상담 단계마다 혹은 전체상담에서 일반적으로 나타나는 특성을 찾으려 한다는 점이다. 집단적 연구방법에서 상담 단계를 설정하고 각 단계마다의 상호작용 특성을 밝히려는 관점을 지닌 연구는, 어떤 면에서는 시계열적인 특성이 있다고 볼 수 있지만 이러한 방법에서는 각 단계 내에서 상담 회기의 진행과 관계없이 그 단계에서의 공통적인 특성을 발견하고자 하였기 때문에 본질적으로 횡단적 관점에 의한 연구방법이라고 할 수 있다.

한편, 사례별 시계열 연구방법과 집단적 횡단 연구방법을 구별하는 또 다른 차원은 분석단위에서의 차이이다. 사례별 시계열 연구방법은 개별 사례를 분석단위로 삼는 반면에 집단적 횡단 연구방법은 사례나 회기의 집단을 분석단위로 삼는다. 사례별 시계열 방법은 개별 사례를 연구의 기본 단위로 삼아서 사례별로 자료를 수집·분석한다. 개별 회기에서 나타나는 독특한 특성 및 변인들간의 관계는 각 사례 내에서 그 의미가 분석되며, 각 사례별로 특성과 변인들간의 관계가 분석되면 사례별 시계열 연구는 일단 완성된다. 연구자의 관심과 연구설계에 따라서 각 사례의 분석 결과를 비교하거나, 사례별 분석 결과를 통합하여 분석하기도 하지만, 이 경우에도 개별 사례의 독특성이 그대로 존재하는 상태에서 통합분석되므로 사례별 시계열 연구의 변형이라 볼 수 있다.

반면에, 집단적 횡단 연구방법은 여러 사례의 상담 회기를 집합적으로 수집하여 분석한다. 개별 회기에서 나타나는 여러 가지 특성 및 변인들간의 관계는 개별 사례 내에서가 아니라 표집된 전체 회기들 내에서 그 의미가 분석된다. 연구에서 수집, 분석할 사례의 수와 회기의 수는 연구에 따라 큰 차이를 보인다. 어떤 경우는 연구자의 관심에 따라 각 사례마다 한 회기씩만을 수집하여 분석하기도 하며, 여러 회기를 한 단계로 보아 각 사례마다 그 단계 내에서 일정 수의 회기를 수집하여 분석하기도 한다. 또는 각 사례의 전체 회기를 수집하여 연구자가 설정한 단계별로 통합하여 분석하거나, 단계 구분이 없이 전체 사례를 통합하여 분석하기도 한다.

사례별 시계열 연구방법을 사용한 연구들은 사례의 특성별로 나타나는 독특한 특성의 발견에 주된 관심이 있으며, 반복연구를 통한 연구사례 축적에 의해 지식의 보편성을 확보해 나간다. 반면, 집단적 횡단 연구방법을 사용한 연구들은 여러 사례간에 평균적으로 나타나는 공통 특성의 발견에 주된 관심이 있으며, 수집된 사례나 회기의 수에 의해 연구 결과의 일반화 가능성을 확보한다.

이상에서 단일 피험자 설계에서 사용하는 사례별 시계열 연구방법과 집단간 설계에서 사용하는 집단적 횡단 연구방법의 일반적 차이를 살펴봄으로써 단일 피험자 설계의 특성과 논리를 세부적으로 검토

해 보았다. 이러한 일반적인 사례별 시계열 연구방법의 특성과 논리
는 하정혜(1994)의 연구에서도 나타나 있다. 따라서 여기서는 사례로
든 연구를 크게 세 가지 점에서 비평적으로 논의하고자 한다. 즉, 연
구자(하정혜)가 관심을 가지고 있는 주제를 왜 집단간 설계로 연구하
지 않고 단일 사례연구를 하게 되었으며, 그로 인해 얻게 된 연구방
법론상의 이득은 무엇인지, 그리고 단일 사례연구을 사용함으로써 생
긴 제한점은 무엇인지를 중심으로 논의할 것이다.

   연구자(하정혜)는 '상담과정에서의 대인관계 패턴의 변화'라는 주
제에 대해 집단간 설계를 사용하기보다는 단일 사례연구를 도입하였
다. 연구자의 관심은 내담자가 호소하는 문제의 근원이 되는 부적응
적인 대인관계 패턴의 구조적인 면을 파악하고, 상담이 진행됨에 따
라 이러한 대인관계 패턴이 어떻게 변화하는지 그 과정을 분석하는
것이었다. 이러한 관심사에 대한 경험적 결과를 얻기 위해서는, 무엇
보다도 먼저 표집 대상이 지니고 있는 대인관계 패턴을 확인하는 일
이 이루어져야 한다. 그런데 대인관계 패턴은 각 개인에 따라 상당히
커다란 편차를 가지고 있기 마련이며, 이러한 이유에서 동일한 유형
의 패턴을 가지는 사람을 찾는 일은 거의 불가능하다고 보아야 할 것
이다. 가령, 루보스키가 개발한 대인관계 패턴 측정도구인 CCRT를
사용한 분류만 보더라도, 내담자가 상호작용하는 대상에 대해 가지는
요구나 의도가 35가지, 상호작용 상대방이 내담자에게 보이는 반응이
30가지, 그리고 이에 대한 내담자 자신의 반응이 31가지이다. 이들
간의 조합이 한 사람의 대인관계 패턴을 구성하는 것임을 고려한다
면, 동일한 대인관계 패턴을 지닌 사람을 찾는다는 일은 거의 불가능
하다고 보아야 할 것이다. 따라서 연구자가 관심을 가지는 '대인관계
패턴'의 변화를 연구하기 위해서는 동일한 패턴의 내담자집단간의 비
교를 통한 양적인 분석방식보다는 사례별 질적 분석방식이 합당하고
현실적인 선택이었다는 평가를 할 수 있다.

둘째, 연구자(하정혜)가 단일 피험자 연구를 함으로써 얻게 된 방법론적인 이득은, 각 개인이 지니고 있는 산발적인 핵심 갈등 주제(CCRT)를 요목화하여 고유의 대인관계 패턴을 포착할 수 있었다는 점이다. 내담자는 수많은 대인관계상의 특징을 지니게 마련이며, 상황에 따라서 그리고 상대하는 사람에 따라서 각기 다른 대인관계 패턴을 보일 것이다. 따라서 다양하게 나타나는 내담자의 대인관계 특징 중 어떤 것이 그 내담자의 대인관계에서의 특성을 잘 대표하는 것인지를 분명히 하기란 쉽지 않은 일이다. 특히, 집단간 비교를 위해 내담자의 여러 특성 중 어떤 하나의 특질(예를 들어, 의존성)만을 가지고 집단을 분류하는 경우가 많은데, 이 경우 동일한 집단 내의 내담자들이 모두 동일한 대인관계 패턴을 지니고 있다고 말할 수 없음은 당연하다. 이처럼 집단간 설계를 도입할 때, 한 개인의 고유한 대인 관계 특성을 포착하는 것은 방법론적으로 상당히 어렵다는 것을 알 수 있다. 대조적으로 단일 사례 설계를 사용할 경우, 그러한 문제를 쉽게 해결할 수 있음을 알 수 있다. 하정혜(1994)는 내담자 반응에 대한 클러스터 분석을 통해, 각 내담자에게 고유한 대인관계 패턴을 발견할 수 있었다. 이러한 결과는 단일 사례연구가 지니는 독특한 방법론적 이득이라 볼 수 있다.

끝으로, 이러한 이득에도 불구하고 단일 사례연구 설계를 도입함으로써 감수하게 되는 몇 가지 한계가 있음을 지적하지 않을 수 없다. 연구자(하정혜)는 반복연구의 논리에 따라 외적 타당도를 확보하려는 연구전략을 사용하였지만, 보다 전형적인 사례를 통한 연구의 축적이 필요했다는 점에서 아쉬움을 남긴다. 추후 연구에서는 내담자의 특성별로 보다 많은 사례를 분석하여 각 사례별 특성에 따라 나타나는 독특한 패턴을 발견함으로써, 단일 사례연구의 일반화 가능성과 적용가능성을 높일 수 있을 것이다. 한편, 앞서 예를 든 조성호(1997)의 연구처럼 단일 피험자 설계를 통한 질적 분석과 더불어 통

합된 자료를 이용한 양적인 분석을 병렬적으로 실시함으로써, 연구의
일반성과 구체성을 동시에 확보하는 시도가 있었더라면 하는 아쉬움
이 있다. 특히, 성공적인 상담사례와 비성공적인 상담사례를 비교한
질적 분석 결과와, 통합된 자료로부터의 양적인 분석 결과가 일치되
는 방향으로 나온다면, 연구의 결과의 해석가능성과 일반화 가능성을
확보할 수 있게 되어 연구의 가치를 더욱 높일 수 있을 것이다.

9 장

모의절차에 의한 상담연구

이 장에서는 모의절차에 의한 상담연구(모의연구, analogue re-
search)를 소개하겠다. 먼저 모의연구의 필요성과 유형에 대한 소개
를 하고, 모의연구의 장단점을 살펴본 후, 모의연구에서 중요한 초점
이 되고 있는 모의연구 결과의 일반화 가능성에 관련되는 변인들을
정리하면서 모의연구 결과의 유용성을 논의하고자 한다. 그 다음에
실제로 이 방법을 적용한 국내외 연구의 예를 제시하겠다.

1. 모의연구의 필요성과 발전

실제 상담은 엄청나게 복잡한 과정이다. 내담자들이 다르고, 상
담자도 다르고, 또 상담 자체가 매우 상호작용적이고 정서적이며 복
잡한 의사소통과정이기 때문에 이를 단순하고 간단하게 기술하기란
아주 어려운 일이다. 이러한 복잡성 때문에 헬러(Heller, 1971)는 "상
담 면접은 연구가설들을 세울 수 있는 좋은 자료이긴 하지만 행동 변
화에 관계된 요인들을 분리해 내는 데는 별로 좋지 않은 자료이다"
라고 하기도 하였다. 상담 내에서의 이러한 복잡성을 이해하고 연구
하는 데 대한 부분적인 해결책으로, 그는 실험 통제를 실시할 것을

제안하였다.

　그러나 상담연구를 순수한 실험방법으로 하는 데는 문제가 많다. 우선, 동일하거나 비슷한 문제를 가진 내담자를 충분히 얻기가 어렵다. 내담자들간의 유사성은 서로 다른 처치조건의 차별적 효과를 확인하기 위해서 필요하다. 그러나 실제 상담상황에서 내담자의 특성은 매우 다양하여 유사한 내담자를 구하기는 쉽지 않다. 만일 유사한 문제를 가진 내담자가 충분하다 하더라도 내담자를 여러 조건에 무선할당하는 것은 곤란한 점이 있다. 무선할당은 훌륭한 방법론이기는 하지만 내담자가 선호하는 치료의 종류가 다르기 때문에 그리고 입원치료에서와 같이 집단에 할당하는 데 행정적인 어려움이 따를 수 있기 때문에 허용될 수 없는 경우가 있다. 또한 상담연구에 참가할 의사가 있으며 여러 치료법을 구사할 수 있는 치료자를 얻는 것도 쉽지는 않다.

　실제적인 문제가 해결된다 하더라도 이러한 상담연구에는 윤리적인 문제가 따른다. 치료의 어떤 측면을 연구하려면 그 측면을 주지 않는 통제집단을 포함시켜야 한다. 내담자를 변화시킬 가능성이 적은 '통제'집단을 할당하는 것은 전문가의 역할에 명백히 위배되는 일이다. 또한 어떤 치료법이나 통제조건이 상대적으로 효율성이 떨어짐으로 인해 탈락률이 높아질 수 있으며 이는 연구에도 이롭지 못하다.

　상담연구가 갖는 위와 같은 문제점들로 인해 연구하고자 하는 주제들을 실제 상담 상황에서 순수한 실험적 방법으로 연구하기 어렵다. 이러한 문제점을 극복하기 위해 실제 상담 상황을 본뜬 모의적 상황에서 연구를 해 왔다. 이렇게 실제 상담 상황과 유사한 조건 아래서 치료를 평가하는 연구들을 모의연구라고 한다.

　모의절차에 의한 상담연구는 실제 상담 상황과 유사한 조건을 설정해 놓고 연구자가 탐구하려는 특정 상담 변인들을 조작하여 그 결과를 분석하려는 일종의 가상적 실험연구를 말한다. 여기에는 기본적

으로 상담과정의 몇몇 측면들 즉, 상담자, 내담자 혹은 상담과정의
몇 가지 측면들을 실험적으로 조작하는 절차가 포함된다. 이 방법은
한때 '축소모형 치료'[1] 또는 '단순화 전략'[2]이라고 불리기도 하였다.

   모의방법론을 적용한 연구에는 두 가지 계열이 있다(Heller,
1971). 첫번째는 각 치료법을 분석하여 "그 중 가장 영향력 있는 요
인과 그 치료법이 가장 잘 적용되는 조건을 찾아내려는" 것이다. 이
러한 입장에서 이루어진 연구가 체계적 둔감화, 로저리안(Rogerian)
의 촉진적 조건, 자유 연상 등에 관한 모의연구이다.

   두 번째 계열의 연구는 의사소통과정을 검토하는 것인데, 특히
사회적 영향과정의 측면에 관한 것이다. 이러한 연구 경향은 상담에
사회심리학이 적용되면서 박차를 가하게 되었는데, 특히 골드스타인,
헬러 및 제크레스트(1966) 그리고 스트롱(1968)의 연구가 언급될 만
하다. 1960년대 말과 1970년대 초에는 많은 모의연구들이 쏟아져 나
왔다. 이들은 주로 상담자의 전문성, 매력, 및 신뢰성에 대한 내담자
의 지각에 영향을 미치는 상담자 행동의 효과를 검토하기 위한 것이
었다. 사회적 영향연구는 한동안 쇠퇴하지 않고 계속 이어지면서
(Borgen, 1984), 모의상담연구의 대부분을 차지해 왔다.

   그러나 힐, 너트 및 잭슨(Hill, Nutt & Jackson, 1994)이 1978년
에서 1992년에 걸쳐 *Journal of Counseling Psychology*(JCP)와 *Jour-
nal of Consulting and Clinical Psychology*(JCCP)에 실린 심리치료연구
를 분류해 본 결과, 상담과정연구의 비율은 이전에 비해 증가하였으
나 모의연구가 차지하는 비율은 감소되는 추세였다. 특히 JCP에서의
모의연구의 비율은 그 기간을 5년 단위로 나누었을 때, 각각 .16,
.11, .08로 감소되었다. 모의연구의 감소는 과정연구의 증가에 따른
결과라고 해석된다. 즉, 아마도 실제에 더 직접적으로 관련된 연구에

---

1) miniature therapy(Goldman, Heller & Sechrest, 1966).
2) simplification strategy(Bordin, 1965).

대한 요구가 증가한 결과인 것 같다(Elliott, 1983; C. E. Hill, 1982; Hosh-
mand, 1989).

2. 모의연구의 유형

　　먼리(Munley, 1974)는 JCP에 사용된 상담 모의연구방법을 검토
하면서 모의연구의 유형을 다음과 같이 다섯 범주로 나누었다. (1) 시
청각 모의연구―상담자 행동이 종속변인 (2) 시청각 모의연구―내담
자 행동이 종속변인 (3) 유사 상담면접연구(quasi-counseling interview
studies)―내담자 행동이 종속변인 (4) 유사 상담면접연구―상담자 행
동이 종속변인 (5) 실험과제들―상담면접과 직접적인 유사성은 없다.
연구자들이 활용하는 모의연구의 유형은, 고도로 인공적인 상황 설정
에서부터 여러 회기를 포함시키는 매우 현실적이고 생생한 상황 설정
에 이르기까지 아주 광범위하다. 또한 치료에 관련됨직한 행동 변화
과정을 연구하기 위해 동물 모의연구도 이루어졌다(Adams & Hughes,
1976). 다음에는 먼리(1974)가 분류한 다섯 유형을 간단히 살펴보기
로 한다.

(1) 시청각 모의연구: 상담자 행동이 종속변인

　　밀리컨과 커크너(Milliken & Kirchner, 1971)는 상담자-피험자들
로 하여금 내담자의 모습이 담긴 한 비디오 테잎을 보게 하였는데,
이 테잎에서 내담자는 네 가지 다른 감정들, 즉 불안, 분노, 긍정적인
감정, 그리고 전형적인 '보통의 정서들'을 표현하고 있었다. 상담자
피험자들은 자신이 실제로 그 내담자의 상담자인 것처럼 상상할 것
과, 내담자의 언어나 행동에 주의를 집중할 것을 지시받았다. 상담자

피험자들은 비디오 테잎을 본 후, 내담자 행동 기술 질문지를 완성하
도록 요청되었는데, 이때 측정된 상담자 회상의 정확성(종속변인)은
내담자 정서 및 상담자 불안 수준과 관련하여 평가되었다.

이 예에서처럼 상담자 행동을 종속변인으로 하는 일반적인 시청
각 모의연구는 다음의 순서로 이루어진다. (1) 상담자에게 내담자의
음성 또는 모습이 담겨진 녹음 테잎이나 비디오 테잎을 제시한다. (2)
상담자 피험자로 하여금 테잎 속의 내담자를 상담하고 있다고 상상하
게 한다. (3) 테잎 진행중의 각 시점에서 상담자 피험자들에게 반응을
하게 한다. 독립변인으로는 내담자 행동, 상담자 행동, 또는 두 가지
모두가 조작될 것이며, 이들은 상담자 행동이라는 종속변인과의 관계
속에 연구된다.

시청각 상담자 모의연구의 장점 몇 가지를 소개하면 다음과 같
다. (1) 다양한 내담자의 감정들, 특성들이 상담자 반응에 미치는 효
과를 많은 수의 상담자 표집을 사용하여 연구할 수 있다. (2) 상담자
피험자들이 동일한 내담자를 보게 된다면 내담자 조건의 통제를 달성
할 수 있다. (3) 모의연구 과제의 특성상, 실제 상담에서는 가능하지
않은 측정치들, 예를 들면 생리적인 지표 같은 것들도 상담자 반응을
연구하기 위해 사용될 수 있다. (4) 이러한 모의연구 과제는 상담자의
진단, 평가 기술을 알아볼 수 있는 새로운 기법들을 제공해 준다.

그러나 이러한 상담자 시청각 모의연구는 스트롱(1971)의 경계
조건(boundary condition)들을 잘 만족시키지 못한다는 단점이 있고
따라서, 연구 결과의 일반화에 한계가 있는 것이 사실이다. 만족되지
않는 조건들은 스트롱(1971)의 경계조건들 중 처음의 세 가지인데,
이에 대해서는 이 장의 6절을 참고하기 바란다.

(2) 시청각 모의연구: 내담자 행동이 종속변인

내담자 행동을 종속변인으로 하는 시청각 모의연구도 그 기본절차는 위에서 기술한 바를 따른다. 다만 이 경우에는 내담자 피험자들이 상담자의 모습이 담겨진 테잎을 듣거나 혹은 본다는 사실이 다르다. 예를 들어 스트롱, 테일러, 브래튼 및 로퍼(Strong, Taylor, Bratton & Loper, 1971)는 상담자들의 비언어적 행동의 효과를 연구하기 위해 10분짜리 모의면담을 실시하였는데, 여기서 상담자들의 비언어적 제스처의 빈도가 높게 혹은 낮게 조작되었다. 면담은 녹음, 녹화되어 내담자 피험자들에게 제시되었고, 피험자들은 테잎을 본 후 형용사 체크리스트를 사용하여 상담자들을 평가하였고, 이 평가점수와 관련하여 상담자의 비언어적 행동 빈도의 효과를 알아볼 수 있었다. 이 유형에 속하는 국내연구들도 여러 편 있다(예: 김수현, 1988; 신혜경, 1991; 윤관현, 1982; 이영희, 박외숙, 고향자, 1996). 자세한 내용은 7절을 참고하기 바란다.

내담자 시청각 모의연구는 상담자 행동, 외모, 기법들이 다양한 내담자들에게 미치는 영향을 조사하는 데 사용될 수 있는 좋은 방법이다. 이 방법은 상담자 시청각 모의연구와 비슷한 장점들을 갖고 있는데 이들은 다음과 같다. (1) 내담자 피험자들에게 미치는 다양한 상담자 행동들의 효과를 잘 통제된 방식으로 연구할 수 있다. (2) 내담자 피험자들이 동일한 상담자를 보게 된다면 상담자 조건을 통제할 수 있다. (3) 내담자 피험자들이 상담에 직접 참여한 상황이 아니므로 실험적 조작이 윤리적인 문제나 위험으로부터 벗어날 수 있게 된다. (4) 실제 상황에서라면 내담자들은 한 회기, 혹은 몇 차례의 회기가 끝난 후 상담자 행동에 대해 대충 평가를 하지만, 시청각 모의연구의 내담자 피험자들은 더 정밀한 단위를 사용하여 상담자 행동을 평가할 수 있다. 그러나 상담자 시청각 모의연구처럼 이 연구 분류도 스트롱

의 경계조건들을 잘 충족시키지 못한다는 단점 때문에 연구 결과의
일반화 가능성에 한계가 있게 된다.

(3) 유사 상담면접연구: 내담자 행동이 종속변인

내담자 행동이 종속변인인 유사 상담면접에서는, 상담자가 미리
정해진 체계적으로 조작된 행동들을 하게 되는데, 이는 이러한 행동
들이 내담자에게 미치는 영향을 알아보기 위한 것이다. 유사 상담방
법은 종래의 녹음, 녹화 테잎을 사용한 모의연구들이 갖는 외적 타당
도의 문제를 극복하기 위해 나온 방법이다(Gelso, 1979). 수많은 연구
들이 유사 상담면접의 방법을 사용해 왔으며, 이러한 연구들은 크게
네 가지 범주로 나뉘어 논의될 수 있다. 이들은 각각 (1) 사회적 영향
연구 (2) 상담자 자기개방 연구 (3) 상담자 태도 연구 (4) 상담자 조건
형성 연구인데, 이 중 상담자 자기개방 연구의 예를 아래에 간략히
소개해 보겠다.

상담자의 자기개방과 내담자의 상담자 지각간의 관계를 연구하
기 위해, 머피와 스트롱(Murphy & Strong, 1972)은 64명의 남자 대
학생들을 직접 개별적으로 20분 동안 면담하였는데, 이때 면담의 내
용은 대학생활이 그들의 친구관계와 가치, 계획들에 어떤 영향을 미
쳤는지에 관한 것이었다. 면담의 대본은 사전 연구인 스트롱과 슈미
트(Strong & Schmidt, 1970)를 따른 것이었다. 연구자들은 자기개방
의 횟수를 0, 2, 4, 8번으로 조작하여 네 가지 실험조건을 만들었다.
자기개방은 내담자의 진술과 부합되는 상담자의 경험이나, 태도, 가
치 등에 대한 내용을 담고 있었으며, 피험자들은 면접이 끝난 후, 상
담자를 기술하도록 만들어진 반응 질문지를 완성하였다. 내담자 행동
이 종속변인인 유사 상담연구방법을 활용한 국내연구로는 강선미
(1990)의 연구가 있다. 자세한 내용은 7절을 참고하기 바란다.

스트롱의 경계조건들만을 살펴볼 때 유사 상담연구들은 실제 상담장면과 가장 근접한 연구라 할 수 있다. 그러나 이러한 근접성에도 불구하고, 독립변인의 조작과정으로 인해 유사 상담연구의 결과들이 실제 상담에 잘 적용되지 못하는 상황이 벌어질 수도 있다. 이는 독립변인의 조작이 때때로 비현실적인 수준으로 이루어지는 경우인데, 자세한 내용은 5절을 참고하기 바란다. 또한 독립변인의 조작으로 인해 윤리적인 문제가 발생할 수도 있는데 그렇게 되면 윤리적 문제의 극복이라는 모의연구의 중요한 장점을 잘 살리지 못하는 것이 되므로 유의해야 한다.

(4) 유사 상담면접연구: 상담자 행동이 종속변인

기본적으로 이 범주의 모의연구는 앞에서 언급된 내담자 행동을 종속변인으로 하는 유사 상담연구와 비슷하다. 다른 점이라면 이번엔 상담자들이 피험자가 되고 내담자들은 실제 내담자가 아니라 사전에 훈련된 사람들이며, 상담자들은 이 사실을 모른다는 것이다.

겜스키와 파웰(Gamsky & Farwell, 1966)은 내담자의 적대감이 상담자의 언어적 행동에 어떤 영향을 미치는지를 이 연구방법론을 사용하여 연구하였다. 30명의 상담자들이 선출되었으며 그들은 자신들이 실제 내담자를 면담하는 줄로 알았다. 연극 과목을 수강한 4명의 학부생들이 내담자 역할을 하도록 선출되었으며, 이들은 각 성별로 적대적인 역할, 비적대적인 역할을 맡았다. 면접중에 내담자들은 적대감을 옆 내담자들이나 상담자를 향해 표출하였다. 면담은 녹음되고 상담자의 언어 행동이 분석되었다.

(5) 상담면접과 직접적인 유사성이 없는 모의과제들

존슨(Johnson, 1971a, 1971b), 존슨과 누난(Johnson & Noonan, 1972)은 타협에 관한 모의연구에서 면담자의 태도에 관심을 가졌다. 기본적인 실험과제는 피험자들로 하여금 한 명의 실험자와 함께 실험에 참가하게 하여, 낙태에 대한 주제나 또는 가상적인 법정 사건에 대한 토론을 시키는 것이었다. 타협기간 동안, 실험자의 행동과 태도가 체계적으로 조작되었으며, 이들이 토론의 결과에 미치는 영향이 평가되었다. 존슨의 생각은, 타협이나 협동의 도입이 상담의 성공에 핵심적인 역할을 할 수 있다는 것이었다. 존슨이 타협 행동에 영향을 미칠 것으로 생각하여 연구한 변인들은 상호작용의 따뜻함이나, 이해의 정확성, 분노, 자기개방의 상호평등과 같은 것들이었다.

3. 모의연구의 장점

위에서 언급되었듯이 모의연구의 주요 장점은 상담장면에서 연구하는 데 따르는 여러 가지 방법론적·실제적·윤리적 문제를 극복할 수 있다는 것이다. 모의연구의 공통적인 장점을 하나하나 살펴보면 다음과 같다.

첫째, 모의연구방법을 사용하면 실험 상황을 통제할 수 있다. 이러한 통제에는 주로 가외변인들을 제거하는 것, 혼입변인을 통제하는 것, 그리고 독립변인의 특정 수준을 조작하는 것 등이 해당된다. 실제 상담장면에서는 실험적 통제가 어렵기 때문에 상담연구 주제에 제약을 받는다. 모의연구에서는 치료보다는 실험적 연구에 대한 관심이 우선되므로 실제 상담장면과는 다르게 인위적인 방법으로 조건을 만들게 된다. 실험의 여러 조건을 통제할 수 있고 결과적으로 자료의 변산성을 최소화할 수 있으므로 연구가 가능해진다. 따라서 모의연구를 통해 치료과정과 행동 변화에 대한 지식을 얻게 되는 경우가 많다.

상담 상황에서 대부분의 변인들은, 내담자와 상담자(예: 성격변인, 대처기술, 정보처리의 방식, 기대, 인구학적 변인들)에 관련되어 있거나, 상담과정(예: 상담자 개입, 내담자 반응)과 관련되어 있거나 또는 특정한 상황(예: 방의 장식 혹은 배열, 치료비용, 도움을 구하는 이유 등)에 관련되어 있다. 모의연구에서는 특정 연구 문제에 관련이 없는 변인들은 제거되거나 통제될 수 있다. 예를 들어 피험자들을 처치조건에 무선적으로 할당함으로써 피험자 변량에서의 혼입을 줄일 수 있다. 피험자들은 특정 변인(통제 소재, 우울 수준, 친애 욕구, 개인주의-집단주의 성향 등과 같은)에 근거하여 선발될 수 있는데, 이러한 변인들은 처치조건에 걸쳐 일정하게 유지되거나 혹은 독립변인의 각 수준으로 사용되기도 한다. 김수현(1988)의 연구에서, 같은 수준의 친애 욕구를 갖는 두 집단에 다른 처치를 하는 것이 그 예이다(7절 참조). 치료자들의 이론적 경향이나 면접 행위도 통제될 수 있고, 조건들에 걸쳐 표준화될 수 있다. 간단히 말해 모의연구는 연구자로 하여금, 하나 이상의 독립변인들을 조작하거나 가외변인을 일정하게 유지하거나 혹은 무선할당을 사용할 수 있게 하여 상당한 상황 통제를 가능하게 해 준다.

둘째, 이러한 상황 통제 외에도 모의연구를 함으로써 연구자는 변인의 조작적 정의를 구체적으로 할 수 있게 된다. 예를 들어, 상담자 자기공개 수준을 조작하여 임의의 세 가지 다른 수준, 즉 자기공개가 없는 조건, 회기당 5회의 자기공개 조건, 회기당 10회의 자기공개 조건으로 나누어 연구할 수 있다. 이런 의미에서 모의연구는 상당한 정밀성을 제공한다고 할 수 있는데, 이는 연구변인 차원에서뿐 아니라 실험절차의 차원에도 해당된다.

구체성의 증가는 상담이라는 복잡한 행위에서 특정 사건들과 과

정들을 분리해 낼 수 있게 하는 주요한 장점이다. 따라서 모의연구를
사용하면 관심 있는 변인, 즉 상담자에 대한 내담자의 지각 등에 미
치는 다소 작은 사건들의 영향, 예를 들어 상담자의 자기관여적 공
개, 상담자의 상담 도입 방식, 전문가 자격증 등의 영향을 분리하여
연구할 수 있다.[3]

셋째, 모의연구의 또 다른 장점은 상담과정의 측면을 실험적으로
연구할 경우 생길 수 있는 실제적·윤리적 걸림돌을 제거해 줄 수
있다는 것이다. 앞에서 언급했듯이 유사한 문제를 가진 내담자를 충
분히 구하는 것은 쉽지 않다. 조건에 맞는 내담자를 충분히 구한다
하더라도 상담이 실제 문제나 스트레스, 불안 등을 가진 내담자들을
대상으로 하는 것이기 때문에 피험자들을 위약집단이나 대기조 통제
집단에 무선할당시키는 실험절차들은 문제를 일으킬 수 있다. 이러한
제약점은 모의연구를 사용하여 대리 내담자를 이용하면 감소될 수 있
다. 또 상담자 피드백이나 상담자 자기공개의 유형을 조작하는 실험
조작은, 내담자가 실제 문제를 가지고 있는 경우라면 심각한 윤리적
문제를 초래한다. 상담과 유사한 상황을 만들거나, 상담 대본, 녹음
테잎, 비디오 테잎 등을 보여 주거나 들려 줌으로써 실제 상담을 대
신한다면 이런 실험 조작으로 인한 윤리적 문제를 배제시킬 수 있게
된다. 이외에도 모의연구에서는 실험조작이 피험자들간에 동일하게
제시될 수 있으며, 또 상담장면에서는 사용하기 힘든 측정도구들을
사용할 수 있다는 장점을 지닌다.

4. 모의연구의 단점

모의연구방법은 실제 상담자-내담자 상호작용이 아닌 경우가 많

---

3) Andersen & Anderson(1985), Strong & Dixon(1971) 등을 참고하라.

으며, 상호작용 시간이 제한되어 있고, 피험자들은 상담 동기나 고통
의 수준이 실제 내담자와 다르다는 등의 문제점이 있다. 이러한 모의
연구의 단점에 관한 주요 쟁점은 연구 결과의 일반화 가능성, 즉 외
적 타당도에 관한 것이다. 상담이란 작업의 주요 초점은 내담자와의
실제 상담에 있으므로 모의연구 결과가 실제 상담에도 적용될 수 있
는지 여부는 실제로 전문상담직에 종사하고 있는 사람들에게는 특히
중요한 문제이다.

　　모의연구가 상담장면과 어느 정도 유사한가에 따라 결과의 일반
화 가능성이 결정될 것이다. 때로 모의방법론의 강점(실험 통제나 내
적 타당도)은 다소 인공적인 상황을 만들기도 한다. 연구가 높은 실험
적 정밀성을 가졌다고 해도 사건들을 너무 인공적인 조건들하에서 검
토하게 되면 그 연구는 더 이상 실제 상담조건과 비슷하지 않게 된
다. 더욱이 이렇게 되면 실제 상담과정을 연구하는 것인지 아니면 너
무 추상적이어서 실제 상담과는 전혀 관련이 없는 변인들을 연구하는
것인지가 불분명하게 된다. 따라서 가장 심각한 문제는 특정 연구의
결과가 실제 상담으로 일반화될 수 있느냐이다. 실험 통제를 강력하
게 하는 것은 외적 타당도의 손실을 가져오고, 이를 보딘(Bordin,
1965)은 '과잉단순화'(oversimplification)라고 말하였다. 이러한 모의
연구의 제한점을 극복하기 위한 방법으로는 모의 상담과 실제 상담에
서 얻은 결과를 검토하는 방법과 경계조건이 다른 두 개의 모의연구
결과를 비교하는 방법이 있다(김수현, 1988).

　　모의연구의 제한점으로 인해 종종 내적 타당도와 외적 타당도의
상대적 중요성을 논의하게 되었다. 물론 아직 충분히 발전되지 않은
연구 분야에서 외적 타당도와 내적 타당도 중 어느 것을 더 강조할
것인지에 대한 논란이 있지만(Gelso, 1979; Kerlinger, 1986), 내적·
외적 타당도 모두가 모든 연구 영역에서 꼭 필요한 것이며, 어떤 연
구 주제에 대한 지식은 내적·외적 타당도가 적절하게 균형을 이루

는 상태에서 산출되어야 한다는 것이 일반적인 견해이다. 연구 주제에 대한 지식들은 점진적으로 쌓여 가게 마련이므로, 두 타당도 중 어느 것이 먼저 검토되어야 하는가 하는 문제는 전체적인 균형을 추구하는 것보다는 덜 중요한 문제가 된다.

5. 모의연구의 일반화 가능성을 평가할 때 고려할 변인들

모의연구의 기본 질문은, 특정 실험이 어느 정도까지 실제 상담 장면과 비슷한가 하는 것이다. 모의방법론의 외적 타당도를 평가하는 한 방법으로, 우리가 일반화하려고 노력하는 상황, 즉 실제 상담장면을 잘 기술해 주는 몇 가지 변인들을 고려해 보는 것이 있다. 몇몇 연구자들은 모의방법론과 실제 상담과의 유사성을 평가하는 기준을 제공하기 위한 시도를 하였다(Kazdin, 1980; Strong & Matross, 1973). 헤프너 등(1992)은 모의연구의 외적 타당도를 부분적으로 평가할 수 있는 방법으로, 실제 상담을 기술하는 몇 가지 변인들 즉 (1) 내담자 및 그가 제시하는 문제 (2) 상담자 (3) 상담과정과 상담 상황 (setting) 등의 측면에서 유사성을 검토해 볼 것을 제안하였다. 대부분의 연구들은 이러한 수준에서 차이를 보일 것이며, 실제 상담 상황과 비슷한 정도가 다를 것이다. 〈표 9-1〉은 내담자, 상담자, 그리고 상담과정에 속하는 변인들을 보여 주고 있다. 여기서 제시한 변인들 각각을 검토하여 모의연구가 실제 상담과 유사한 정도가 높은지, 중간인지, 낮은 수준인지를 평가할 수가 있다. 물론 각 연구에 이 변인들 모두가 고려될 필요는 없다. 어떤 연구는 상담자 행동에만 주로 초점을 맞출 수 있으며, 이 연구의 외적 타당도를 평가하기 위해서는 내담자 변인보다는 여기에 열거한 상담자 변인들을 고려하는 것이 훨씬 더 중요할 것이다. 연구 목적을 위해서는 각 변인들을 평가하는 리커트형의 항목들을 개발함으로써 이러한 평가의 구체성을 증가시키는 것이 유용하다. 여기서는 각 차원 유사성의 여러 수준을 설명하기 위해 다소 포괄적인 점수, 즉 '낮은', '중간의', '높은' 정도의 척도를 사용하였다. 이 표에 나타난 변인 목록들은 실증적 연구를 거친 것이 아니므로 앞으로 실증적 연구가 후속되어, 일반화 가능성을 결정하는 데 무관한 변인들을 찾아내서 이 표에서 빼거나 새로운 관련 변인들을 찾아내어 첨가할 수도 있을 것이다.

(1) 내담자 변인과 내담자 문제

내담자나 피험자에 속하는 많은 변인들이 연구 결과를 실제 상담에 일반화시키는 문제와 직접 관련이 있다. 여기서는 상담을 하러 온 내담자들의 중요한 특성들을 나타내 주는 내담자 변인들을 확인하고, 이들을 연구의 일반화 가능성을 평가하는 데 연결시키고자 한다.

실제 상담 상황에서 내담자들은 해결할 수 없었던 개인적 문제들을 가지고 있다. 이러한 개인적인 문제들은 불안이나 고통을 초래한다. 자신의 '당면한 관심사(문제)'(Klinger, 1971)에 대처할 때, 사람들은 다양한 인지적·정서적·행동적 시행착오과정을 거치게 된다. 대체로 내담자들은 가능한 해결책에 대하여 생각해 보고 다양한 해결책을 시도해 보았기 때문에 정확하든 부정확하든 간에 그 문제에 대한 웬만한 지식을 갖고 있다. 몇 차례 문제 해결 시도가 실패하고 고통을 느끼게 되면 사람들은 도와줄 수 있는 여러 방안을 찾게 되고 결국은 치료기관이나 상담센터를 찾아오게 마련이다. 중요한 점은, 심리적인 도움을 구하는 사람들은 반드시 치료를 받을 것이라는 기대를 갖고 있다는 것이다. 사람들은 추천이나 지명도에 따라 치료자를 선택하는 경우가 많으며, 어떤 방식으로든 변화하려는 동기를 갖고 있다. 간단히 말해, 심리적 도움을 구하는 사람들은 치료에 임할 때,

(1) 변화에 대한 기대 (2) 치료자와 치료에 대한 기대를 가지고 있고
(3) 고통받는 상태이므로 동기가 높으며 (4) 특정 문제 상황을 토의할

〈표 9-1〉 **모의방법론의 실제 상담에 대한 관련성 평가 기준**

	변인 유형	높은 유사성	중간 유사성	낮은 유사성
A	내담자			
	변화에의 기대	치료와 변화를 기대함	실험적 처치를 기대함	피험자들은 학점을 기대하거나 심리학에 대해 배우려 함
	고통/동기 수준	내담자는 고통을 받고 있으며 치료센터에서 도움을 구할 정도로 동기가 높음	중간 수준의 고통. 관련 있는 심리학 실험에 참가할 정도의 관심을 가지고 있음	고통받는 상태는 아님. 심리적 원조 및 변화를 추구하기보다는 다른 동기(학점 등)가 있음
	치료의 선택	내담자는 치료 유형이나 치료자를 선택함	피험자는 치료를 제공하는 관련 심리학 실험을 선택함	피험자는 치료와 치료자/면접자에 할당됨
	제시하는 문제	상담에서 흔히 드러나는 실생활 문제	가상적인 문제들	문제가 안 됨/실험 과제들
	문제에 대한 지식	당면문제에 대한 절박한 관심 및 높은 수준의 지식과 정보처리	관심사이긴 하나 급한 것은 아님. 중간 수준의 정보처리	관련없거나 새로운 주제. 낮은 수준의 정보처리 및 지식
B	상담자			
	상담자 기대	내담자의 변화	중간정도로 변화를 기대	역할연기, 면접을 잘 수행하려는 기대
	역할 신뢰성	높은 신뢰성, 외모도 역할과 일치함	중간 수준의 신뢰성	신뢰성의 단서가 없다. 역할과 불일치

변인 유형	높은 유사성	중간 유사성	낮은 유사성
지식 기반	진단평가, 성격, 상담이론, 상담과정에 대한 광범위한 지식	평가나 성격, 상담이론, 과정에 대한 중간 수준의 정보	평가나 성격, 상담이론, 과정에 대한 낮은 수준의 정보
상담 기술	상담과정에 쓰이는 기술을 잘 알고 있음	상담의 기술에 대해 조금 안다	상담의 기술에 대해 아는 바가 별로 없다
동기 수준	치료관계를 제공하고 변화를 촉진시키려는 동기가 높음	치료 제공에는 중간정도 동기화; 실험적 변화를 가져오려는 동기와 혼합됨	치료 제공에 대한 동기 없음. 주 목표는 면접을 수행하려는 것임
경험 정도	10년 이상	박사 3년생 정도	석사 1년생 정도
C 상담과정과 세팅			
진단 평가	내담자는 주의 깊게 진단되며, 목표가 설정됨	치료 목표와 일치하는지 알아보기 위해 내담자를 평가할 수도 있음	피험자는 평가되지 않음. 개개인에 맞는 목표 부재
개입	내담자의 당면문제에 초점을 맞춤	내담자의 문제에 연관됨	개입은 피험자의 관심사나 문제에 관련이 없음
지속기간	대개는 보통 길이의 여러 회기로 연장됨	몇 차례의 보통-길이 회기	1회이며, 매우 짧음(10분 정도)
상호교류	상담자와 내담자는 상호작용하며 정보를 교환함	상담자와 내담자는 특정 문제에 대하여 정해진 방식으로 상호작용함	피험자들은 상담 시나리오에 참가하지만 상담자와 상호작용하지 않음
내담자 반응	내담자는 상담 경험을 처리하고, 관련 정보에 반응함	내담자는 제한된 주제나 약간 관련된 정보에 반응함	피험자는 상담 시나리오를 보고 가상적으로 반응함

변인 유형	높은 유사성	중간 유사성	낮은 유사성
내담자 변화/상담 성과	상담 상호작용으로 인해 내담자는 변화하거나 어쨌든 달라짐	처치가 성공적이라면 내담자는 약간 달라질 수 있음	상담 시나리오가 개인적으로 무관한 것이므로 피험자는 변화하지 않음
환경	전문적 치료센터	정규적인 치료 서비스를 제공하지는 않는 기관	실험실 혹은 교실

의도를 가지고 있고 (5) 자신들의 특수한 문제에 대한 광범위한 정보나 지식을 갖고 있다. 물론 도움을 구하는 내담자들의 측면을 기술하는 다른 변인들이 더 있을 수 있겠으나, 여기서는 일단 이 다섯 가지의 내담자 변인들을 고려함으로써 모의연구방법론의 적절성을 평가해 보도록 하겠다.

〈표 9-1〉은 이러한 다섯 가지 내담자 변인들을 보여 주고 있으며, 어떻게 하는 것이 실제 상담과 비교적 높은 유사성, 중간 유사성, 낮은 유사성을 만들어 낼 수 있는지를 제안하고 있다. 예를 들어, 내담자 기대라는 변인의 높은 유사성 수준을 달성하려면 치료와 변화를 추구하는 내담자를 포함시켜야 하는데, 이런 내담자는 단순히 학점 등(낮은 수준의 유사성)을 추구하는 피험자와는 대조될 것이다. 내담자 기대와 관련된 또 다른 것은 치료를 선택하는 방식이다. 종종 내담자들은 특정 치료나 치료자/면접자에 배정된다기보다는(낮은 유사성) 자신의 문제나 치료자의 명성을 고려하여 치료나 치료자의 유형을 스스로 선택한다(높은 유사성). 고통이나 동기 수준도 또한 구별될 수 있다. 내담자들은 치료기관에서 도움을 구할 정도로 심한 고통을 받고 있는 상태이지만(높은 유사성), 반면에 피험자들은 편의상 선정된 사람들이며 심리적 도움과 변화를 추구하는 것이 아니라 학점 등을 신경 쓸 뿐이다(낮은 유사성). 아마도 가장 중요한 점은, 실제 내

담자는 '당면한 관심사' 즉 실제 문제를 가지고 있을 뿐만 아니라, 자신의 문제에 대한 높은 수준의 정보와 지식을 갖고 있다는 것이다. 바꿔 말하면 자신의 일과 관련이 없는 과제에 할당된 피험자들은 그 과제에 대한 지식이 별로 없을 것이며 따라서 실제 상담과는 별로 유사하지 않게 된다.

이 부분에서 가장 주된 요점은, 몇 가지의 내담자 변인이 상담에서 모의연구방법의 일반화 가능성 여부를 평가하는 데에 고려되어야 한다는 것이다. 실험자가 실제의 내담자와 별로 비슷하지 않은 피험자를 가지고 실험을 했다면 그 실험 결과의 일반화라는 것은 불확실하고 의문을 가질 수밖에 없는 것이다.

(2) 상담자 변인

상담자나 면접자에게서 나타나는 여러 가지 변인들도 연구 결과를 실제 상담장면에 적용시킬 수 있을지에 직접적인 영향을 미친다. 아마 가장 바람직한 치료적 상담관계라면 상담자는 대개 심리적 특성의 측정, 성격, 상담이론, 상담과정에 대한 광범위한 지식과 경험을 가지고 있을 것이다. 이외에도 치료자는 높은 수준의 처치기술, 즉 실제로 내담자에게 치료적으로 작용하는 상담자의 대인관계적 기술 및 상담기술을 갖는다. 치료자는 또한 공감과 무조건적 존중 등의 로저스적 조건을 확립해 가는 모습에서 혹은 강력한 작업동맹을 형성하는 모습에서 반영되듯이 치료적인 관계의 형성에도 힘을 쏟는다. 이렇게 치료자는 치료가 성공적일 것이고 내담자가 바람직한 방향으로 변화할 것이라는 기대를 가지고 상담에 접근한다. 결국, 치료자라는 것은 전문적이고 믿을 만하며 치료적인 도움을 줄 수 있는 믿음이 가는 사람으로 보여야 하는 것이다.

〈표 9-1〉은 실제 상담에 있어서 여섯 가지의 치료자 변인이 비

교적 높거나, 중간이거나 낮은 유사성의 정도에 따라 어떻게 달라지는지를 보여 준다. 예를 들면, 높은 유사성은 처치기술뿐만 아니라 폭넓은 상담 지식을 가진 치료자가 있을 때 달성된다. 그런 상담자들은 상당한 상담 경험이 있다. 반대로 처치기술이나 상담에 관한 지식이 상당히 부족한, 경험이 없는 상담자가 참여할 경우에는 비교적 유사성이 낮을 것이다. 다른 변인들 역시 이런 식으로 나뉘어질 수 있는데, 모의연구에 참여한 면접자가 (1) 치료관계를 제공하고 변화를 촉진하려는 동기가 높으며 (2) 상담이 성공할 것이고 내담자는 변화하리라 기대하고 있으며 (3) 치료적 역할을 신뢰롭고 그럴 듯하게 한다면 그는 실제 상담자와 유사하게 된다. 반대로, 치료적 관계를 형성하려는 의도가 없고 그저 면접자의 역할만을 수행하려는 수준의 동기를 가지고 있다면 그는 실제 상담자와 별로 비슷하지 않을 것이다. 게다가 이런 면접자는 신뢰성이나 지위에 대한 단서도 제공하지 못할 것이다.

몇몇 과거의 상담연구에서는, 검토된 치료자 변인들이 치료자의 전형적인 역할이나 행동들과 별로 비슷하지 않았다. 상담 중의 사회적 혹은 대인관계상의 영향을 다루는 영역에서 이러한 예들을 쉽게 찾을 수 있다(Corrigan, Dell, Lewis & Schmidt, 1980; Heppner & Dixon, 1981을 참조). 과거의 연구자들은 상담자로부터 전문성, 매력, 신뢰감을 느끼게 하는 다양한 단서들을 다루어 왔다. 이런 연구들의 목적 중 하나는, 내담자에게 영향을 줄 수 있는 상담자의 신뢰성과 기타 능력을 증진시키는 단서나 행동들을 찾아내는 것이었다. 한 변인이 내담자의 상담자 지각에 영향을 미친다는 것을 결정하기 위해 그 독립변인의 극한을 취하는 연구들이 종종 있다. 그런데 여기서 중요한 점은, 때때로 이러한 치료자 변인이 실제로 볼 수 있는 치료자의 모습과는 다소 거리가 있었다는 것이다. 예를 들면, 면담자의 전문성에 대해 평가절하하도록 피험자들에게 다음과 같은 말을 들려 준다. "원

래 00 박사님과 면담이 예정되었지만 갑작스럽게 일이 생겨서 오늘
은 못 오시게 되었습니다. 대신 00씨와 면담을 하시게 되겠습니다.
00씨는 학생으로 안타깝게도 면담에 대한 경험은 거의 없습니다. 하
지만 이 연구의 목적에 대해서는 간단하게 설명을 받았기 때문에 잘
해낼 것이라고 생각합니다. … "(Strong & Schmidt, 1970)(7절 참조).

　이런 식으로 면접자의 처치기술도 조작되었으나, 실제 치료자의
행동과는 별로 유사하지 않은 면접자 행동을 만들게 되었다. 예를 들
어, 별로 매력적이지 않은 역할을 하는 상담자는, 사무실에 들어갈
때 내담자를 본체 만체하고, 미소짓지도 않으며, 차갑게 흘끗 보는
외엔 내담자를 별로 쳐다보지도 않으며, 내담자에게서 뒤로 물러서
의자에 몸을 떠억 기대고 앉아, 별로 흥미 없다는 표정을 지으며, 따
분한 듯이 보이는 연기를 하게 된다(Schmidt & Strong, 1971, p. 349).
겔조(1979)는 그런 절차를 '실험적 부정행위'라고 지적하고, 과연 그
런 어이없는 치료자의 행동에 대한 연구가 무슨 소용이 있는가 하고
반문했다. 간단히 말해, 상담자 신뢰도에 대한 내담자의 지각에 영향
을 주는 사건들에 대한 많은 양의 정보가 모아지긴 했지만, 실제 치
료자 행동들과 유사성이 적기 때문에 일부 정보들의 일반화 가능성은
재고되어야 한다.

　이 절에서의 초점이, 치료자의 역할을 맡은 사람이 지식, 기술,
기대의 측면에서 숙련된 치료자와 얼마나 유사한가에 맞추어져 있다
는 것을 다시 한번 강조하고 싶다. 따라서 한 훈련생이 처음으로 실
제 내담자를 받는 기본 수준의 실습 과목 수강생이라고 하자. 이 사
람은 실제 치료자와 얼마든지 비슷하지 않을 수 있다. 그가 최고의
능력을 발휘할 때에나 치료자와 조금 비슷할 뿐이다. 따라서 이들이
모두 심리적 도움을 구하는 실제 내담자들을 상담해 준다고 해서 치
료자와 훈련생을 혼동해서는 안 된다. 간단히 말해, 실제 상담에 대
한 모의연구의 일반화 가능성을 평가하기 위해서는 치료자에 속하는

변인들, 즉, 상담자의 지식 기반, 기술, 기대, 그리고 신뢰성 등을 고
려하는 것이 중요하다.

(3) 상담과정과 상담상황

모의연구의 외적 타당도를 평가할 때 고려해야 하는 또 다른 변
인은 상담과정과 관계된 변인들이다. 실제 상담상황에서는 상담자와
내담자는 여러 회기 동안 만나며, 보통 일주일에 1회이고 여러 주 동
안 계속된다. 내담자의 문제는 대개는 주의 깊게 진단되며 개입 방략
과 치료 목표는 특정 내담자에게 세세하게 맞춰진다. 가장 중요한 것
은 상담자와 내담자가 자유롭게 상호작용하며 많은 양의 정보를 교환
한다는 점이다. 내담자는 백지상태가 아니며, 새로운 정보를 자신의
기존 개념의 틀에 동화시키고 특정 방식으로 반응을 한다. 긍정적인
상담상황에서 내담자는 새로운 행동을 배우고 신념과 태도, 느낌을
바꾸며 환경적 요구에 더 효과적으로 적응하는 등의 바람직한 방식으
로 변화하게 된다. 치료 장소는 주로 전문 치료센터나 대학 상담센
터, 혹은 지역 공동체 정신건강센터이다.

〈표 9-1〉에서는 일곱 개의 상담과정 변인들과 실제 상담과의 높
은·중간·낮은 수준의 유사성을 제시하고 있다. 집단이나 개인의 차
원에서 내담자가 자세히 진단을 받고, 내담자의 당면 문제에 대해서
개입이 정확하게 잘 이루어지면 이런 상황은 물론 높은 유사성을 지
니게 된다. 진단 평가가 안 이루어지거나, 개입이 내담자의 관심이나
문제에 관련이 없는 것일 때는 낮은 유사성의 상황이 될 것이다. 실
제 치료과정과 유사한 모의연구는 보통 50분 짜리 회기를 여러 차례
가지며, 며칠간 지속된다(이에 비해 1회의 10분 짜리 상담 시나리오가
있다). 게다가 실제 상담과 유사한 모의연구에는 상담자와 내담자가
서로 광범위한 정보를 교환하는 상호작용이 있다. 이는 상담자와 내

담자간에 생생한 상호작용이 없는 모의연구와는 대조가 될 것이다.
모의연구는 또 내담자가 처리하는 정보가 얼마나 많은지, 어떤 종류
의 정보를 처리하는지 등으로 평가될 수 있다. 내담자가 상담 경험을
시간을 두고 반복적으로 처리해 나가는 것은 높은 유사성을 보여 주
는 것이고, 상담에 대하여 내담자가 피상적이고 부적절한 반응을 보
인다면 이는 낮은 유사성을 나타내는 것이다. 모의연구는 치료 결과
의 측면에서 평가될 수도 있다. 즉 내담자는 바람직한 방식으로 변화
하였는가? 높은 유사성 수준이라면 관련 행동, 사고, 감정의 변화가
있을 것이고, 반대로 낮은 유사성 수준이라면 피험자는 변화하지 않
을 것인데, 이는 주로 상담 시나리오가 내담자에게 개인적으로 무관
한 내용이기 때문이다. 마지막으로 상담상황의 환경 혹은 맥락에 근
거한 평가가 있을 수 있다. 실제 상담과 유사한 모의연구는 치료센터
나 상담센터와 같은 전문적인 환경에서 수행되는 반면, 실험실이나
교실에서 수행되는 모의연구는 낮은 유사성 수준을 지닌다.

6. 모의연구 결과의 유용성 평가

상담의 공통 목표는 내담자의 변화를 촉진시키는 것이다. 이는
상담자가 내담자에게 영향을 미쳐 특정한 사고나 태도, 행동을 변화
하도록 만드는 것을 의미한다. 사람이 타인의 행위, 태도, 감정 등에
영향을 주는 과정은 대인관계적 혹은 사회적 영향과정이라고 명명되
어 왔으며, 몇몇 학자들에게는 '사회심리학의 정수'라고 여겨져 왔다
(Zimbardo & Ebberen, 1970). 처음으로 사회심리학 연구에서 태도
변화를 촉진시키는 몇 가지 변인을 확인하였다. 즉 전달자의 특성(지
각된 유능성, 신뢰성 등), 메시지 변인(메시지 불일치 등) 및 받는 사람
의 특성(통제의 소재, 권위주의 등) 등이 그것이다. 이후의 연구들은

태도 변화가 더욱 복잡한 과정임을 보여 주고 있으며, 다양한 설득 경로들이 제안되고 실증적으로 구체화되어 왔다(Petty & Cacioppo, 1981).

스트롱(1968)은 사회심리학의 개념들을 상담에 통합시키면서 처음으로 상담을 사회적 영향과정으로 개념화하였다. 1968년 이래로 상담에서 대인 영향과 관계되는 변인들에 대한 많은 연구들이 수행되었다. 연구자들은 상담자 영향력, 즉 내담자에 영향을 미치는 상담자의 능력을 변화시키는 많은 변인들에 대하여 검토하였다.[4]

대인 영향 연구 영역에서 발표된 연구들 중 아주 많은 연구들이 모의방법론을 사용하였다. 모의방법론의 장·단점을 잘 파악하고 있었던 스트롱(1971)은 다섯 가지 준거 즉 경계조건을 제안하였는데, 이들 조건들이 만족되기만 한다면 모의방법론의 외적 타당도, 즉 일반화 가능성을 증가시켜 줄 수 있다는 것이었다. 그 조건들은 다음과 같다. (1) 상담이란 사람들간의 대화이다. (2) 상호교류자들간의 지위 차이는 대화를 끌어 낸다. (3) 교류자들간의 접촉의 지속기간은 다양하며 때로는 연장될 수 있다. (4) 내담자들은 대부분 변화에 대한 동기가 높다. (5) 내담자들은 대부분 심리적으로 고통을 받고 있으며 고치고 싶은 행동에 상당히 몰입되어 있다.

물론 다른 기준들도 쓰일 수 있지만 헤프너와 딕슨(Heppner & Dixon, 1981)은 상담에서의 상호영향 과정연구의 외적 타당도를 증가시키기 위하여 이 다섯 가지 조건들을 이용하였다. 세 번째 조건(기간의 연장)은 두 회기로 조작적으로 정의하였다. 헤프너와 딕슨은 지각된 유능성, 매력, 신뢰성들과 관련된 사건들을 다룬 51개의 연구를 검토하였다. 이 중 29개의 연구들은 이 경계조건 중 어느 하나도 만족시키기 못했고, 16개 연구들은 처음 두 조건만을 만족시켰으며,

---

4) Corrigan, Dell, Lewis & Schmidt(1980), Dorn(1986), Heppner & Claiborn(1989), Heppner & Dixon(1981) 등을 참조.

5개 연구는 세 조건, 그리고 오직 한 개의 연구만이 네 조건을 만족시켰다. 연구들의 절반 이상은 다섯 가지 조건 중 아무것도 만족시키지 못했다.

헤프너와 클레이본(1989)은 1981년 이후에 나온 상담에서의 상호영향에 관한 문헌들을 가지고 비슷한 분석을 행하였다. 검토된 56개 연구들 중 37개(66%)가 경계조건들 중 아무것도 만족시키지 못했다. 이 연구들은 피험자에게 상담대본이나 녹음 테잎, 비디오 테잎 등을 통해 상담상황을 제시하고 있었는데, 이러한 사실은 연구들이 단지 첫인상과 최소한의 정보를 기반으로 하여 수행되었다는 것을 말하는 것이다. 따라서 상호영향연구의 대부분에 사용된 자료들은 일반화 가능성에 문제가 있는 상황하에서 수집되었다고 할 수 있다(즉, 스트롱의 경계조건 중 아무것도 만족시키지 못했다). 더욱이 이 연구들에서 사용된 12분의 자극 재료들은 극도로 작은 상담 표본이다. 29%의 연구들(16개)이 세 개 또는 네 개의 경계조건들을 만족시켰는데 이는 헤프너와 딕슨(1981)의 검토에서 12%였던 것과는 비교가 된다. 이 연구들을 더 분석해 보니 7개의 연구들이 실제 상담중에 있는 상담센터의 내담자들을 사용한 것으로 나타났다. 따라서 사회적 영향과정을 실제 상담조건과 좀더 비슷한 환경에서 검토한 것이므로 이는 약간의 진보가 있었다고 하겠다. 그러나 시간에 걸쳐 진행되는 실제 상담 맥락에서 사회적 영향과정을 검토한 연구는 상대적으로 적었다(7개).

사회적 영향과정의 연구 문헌을 분석해 볼 때 가장 중요한 것은 특정 방법론의 유용성, 여기서는 모의방법론의 유용성여부는, 사전연구와 축적된 지식 기반에 달렸다는 것이다. 모의연구가 강력하고 유용한 것임에는 이론의 여지가 없다. 그러나 이 방법론이 다른 것에 비해 월등히 많이 사용되는 방법론이 될 때, 생산되는 지식 체계는 균형을 잃게 되고, 다른 주제들을 배제한 채 한 가지 방법론의 영향력을 강조하는 양상이 나타나고 말 것이다. 간단히 말해 특정 연구 영역에서 모의연구가 다른 방법들에 비해 과용된다면, 모의방법론을 이용해서 얻어지는 지식의 유용성은 점점 줄어들 것이라는 말이다. 겔조(1979)는 이 문제를 패러다임의 고착이라는 견지에서 논의하였다. 게다가 실제 상담과는 유사하지 않은 연구가 행해질 때에는 연구 결과의 일반화 가능성에 대한 문제도 발생하게 된다.

그렇다면 모의방법론을 사용하는 앞으로의 연구가 사회적 영향 과정에 대한 우리의 지식의 범위를 더욱 확장시킬 수 있느냐 하는 문제가 생긴다. 상담에 대한 지식을 습득하는 데 모의연구가 강력한 역할을 수행하고 있기는 하지만 스트롱의 경계조건들을 만족시키지 못하는 모의방법을 사용한 연구들이 우리의 지식을 넓혀 줄지는 의문이다. 이런 연구를 통해 새로운 지식이 쌓인다고 주장할 수는 있지만 일반화 가능성의 문제를 고려해 볼 때 그 가치가 의심되는 것이다.

요약해 보면, 특정 방법론의 유용성은 특정 주제 영역에 존재하는 사전 연구방법론의 맥락에서 평가되어야 한다. 같은 방법론을 계속 사용하는 연구들은 그 방법론의 단점에 취약할 수밖에 없는 지식 기반을 가지게 된다. 더욱이, 한 영역에서 대다수의 연구들이 한 방법론에 의지할 때, 거기서 얻은 지식의 유용성과 영향력은 불확실해진다.

7. 모의방법을 적용한 연구 예

(1) 외국연구 예

스트롱과 슈미트(Strong & Schmidt, 1970)의 "전문성과 상담에 미치는 영향"은 모의연구방법론을 사용한 대표적인 상담연구이다. 이 연구의 목적은, 상담자가 내담자에게 영향을 미치는 과정에서 상담자의 '전문성'은 어떤 효과가 있는가를 밝혀 내는 것이었다. 이 연구는 내담자 행동이 종속변인인 유사 상담면접방법을 사용하였다.

스트롱과 슈미트는 이 연구에서 전문성의 조작을 두 가지 방식으로 하였다. 첫번째는 소개방식(말)의 조작이었는데, 전문가 소개조건에서는 피험자들에게 다음과 같은 문구로 면접자를 소개하게 된다.

"여러분과 면담하실 분은, 학생면접에 수년간의 경험을 쌓아온 심리학자, ○○○ 박사입니다. 이제 이쪽으로 잠깐 와 주시고….'"

이와 반대로 비전문가 소개조건에서 내담자들은 다음과 같은 문구를 듣는다.

"원래 ○○ 박사님과 면담이 예정되었지만 갑작스럽게 일이 생겨서 오늘은 못 오시게 되었습니다. 대신 ○○ 씨와 면담을 하시게 되겠습니다. ○○ 씨는 대학원생이며, 안타깝지만 면담에 대한 경험은 사실 거의 없습니다. 하지만 이 연구의 목적에 대해서는 간단하게 설명을 받았기 때문에 잘 해 낼 것이라고 생각합니다. 이 쪽으로 잠깐….'"

두 번째는 면접자의 역할 조작이었다. 전문가 역할을 수행하는 면접자는 피험자에게 관심을 보이고, 그들의 이야기에 흥미 있어 했다. 면접자들은 피험자를 쳐다보며 그쪽으로 몸을 기울이고, 표정이나, 고개짓, 몸짓 등으로 피험자에게 반응하였다. 자신의 요점을 강조하기 위해서 손짓을 사용하기도 했다. 이에 비해 비전문가 역할을 수행하는 면접자는 피험자에게 관심을 보이지 않고 쳐다보지도 않거나, 아니면 무표정한 얼굴로 쳐다보는 등 피험자에게 반응을 보이지 않았다. 몸짓도 사용하지 않으며, 비록 사용한다 하더라도 경직되었거나, 상투적인 혹은 과장된 몸짓을 사용하였다. 전문가 역할의 면접자들은 신뢰로운 분위기를 만들어 내었던 반면, 비전문가 역할의 면접자들은 확신하지 못하고, 불안해하는 등 신뢰로운 분위기를 만들어 내지 못했다. 이러한 전문가 역할을 규정하는 행동들은 스트롱과 슈미트(1970)의 "전문적 상담자와 비전문적 상담자"에서 확인된 것들을 사용하였다.

이 연구의 피험자로 49명의 남자 대학생 자원자들이 실험에 참가하였고 이들은 실험에 참가한 대가로 학점을 얻었다. 실험은 "성취동기가 자신의 인생에서 어떤 의미가 있는가를 알아보기 위한 것"이라고 소개되었고 피험자들은 이 주제에 대하여 20분의 면접을 하였다. 실험 설계는 2(면접자)×2(소개방식: 전문가/비전문가)×2(면접방식: 전문가/비전문가)의 3요인 완전무선 요인설계였으며 피험자는 8조건 중 한 조건에 무선할당되었다. 종속변인은 피험자의 성취동기변화 정도였다. 그들은 자신의 성취동기 수준을 실험 시작 3주 전, 실험 직후, 마지막으로 실험 1주일 후 등 세 번 평가하였고, 이렇게 측정한 피험자 평가들을 점수화하여 변화가 어느 정도 생겼는지를 분석하였다.

연구의 결과를 간략히 소개하면, 전반적으로 면접자의 전문성은 피험자들의 성취동기에 변화를 촉진시키는 것으로 밝혀졌다. 비전문가 소개를 받고, 비전문가 역할을 수행한 면접자들에게 면접을 받은 피험자들보다, 전문가 소개를 받고 전문가 역할을 수행한 면접자들에게 면접을 받은 피험자들의 성취동기 변화폭이 더 컸다. 그러나 일부 결과는 신뢰롭지 못했으며, 이 실험의 방법론이 너무 인위적이라는 비판도 후에 제기되었다. 앞의 본문에 언급되었듯이 특히 면접자의 전문성 조작이·실제로 전형적인 치료자의 모습과는 너무 다르게 되었다는 비판이 있다. 이러한 비판에도 불구하고 이 연구는 통제된 조건 하에서 상담자가 내담자 행동의 변화를 촉진시키는 데 영향을 주는 요인들을 분리해 내는 모의연구의 유용성을 보여 주었다고 하겠다. 연구 결과의 일반화 가능성에 대해서는 앞에 언급한 〈표 9-1〉에 의거하여 평가해 보기 바란다.

이 논문에서는 상담자의 행동적 단서가 상담에 더욱 중요할 것임을 언급하였는데, 델과 슈미트(Dell & Schmidt, 1976)는 바로 이러한 주제, 즉 행동적 단서의 중요성에 관해 좀더 철저한 통제하에 연구하

였다. 결과를 요약해 보면, 상담자의 전문성 수준에 따른 행동적 단
서들이 전문성 평정에 미약한 영향을 미치기는 하였으나, 기대한 만
큼 큰 요인이 되지 못했으며, 멜과 슈미트는 이를 상담자들의 행동적
단서보다는 개별적인 언어 사용이나 어떤 다른 요인들로 인해 생긴
것일 수도 있다고 보고 후속 연구들의 관심을 촉구하였다. 그러나 이
연구에서 비록 통계적인 의미 획득에는 실패하였으나, 실제로 상담
경험이 많은 상담자들이 대체로 높은 전문성 평가를 받았다. 높은 평
가를 받은 상담자들은 낮은 평가를 받은 상담자들에 비해, 면접에 더
잘 준비된 것처럼 보였고, 손짓을 잘 사용하였으며, 유창하게 말하고,
긴장되어 보이지 않았다. 이 연구에서 사용된 평가자 역시 상담에 참
여한 '능동적 관찰자'가 아닌 비디오 테이프 내용을 보고 평가하는
'수동적 관찰자'이기 때문에 이 결과를 실제 상담장면에 적용할 수
있을지 의문이다. 이 두 관찰자의 전문성 지각에 대한 비교연구가 필
요하다고 하겠다.

(2) 국내연구 예

국내에서 모의연구법을 적용한 상담연구는 주로 석·박사 학위
논문에서 많다. 여기서는 대표적인 예를 두 편 들고자 한다.

1) 김수현(1988)의 "상담자의 언어반응과 내담자의 친애욕구가 상담의 과정변인에 미치는 영향"

이 연구에 대한 요약은 〈표 9-2〉에 정리되어 있다.

이 연구의 방법론상의 의의는 모의연구를 사용하였다는 점이며,
특히 모의연구의 결과를 실제 사례연구를 통해 재검증하고자 하였다
는 점이다. 이 연구는 '시청각 모의연구-내담자 행동이 종속변인'인
연구이다. 여기서는 2절에서 제시한 일반적인 시청각 모의 연구절차

〈표 9-2〉 모의 상담연구의 실례 — 김수현(1988)의 연구

1. 연구주제

상담 초기과정에서 상담자의 언어반응유형(사실기술적 또는 자기관여적)과 반응내용(긍정적 또는 부정적) 및 내담자 요인(친애욕구 수준)이 상담자에 대한 호의적인 지각, 내담자의 문제해결지향적인 자기탐색 및 정서적 자기표현에 미치는 영향을 연구하고자 하였다.

2. 연구방법

대학생을 대상으로 독립변인인 상담자의 언어반응유형과 반응내용을 모의상담 대본을 사용하여 조작한 모의연구방법(구체적 내용은 본문에 있음)과 실제 사례를 대상으로 한 사례연구를 병행하였다(사례연구의 자세한 내용은 생략함). 피험자는 S대 및 S여대에서 교양과목을 수강하는 1, 2학년 남, 여 대학생을 대상으로 동기진단검사(차재호, 1984)를 실시하여 친애욕구 점수가 상위 15%, 하위 15%에 속한 대학생을 실험대상자로 선정하였다. 이 중에서 실험에 응한 피험자는 총 192명이었으며, 이들은 친애욕구(2: 고, 저)에 따라 반응유형(2)×반응내용(2) 4집단에 각각 무선적으로 배정되었다. 실험설계는 3요인 완전무선 요인설계이다. 종속변인은 상담자에 대한 내담자의 호감도와 지각된 전문성(상담자평가척도로 평정; 김수현, 1986), 내담자의 자기탐색반응(정서적 탐색수준, 인지적 탐색반응빈도, 탐색적 요구반응빈도; 분류척도 및 기준으로 평정), 그리고 감정표현반응(분류척도 및 기준으로 평정)이다.

3. 연구결과 및 함의

종속변인인 지각된 호감도와 전문성, 정서적 탐색수준, 탐색적 요구반응, 감정표현반응에서 독립변인의 삼원상호작용 효과가 있었다. 대표적인 결과로, 호감도 평정에서는 친애욕구가 높은 피험자는 상담자의 반응내용이 긍정적일 때는 사실기술 조건보다 자기관여 조건에서 상담자에 대해 더 높은 호감을 느끼나, 내용이 부정적일 때는 자기관여 조건보다 사실기술 조건에서 더 높은 호감을 느꼈다. 반면 친애욕구가 낮은 피험자는 내용이 긍정적일 때는 자기관여 조건보다 사실기술 조건에서 호감이 더 높았으나 내용이 부정적일 때는 반응유형에 따른 호감도 지각의 차이가 없었다(〈그림 9-1〉 참조). 결과로 보아, 상담

자의 사실기술적-자기관여적 언어반응유형의 효과는 내담자의 친애욕구 수준에 따라 좌우되는 듯하다. 상담 초기에서는 친애욕구가 높은 내담자의 경우에는 상담자가 자기관여 반응을 할 때 가능한 한 긍정적인 내용을 다루어 주는 것이 바람직하다고 하겠다.

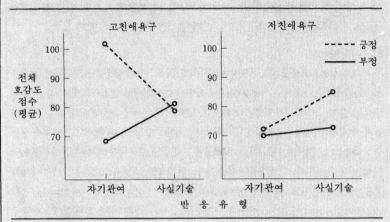

〈그림 9-1〉 반응유형, 반응내용, 친애욕구에 따른 상담자에 대한 전체 호감도

4. 논 의

모의연구방법은 실제 상담장면이 아니라는 점과 상담의 과정 목표를 평가하기에는 상담의 시간 및 횟수가 한정되어 있다는 점에서 제한점을 내포하고 있다. 또한 내담자가 아닌 대학생을 피험자로 한 점도 결과의 일반화에 제한점을 내포한다. 그러나 상담자 역할을 상담전문가가 함으로써 부분적으로는 실제 상담과 유사한 상황을 만들고자 하였다. 또한 모의연구와 사례연구를 병행함으로써 모의연구의 한계점을 극복하고자 하였다. 사례연구에서 얻어진 결과는 모의상담연구 결과와 어느 정도 일치하였는데 이 점은 모의연구 결과의 타당성을 입증하는 것으로 볼 수 있다.

에 따라, ① 내담자에게 상담자의 음성이 담겨진 녹음 테잎을 제시하고, ② 내담자 피험자들로 하여금 테잎 속의 상담자에게 상담받고 있다고 상상하게 하여, ③ 테잎 진행중의 각 시점에서 내담자 피험자들에게 반응을 하게 하였다.

이 연구에서 제시한 녹음 테잎은 모의 상담대본을 활용하였는데, 여기서 조작된 변인은 상담자의 언어반응 유형(자기관여적 반응, 사실기술적 반응)과 반응 내용(긍정적·부정적)이었다. 모의 상담대본의 자기관여적-사실기술적 반응유형 변인과 긍정적-부정적 내용변인의 조작은 상담장면 대본의 내용을 상담자가 각 실험조건에 적합하도록 구성함으로써 하였다. 상담대본은 자신에 대한 불만 및 가족관계, 대인관계 문제가 주요 호소내용인 모의상담 내용을 녹음한 것으로, 6개 부분(6가지 내용)으로 구성되었고 총 25분정도 진행된다. 각 대본의 마지막 상담자 언급을 긍정적 자기관여 반응, 부정적 자기관여 반응, 긍정적 사실기술 반응, 부정적 사실기술 반응 등 네 가지 실험조건에 맞도록 조작함으로써, 결과적으로 한 피험자에게 한 가지 조건의 반응을 6번 반복하여 주었다.

반응유형 중 자기관여반응은 상담 도중 내담자의 언행에 대해 상담자 자신의 주관적인 감정이나 의견을 표현해 주는 것이고, 사실기술 반응은 상담자의 개인 감정과 의견을 배제하고 가능한 한 관찰된 현상에 대해서만 객관적으로 언급해 주는 방법이다. 긍정적인 반응은 내담자의 건설적인 감정, 의견, 태도 또는 행동에 관해 언급하는 것이며, 부정적인 반응은 내담자의 자기파괴적이고 부정적인 감정, 태도, 행동 또는 사실에 대한 지적이다. 네 조건의 상담자 진술을 구체적으로 살펴보면 다음과 같다.

긍정적인 자기관여 반응 예: "그렇게 속이 상하는데도 엄마에 대해 연민의 정을 느끼고 엄마를 이해하려고 노력하는 것이 ○○씨의 착한 마음씨가 아닌가 싶어져서 ○○씨에게 호감이 가네요."
부정적인 자기관여 반응 예: "속에서 치밀어 오르는데도 엄마의 사랑을 얻기 위해 엄마가 시키는 대로 그대로 따라왔다니 … 내가 다 답답해지는군."

긍정적인 사실기술 반응 예: "그렇게 속이 상하는데도 엄마에 대해 연민의 정을 느끼고 엄마를 이해하려고 노력해 왔군요."

부정적인 사실기술 반응 예: "속에서 치밀어 오르는데도 엄마의 사랑을 얻기 위해 엄마가 시키는 대로만 무조건 따라왔군요."

각 상담대본이 제대로 구성되었는지를 확인하기 위해서, 실제 상담에 종사하고 있으며 박사과정 재학 및 박사학위 소지자인 세 명의 평정자가 네 가지 조건의 상담자 반응에 대해 평정한 결과 평정자간 일치도는 상관계수 .89 ~.97이었다. 각 대본의 마지막 상담자 반응을 제외한 나머지의 모든 상담자 반응들은 동일하게 함으로써 혼입변인을 가능한 한 통제하고자 하였다. 대본 중의 상담자와 내담자의 역할은 여자 상담전문가와 여자 대학생이 담당하였다.

2) 강선미(1990)의 "상담자의 처치양식과 내담자의 자기지각 확신 수준이 우울 완화에 미치는 영향"

이 연구는 우울증에 대한 긍정적인 증상해석이 내담자의 부정적인 자기지각 확신수준에 따라 우울 완화에 어떠한 영향을 미치는지 알아보고자 한 것이다. 이 논문의 방법론상의 의의는 상담받을 용의가 있는 우울한 사람들에게 실제 상담을 실시하는 유사 상담방법을 채택하였다는 점이다(2절 참조).

긍정적인 증상해석의 효과를 알아보기 위하여 처치조건을 해석조건과 요약조건 및 통제조건으로 분류하여 조작하였다. 해석조건의 조작에는 펠트만, 스트롱 및 댄저(Feldman, Strong & Danser, 1982)가 사용한 해석 세 가지를 동일하게 주었다(30분 면접 중 2분 정도). 그 중 한 예는 "우울한 사람들은 보통 자신을 비하하는 경향이 있는데, 이는 남을 원망하기보다는 자신에게 잘못을 돌리기 때문으로 그만큼 양심적이기 때문입니다." 요약조건은 해석조건에서 해석이 주어

지는 시간만큼 내담자가 그 시간에 이야기한 것들을 요약해 들려 주
었다. 연구의 전반적인 요약은 〈표 9-3〉과 같다.

〈표 9-3〉 모의 상담연구의 실례── 강선미(1990)의 연구

1. 제 목
 상담자의 처치양식과 내담자의 자기지각 확신 수준이 우울완화에
미치는 영향

2. 연구주제 및 예언
 우울증의 긍정적인 증상해석이 내담자의 부정적인 자기지각 확신
수준에 따라 우울 완화에 어떠한 영향을 미치는지 알아보고자 한 것이
다. 부정적인 자기지각에 대한 확신 수준이 낮은 집단이 높은 집단보
다 긍정적인 해석의 영향을 더 크게 받아 우울 완화를 더 많이 보이고
자기지각이 더 긍정적으로 변화될 것으로 예언하였다.

3. 연구방법
 피험자는 S대학교 학생으로 현재 우울하며 이에 대해 상담받을
용의가 있는 학생 중에서 자기지각 확신도 수준에 따라 선정한 52명
(여자 18명, 남자 34명)이다. 피험자 집단을 자기지각 확신 수준에 따라
높은 집단과 낮은 집단으로 나누고 각각 해석조건, 요약조건 및 통제
조건을 실시하였다. 설계는 2요인(3×2) 완전무선 요인설계이며 독립
변인 조작을 위해 유사 상담방법을 채택하였다. 상담자는 학생생활연
구소에서 상담자로 활동하고 있는 5명의 상담자가 참여했다. 상담 경
력은 1-9년(평균 4.8)이며 모두 여성이다. 한 상담자가 두 처치를 모
두 실시하여 4집단에 골고루 참여했다. 피험자는 상담자와 30분씩 2
회에서 걸쳐 상담받았다. 종속변인은 우울 완화 정도와 자기지각 변화
이며 우울 완화 정도는 BDI로 측정되었고 자기지각 변화는 자기지각
검사(김정희, 1987)로 측정되었다.

4. 주요 결과 및 함의
 연구 결과, 해석조건에서 확신이 낮은 집단이 높은 집단보다 더
큰 우울 완화를 보였고, 요약조건에서는 두 집단간에 차이를 보이지

않음으로써 주요 예언은 지지받았다. 그러나 높은 확신집단에서는 해석조건보다 요약조건이 더 큰 우울 완화를 가져왔다. 연구 결과는 긍정적 증상해석이 선행 연구의 결과와 달리 자기지각의 확신 수준이라는 내담자의 변인을 함께 고려할 때 그 효과가 내담자에 따라 다르다는 것을 보여 준다.

5. 논   의

이 연구는 외적 타당도의 결여를 극복하기 위해 유사 상담방법을 채택함으로써 실제 상담장면에 더욱 근접한 연구를 시도하였다. 연구의 제한점은 본 연구의 상담이 30분씩 2회 상담이므로 보다 장기적인 상담의 효과를 알아볼 수 없어 이 결과는 상담 초기에 국한될 수밖에 없다는 것이다. 또 연구에 참여한 피험자들이 실제 내담자가 아닌 자원자들이고 중간 정도의 우울을 보이는 대학생들이라는 점도 이 연구의 일반화에 제약을 준다. 그러나 가급적 상담을 받고자 하는 동기가 높은 내담자를 활용한 점, 상담이 단회로 이루어진 것이 아니라 2회 이루어진 점, 상담자는 실제 상담자를 활용한 점(경력이 낮은 상담자도 있긴 하지만) 등은 모의연구의 한계점을 극복하고자 노력한 점으로 보인다.

8. 요약과 결론

먼리(1974)가 지적한 것처럼 그리고 본 장에서 연구의 예를 든 것처럼, 모의연구의 유형에는 시청각적 면접, 유사 상담면접 등의 몇 가지 다른 유형이 있다. 모의방법론은 유용한 방법론이 될 수 있는 것 같다. 모의방법론은 한 개 이상의 독립변인을 조작할 수 있게 하는 상당한 실험 통제를 가능하게 하고, 가외변인을 제거하거나 일정하게 유지시키며, 무선할당을 사용할 수 있도록 한다. 상담자들에 대한 모의방법론의 주요 문제는 결과의 외적 타당도에 관한 것이다. 즉 때로 모의방법론은, 상황을 실제 상담장면과는 너무 동떨어진 상태에서 검토하게 하기 때문에 연구가 과잉 단순화되고 인위적이 된다. 따라서 여기서는 모의방법론의 외적 타당도가, (1) 내담자와 내담자 문제 (2) 상담자 (3) 상담과정과 상담장소와 같이 실제 상담을 묘사하는 변인들을 검토함으로써 평가될 수 있음을 제안하였다.

　여기서는 또 모의연구들이 상담장면과 매우 유사한 수준부터 별로 유사하지 않는 수준까지의 연속선상에 떨어지는 방식을 제안하였다. 예를 들어 실제 상담과의 낮은 유사성을 지닌 모의연구란, 심리학 피험자 표본에서 학생들을 추출하여 이들에게 상담 회기를 담은 비디오 테잎을 보여 주고 상담자의 몇몇 측면들을 평가하게 하는 그런 연구가 될 것이다. 실증적 연구가 부족한 이 상황에서, 각 수준의 유사성 정도를 지닌 모의연구와 실제 상담간의 관계에 대해 무어라 명확하게 말할 수는 없다. 모의연구나 다른 응용연구들의 호환 가능성을 검토한 연구들에서 확실한 결과가 아직 나오지 않고 있다 (Elliott, 1979). 앞으로 더 많은 연구가 필요한 실정이다.

　그럼에도 불구하고, 컬린저(1986)가 지적했던 것처럼, 모의연구를 실제 현상에 적용할 때, 그 연구 결과를 임의적으로 해석하려는 유혹은 매우 크다. 연구자가 실험실 장면에서 통계적으로 의미가 매우 큰 결과를 얻었을 때, 이러한 결과가 실제 상담장면에서도 비슷하게 나올 것이라고 가정하기가 매우 쉽다. 일반적인 규칙은, "실제 연구에 사용된 조건과 모집단을 넘어 일반화시키는 것은 문제가 있을 수 있다"이다. 따라서 내담자, 상담자, 상담과정의 결과들에 대한 일반화가 주요한 관심이라면, 이러한 특정 조건들과 모집단을 반드시 염두해 둔 채 모의방법론의 평가가 이루어져야 할 것이다. 실제 상담과 비슷한 정도에 따라 연구자는 자신의 모의연구 결과가 실제 상담에 아마도 적용될 수 있을 것이라고 결론내릴 수 있다. 다시 한번 말하지만 일반적인 규칙은, "실험실에서 발견된 상관관계들은 일반화하고자 하는 맥락, 즉 실제 상담에서 재검증되어야 한다"는 것이다.

그렇다면 이러한 말들이, 모든 모의연구가 반드시 실제 상담장면 의 조건들과 매우 유사한 수준으로 이루어져야 한다는 말인가? 그렇 지는 않다. 실제 상담장면과 별로 비슷하지 않은 철저히 통제된 모의 연구에서도 많은 지식을 얻을 수 있다. 이는, 관련변인들에 대해 비 교적 별로 알려진 것이 없는 연구 분야에서 특히 그러할 것이다. 예 를 들면, 상담자 능력, 매력, 신뢰성 등을 내담자가 지각하는 데 영향 을 미치는 요소들에 관한 연구에서는, 철저히 통제된 모의연구들로부 터 많은 양의 지식을 얻어 내었다(Corrigan et al., 1980; Heppner & Dixon, 1981).

또 다른 질문이 있을 수 있다. 즉 상담연구에서 과연 어느 정도 까지 내적 타당도를 희생하면서 외적 타당도를 강조해야 하는가? 이 런 문제는 현재 존재하는 지식 기반에 달려 있다. 한 가지 주장으로, 만일 경험적으로 비교적 알려진 것이 없는 상태라면, 연구자들은 내 적 타당도를 희생해서는 안 된다고 말할 수 있다(Kerlinger, 1986). 이런 생각은 과학적 진보에서 내적 타당도의 역할을 강조하는 것이 다. 또한 다른 주장으로는, 별로 내적 타당도가 갖춰지지 않은 장면 에서 얻어진 지식들을 더욱 세련되게 만들기 위해 강력한 모의방법론 이 사용될 수 있다(Gelso, 1979). 이런 식으로 모의연구의 강점(정밀 성과 실험 통제)이 최대한 이용될 수 있고, 연구 결과들은 그 분야에 서 모아진 기존 지식기반하에서 즉각 해석될 수 있다. 두 가지 주장 모두 장점이 있다. 중요한 사실은, 이 두 주장 모두 핵심 주제, 즉 한 특정 방법론의 강점과 약점은, 기존 지식 기반과 사전에 사용된 연구 방법들과 연관되어 이해되어야 한다는 주제와 일치하는 것이다. 보딘 의 1965년 제안과 발맞추어 헤프너 등(1992)은 모의연구와 현장에서 수행되는 실증적 연구가 결합될 것을 주장하며, 그리하여 내적 타당 도와 외적 타당도를 모두 갖춘 지식 기반을 얻게 되기를 바란다고 하 였다.

10 장

과정연구의 방법 : 연계분석과 과업분석

　　상담연구가 성과연구에서 과정연구로 그 강조점이 변화하게 되면서 상담과정을 연구하는 방법들이 계속 개발되고 있다. 상담과정이란 상담시간 동안 발생한 상담자와 내담자의 정서, 행동, 인지 및 상담자와 내담자간의 상호작용 모두를 지칭한다. 그리고 과정연구는 상담과정에서 발생하는 일들에 초점을 맞추는 연구를 의미한다. 즉 과정연구란 상담시간 동안에 어떤 일이 어떤 방식으로 발생하며, 그것이 상담 성과와 어떤 관련이 있는지에 주로 초점을 두는 연구인 것이다.

　　근래에 들어 상담에서 과정연구의 비중이 점점 더 커짐과 함께 상담의 성과·과정연구에 대해 바라보는 관점이 조금 변화했다. 종전의 성과연구와 과정연구에 대한 이분법적인 입장과 성과연구 중심의 연구 경향은 점차로 과정과 성과의 통합적 연구로서의 성격을 띠게 되었다. 성과연구가 "상담과정에서 일어난 것이 무엇인가"에 초점을 맞춘다면 과정연구는 "상담과정이 상담자·내담자에게 어떻게 작용했는가"를 다룬다고 할 수 있다. 또한 성과연구가 상담의 효율성 문제를 다룬다면 과정연구는 상담 상호작용을 분석할 수 있게 해 준다. 현재에는 이들에 대한 이분법적인 경향은 희미해지고 상담의 성과에 기초하여 변화의 과정을 이해하기 위한 보다 종합적이고 포괄적인 관점의 연구가 주종을 이루고 있다. 즉 상담연구에서 상담으로 인해 무엇이 발생했는가에 대한 관심에서 상담이 어떻게 작용했는가의 과정에 대한 관심으로 연구의 방향이 변해 왔다고 할 수 있겠다.

그린버그와 핀소프(Greenberg & Pinsof, 1986)는 과정연구를 다음과 같이 설명한다. "과정연구란 내담자 체계와 상담자 체계간의 상호작용을 연구하는 것이다. 과정연구의 목적은 이들 체계간의 상호작용에서 일어나는 변화의 과정을 밝혀 내는 것이다. 따라서 과정연구는 변화의 과정에 관계된 치료 회기의 안팎에서 일어나는 이들 체계의 모든 행동과 경험을 포함한다."

상담에서 발생하는 현상이나 그 현상의 발생 맥락을 자세히 기술하는 것은 과정연구에서 필수적인 일이다. 과정연구는 상담과정에서 일어나는 변화를 기술, 설명하고 예상하는 것 등을 주로 다룬다. 상담을 통한 변화의 과정에 주목함으로 인해 종전의 성과연구와 과정연구의 이분법적 구분은 더 이상 의미 없게 되었다. 회기중의 과정 측정은 성과의 중간 측정이라고 볼 수도 있고, 반면에 어떤 성과연구의 자료는 회기가 종결된 시점의 과정연구 자료로 다루어질 수도 있는 것이다. 상담으로 발생하는 여러 부수적 변화를 측정함에 있어서도 종결시의 최종 성과의 측정뿐만 아니라 회기마다 또는 매주의 과정적인 성과의 측정이 필요한 것이다.

특별한 상담과정의 회기를 기록하고 관찰할 수 있는 여러 방법들이 개발된 것이 과정연구를 촉발시킨 기폭제였다고 볼 수 있다. 상담을 마친 후 상담자나 내담자가 상담에 대해 전반적으로 회상한 자료나 상담중에 일어난 변화에 대한 이론적 기술에만 의존했던 종전의 성과 중심의 연구 자료는 기본적으로 상담과정에서 일어나는 변화를 다루기에 한계가 있었다. 상담장면의 녹화·녹음, 일방향 거울 등을 통해 상담을 통한 변화의 발생 양상이 정교하게 다루어질 수 있게 됨에 따라 상담의 과정적 변화가 연구의 중요한 초점으로 변모해 온 것이다. 특히 상담장면에 대한 비디오 촬영이 가능해짐에 따라 상담장면에서의 상담자와 내담자의 언어나 행동 반응에 대한 관찰이 가능해진 것은 과정연구의 발달에 큰 주춧돌이 되었다고 볼 수 있다.

과정연구에 여러 가지 방법이 있지만, 대표적인 방법으로서 연계분석(sequential analysis)과 과업분석(task analysis)을 들 수 있다. 아직은 이 방법들이 많이 정교화되지는 못했지만, 앞으로 과정연구에 계속적으로 사용되면서 더 많은 발전이 있을 것으로 기대된다. 이 장에서는 주로 연계분석과 과업분석에 대해서 살펴보겠다.

1. 연계분석

종전의 상담과정 연구들은 상담자 행동과 내담자 행동간의 관계를 연구하는 방법으로 단순상관분석법을 주로 사용하였다. 예컨대, 한 회기에서 상담자의 해석은 내담자의 체험수준과 관련이 있으리라는 가설을 연구할 때 해석의 빈도와 체험수준과의 단순상관을 내었다. 이 연구방법론에는 한 회기에서 해석의 빈도가 높으면 바람직한 상담이다라는 가정이 깔려 있는데, 요즘은 상담기법이 사용되는 시의성, 기법을 사용하는 전후 맥락, 그리고 기법을 사용하는 방식 등을 고려해야 한다는 것이 지배적인 생각이다. 이와 같은 측면들을 연구에 포함시킨다는 것이 방법론적으로 매우 어려웠었는데, 최근에 널리 사용되어지는 연계분석(sequential analysis) 방법이 그러한 어려움을 부분적으로 해결해 주고 있다. 또 많은 연구에서 빈도 분석에 의한 단순상관분석보다 연계분석에 의한 연구가 더 정확하고 많은 정보를 분석해 낼 수 있다는 결과가 나오고 있다(Wampold & Kim, 1989).

연계분석은 사상의 연계를 분석하기 위해 사용되는 모든 분석방법을 이르는 용어이다. 연계분석의 주요한 특징은 분석의 단위가 연계라는 점에 있다. 연계분석에서는 선행반응과 후속반응간의 이행 (transition) 유형에 대한 정보를 알려 주며, 또한 선행반응이 후속반응의 발생확률을 증가시키는지 감소시키는지에 대한 정보를 제공해 줄 수 있다. 리히텐버그와 헥(Lichtenberg & Heck, 1986)은 연계분석에 관한 모형을 크게 세 가지로 정리하였다: 첫째 마르코프(Markov) 사슬 모형, 둘째 래그(lag) 연계분석 모형, 셋째 정보이론분석 등이 그것이다. 이 모형들은 사상들의 조건적·연속적 의존성에 대해서 개념적으로 다소 다르게 접근하지만, 세 모형 모두 어떤 사상이나 행동들의 연속적 패턴이나 반복성(redundancy)을 모색한다는 면에서 공통점이 있다.

또한 연계분석은 상담과정 즉 상담자와 내담자간의 상호작용뿐만 아니라 일반적으로 이자간의 상호작용 유형을 탐색하는 방법으로 활용되어 왔다. 이 방법은 상담자와 내담자의 개별 반응이 아니라 상담자와 내담자의 반응연계를 분석단위로 하기 때문에 상담자와 내담자간에 이루어지는 순간 순간의 상호작용 유형과 시계열적 패턴, 상호영향 관계 등을 밝혀 낼 수 있게 한다. 다시 말해, 연계분석은 순서적으로 발생하는 사상의 계열적 의존성을 분석하여 일방적 혹은 양방의 상호작용 패턴을 찾는 방법으로서(Lichtenberg & Heck, 1983), 상담자 행동과 내담자 행동의 유관성과 반복성을 찾는 데 유용하며, 두 반응간의 상호영향을 파악할 수 있는 이점이 있다(Kim, 1988). 연계분석 방법은 상담연구에서의 인과론의 한계를 극복하기 위해서 시도된 방법이라고 할 수 있다.

그렇지만 연계분석의 한계점들에 대해서도 잘 알고 있어야 한다. 연계분석이 상호작용의 상호성(reciprocity)을 잘 부각시키는 방법이기는 하지만, 현재의 연계분석은 초보적인 단계에 있기 때문에 이 방법들이 대인행동의 상호성을 얼마만큼이나 세련되게, 정확하게, 그리고 의미 있게 반영해 줄 수 있는지에 대해서 항상 유의해야 한다. 또

한 현재의 연계분석 방법은 자료의 단위로서 두 반응의 연계고리만을
사용한다. 세 반응, 네 반응 혹은 그 이상의 연계고리에 대해서는 아
직 분석하지 못한다. 그래서, 상담에서 어떤 중요한 치료적 사상이
발생했을 때 그 앞의 여러 반응들의 연계의 복잡한 양상을 잡아내지
못한다. 또 다른 제한점은 연계분석이 이자간의 상호작용 연구에 제
한되기 때문에, 부부치료, 가족치료, 집단상담 등의 이자 이상의 상호
작용이 일어나는 상황에서는 사용하기 어렵다는 것이다.

　　최근에 연계분석을 이용한 연구들이 많이 발표되고 있으므로, 연
계분석을 이용한 대표적인 연구 예를 들어보겠다.

〈표 10-1〉 **연계분석을 이용한 연구의 실례──이동귀(1992)의 연구**

1. 연구주제 및 가설

　　이 연구는 상담에서의 내현적 과정변인과 상담회기의 효율성 지각
간의 관계를 알아보기 위해 수행되었다. 구체적으로, 초기 상담면접에
서 상담자 반응 의도와 내담자 주관적 반응간의 연계단위와 상담회기
효율성 지각간의 관계를 탐색적으로 알아보고자 한 연구이다. 이 연구
의 예언은 두 가지이다. 첫째는 상담자의 반응의도와 후속되는 내담자
의 주관적 반응간에는 통계적으로 우연 발생 확률 이상으로 일방향적
및 양방향적 연계단위가 존재할 것이라는 것이고, 둘째는 이러한 연계
단위가 존재한다면, 이 연계단위들은 내담자 및 상담자가 평가한 상담
회기의 효율성 지각과 차별적으로 관련될 것이라는 것이다.

2. 연구방법

　1) 측정도구

　　① 문제 체크 목록: 연구에 참여할 내담자를 모집하기 위해 문제
체크 목록을 사용했다. 대학생들이 흔하게 경험하는 네 가지 문제
영역──학업, 대인관계, 성격, 진로──에 대한 문항으로 되어 있다.

　　② 상담자 반응의도 목록: '상담의 범위와 계획을 정하기', '평가
하기', '지지하기', '교육하기', '탐색하기', '재구조화하기', '변화시
키기'의 7개의 의도군으로 되어있다.

　　③ 내담자 주관적 반응체계: '지지받은 느낌', '치료적인 느낌',

‘도전받은 느낌’, ‘부정적인 느낌’, ‘별 느낌 없음’의 5개의 주관적 반응군으로 묶여져 있다.

④ 상담시간 평가질문지: 상담시간 동안 경험한 상담의 깊이와 순조로움을 평가하는 도구이다.

⑤ 상담자 평가질문지: 내담자가 상담자에게서 지각된 전문성, 신뢰성, 호감도를 평가하는 도구이다.

2) 측정방법

내담자들을 상담자에게 무선적으로 할당하여, 총 2회 상담을 실시하였으며, 모든 상담과정은 녹음되었다. 1회 상담시에 상담자는 처음에 녹음에 대한 내담자의 동의를 반드시 구한다. 상담자는 먼저 문제 체크질문지에 체크된 내담자의 주 호소문제를 중심으로 이야기를 시작한다. 상담은 30분이 넘지 않도록 한다. 1회 상담이 끝난 직후 상담자는 그 방에서 그리고 내담자는 연구자가 기다리고 있는 다른 방에서 질문지에 답하게 된다. 이때, 상담자는 상담시간 평가질문지를, 그리고 내담자는 상담시간 평가질문지 및 상담자 평가질문지에 체크한다. 2회 상담에서도 자연스럽게 실제 상담과 같은 방식으로 상담이 진행된다. 2회 상담 후에는 질문지 작성이 끝난 후 상담자는 내담자와 함께 ‘내담자 주관적 반응 목록’을 충분히 읽고 그 회기에 녹음된 내용을 처음부터 다시 들려주면서 상담자의 개입이 있었던 지점에서 녹음기를 멈추고, 상담자와 내담자가 따로따로 그 당시를 회상하면서 ‘상담자 반응 의도 체크표’에, 또한 ‘주관적 반응 체크표’에 표시한다.

3) 분석방법

먼저 상담자의 반응의도와 내담자 주관적 반응간의 상호작용 이행표를 만들고, 이 표를 부호화하여 연계분석 프로그램 패키지를 이용해 일방적 및 양방적 독립성 검증을 실시하였다. 그 다음, 각 사례별로 얻어진 Kappa T 계수의 값과 상담 효율성 평정치간의 상관을 구했다.

3. 주요 결과

먼저 상담자의 경험이 연계단위에 미치는 영향을 살펴보았다. 상담자를 경험이 적은 집단과 경험이 많은 집단으로 나누어 분석한 결과, 연계단위 중 통계적으로 유의미한 차이를 보인 연계단위는 한 개(탐색하기 의도→지지받은 느낌)였다. 이것은 상담자가 탐색하기 의도를 가진 경우에 내담자들은 그 상담자가 경험이 많은 상담자일 때 더 지지받았다고 느끼는 경향이 있다는 것이다.

반응의도와 주관적 반응간의 일방적 및 양방적 연계단위가 존재하는 것으로 나타났다. 상담자에서 내담자로의 이행(의도→주관적 반응)의 연계단위들이 유의미하였으며, 내담자에서 상담자로의 이행(주관적 반응→의도)도 유의미했다. 또한 의도↔주관적 반응의 양방향적 이행도 유의미한 결과를 보였다. 따라서 첫번째 예언이었던 상담자의 반응의도와 내담자의 주관적 반응간에 우연 발생 확률 이상으로 연계되는 일방적 및 양방적 연계단위가 존재할 것이라는 예언이 지지되었다.

4. 논 의

이 연구의 의의를 크게 세 가지로 묶을 수 있다. 첫째, 연구방법론적 측면에서 보면, 반응과 반응간의 연계를 단위로 분석함으로써 의도나 주관적 반응의 단순 빈도와 상담의 효율성을 연결시키는 접근에서는 제공할 수 없었던 정보를 본 연구에서는 새롭게 얻을 수 있었다.

둘째, 상담자 반응의도 다음에 내담자의 주관적 반응이 후속되는 일방향적 연계단위 중에서는 내담자가 평가한 상담회기 효율성 지각 점수와 유의미한 상관을 보인 것이 없는 반면, 내담자의 주관적 반응 다음에 상담자의 어떤 의도가 연계되는가의 단위는 내담자가 평가한 상담회기 효율성 지각과 정적 및 부적으로 상관된 단위들이 비교적 많이 나타났다.

셋째, 내담자의 주관적 반응 다음에 상담자의 의도가 연계된 유형과 상담 회기 효율성 지각간의 관계를 검토한 결과, '탐색하기' 의도사용의 시의성이 중요하게 부각되었다. 같은 '탐색하기' 의도라도 내담자의 느낌에 따라 내담자가 평가한 상담회기의 효율성 지각점수와의 상관정도가 달랐다.

이 연구는 상담자와 내담자간의 내현적인 상호작용을 다룸으로써 연구주제를 확장시켰으며, 상호작용을 연계분석함으로써 상담과정의 맥락에 대한 보다 많은 정보를 제공했다. 또한, 상담의 실제 및 상담자 교육에 시사점을 제공하였다.

이 연구의 제한점은 다음과 같다. 첫째, 이 연구는 모집한 내담자들을 대상으로 한 초기 2회 면접만을 대상으로 했기 때문에 연구 결

과의 일반화에 제약이 따른다. 둘째, 연구방법으로 사용한 연계분석의
제한점도 있다. 분석의 단위는 매 순간의 상담자 반응의도와 내담자의
주관적 반응으로 미세한 것임에 반해, 상담의 효율성을 재는 측정치는
한 회기가 다 끝난 후에 총체적으로 측정한 것이기 때문에 양자간에
상당한 이질성이 존재할 수 있다. 따라서 연계분석을 사용하는 연구에
서는 분석이 되는 매순간에 대해 즉각적인 성과 측정을 함께 하고, 최
종 성과와의 관계를 살피는 것이 바람직하다. 또한 인접한 반응들간의
관계만 다룰 것이 아니라 이순위 이상의 이행관계도 조사함으로써 반
응의 장기적인 원격효과를 연구해야 할 것이다.

2. 과업분석

상담중에 내담자들이 하는 경험 중에는 치료적으로 매우 중요하
고 의미 있는 경험들이 있다(Elliott, 1985). 이렇게 내담자들이 상담
중에 중요한 체험을 하는 순간은 상담 성과에 매우 큰 영향을 미치는
시점이 될 수 있다(Rice & Greenberg, 1984). 그렇지만 지금까지의
상담과정 연구자들은 상담중에 내담자가 변화되는 순간이나 사상에
연구의 초점을 별로 맞추지 않았었다. 연구자들은 단일 변인들간의
단순한 관계를 찾거나 상담과정과 성과의 전체적인 관련성을 파악하
는 데 주력해 왔다(Greenberg, 1986; Stiles, 1988). 이러한 연구들은
상담과정이 고정된 의미를 갖고 있음을 가정한 연구라 할 수 있다.
그러나 모든 상담과정이 기능적으로나 질적인 면에서 동일하지 않을
뿐더러 그 발생 맥락에 따라 그 의미도 달라지므로, 상담과정의 맥락
적 의미를 간과하고 기계적으로 그 결과를 통합하는 것은 바람직하지
못하다고 할 수 있다. 상담을 통한 내담자 변화과정을 보다 잘 이해
하기 위해서는 기존의 총체적인 연구단위——예를 들면, 회기성과나
궁극적인 상담성과——보다는 주요 사상이나 회기 내에서 내담자의

변화에 전환점이 될 수 있는 시기들을 추출한 후 그 전후 맥락을 집중적으로 분석하여 연구하는 것이 필요하다는 인식의 전환이 필요한 것이다.

최근에 상담 회기중에 발생한 중요한 사상, 즉 중요 순간을 포착하여 그 사건의 전후에 어떤 상담 상호작용이 있었고 내담자와 상담자가 어떤 체험을 하였는지를 분석하는 연구가 행해지고 있다. 이것을 과업분석(task analysis) 또는 사상분석(event analysis)이라고 한다. 한 회기가 50분 동안 진행되었다고 할 때, 그 50분 동안 모두 똑같은 상호작용이 있었던 것이 아니고 변화무쌍했을 것이며, 그 중 어느 시점에는 내담자의 변화를 일으키는 매우 중요한 시점이 있었을 것이라는 가정을 하는 것이다. 사상에 대한 연구는 아직 초기 단계에 있기 때문에 연구결과들이 많이 보고되어 있지는 않다.

상담과정중에 나타나는 중요한 순간이나 사상의 개념적 정의에 대해서는 여러 상담이론이나 상담연구에 따라서 조금씩 다르게 나타나고 있다. 정신분석학적인 입장에서는 상담을 통해 내담자들이 새롭게 자신과 주변 세계를 바라보는 시각을 갖추게 될 준비가 이루어지는 순간을 중시하였다. 다시 말해, '통찰'을 상담과정에서 경험해야 하는 중요한 내담자 과업으로 보고 상담중에 그러한 경험을 하는 순간을 중요한 사상으로 보는 것이다(Elliott, 1984). 반면에 형태주의적인 입장에서는 내담자의 미해결 과제가 해결되고 자기의 분리되었던 부분들이 전체적인 자기 내에서 일치되고 통합되는 순간을 중요한 사상으로 본다(Simkin & Yontef, 1984). 그리고 내담자 중심이론에서는 상담중에 내담자가 자신에 대한 자각을 확장해 나가고, 내면에 대한 탐색이 심화되는 순간을 상담 회기 내에서 중요한 순간으로 파악하고 있다(Meador & Rogers, 1984). 비슷한 맥락에서 경험이론적인 입장을 보이는 연구자들도 내담자들이 현재의 즉시적 경험들에 주의를 기울임으로써 자신의 내적 관점이 변화되는 시점을 주요 사상으로 보고 있다(Gendlin, 1979). 이와 같이 사상에 대한 개념 정의는 다양하게 이루어졌지만, 내담자가 자신의 정서적 측면과 감정들을 자연스럽게 표출함으로써 새롭게 자신을 이해하게 되고, 상담과정에 몰입하는 순간이 매우 중요하다는 점은 공통적으로 제시되고 있다.

　이러한 분석방법을 사용하여 상담의 주요 순간을 조사하는 데에는 아직 여러 가지 방법론적 문제가 많이 남아 있는 것이 사실이다. 주요 사상에 대한 조작적 정의와 그 주요 사상을 측정하는 문제가 그 예이다. 주요 사건이란 매우 주관적으로 체험되는 것이기 때문에 객관적인 기준이 필요할 것이다. 사상 추출 및 측정상의 문제로 인하여 지금까지 실제 상담사례의 회기 진행과정을 종단적으로 분석하여 사상 발생의 전후 맥락을 연구한 적은 거의 없었다. 보통은 연구에 자발적으로 참여한 모의 내담자들을 대상으로 한 단일 회기 모의연구가 많았다. 그리고 실제 사례를 대상으로 한 연구들도 연속적인 회기보다는 한 회기를 미리 선택한 후 사상을 추출하는 방법을 주로 이용하였다. 이상의 방법들은 연구상황을 연구자가 조작함으로 인하여 연구의 외적 타당도가 제한될 수 있으며, 결과의 일반화에도 한계를 가지게 된다. 또한 사상은 발생한 맥락에 의거하여 연구되어야 한다는 기본적인 사상 연구원칙에도 배치되는 것이다.

상담에서 측정의 문제

11장 상담효과의 기준과 측정

11 장
상담효과의 기준과 측정

상담의 목표는 내담자의 변화에 있다. 그래서 상담효과라고 할 때에는 내담자가 얼마나 바람직하게 변화되었는가 하는 것이 중요한 문제가 된다. 내담자가 바람직하게 변화되었다고 하는 것은 여러 가지 면을 포함하는데, 여기에는 내담자의 정서, 행동, 인지에서의 변화와 상담자와의 관계를 포함하는 대인관계에서의 변화, 그리고 사회적 역할 수행에서의 변화를 들 수 있다.

상담을 통해서 내담자에게 변화가 일어났다고 할 때, 변화의 기준과 그것을 어떻게 측정할 것인가의 문제가 우선적으로 논의되어야 한다. 여기서 기준이라고 하는 것은 상담의 목표나 결과에 대한 조작적인 설명개념이라고 할 수 있다. 따라서 기준의 개념에는 상담자의 가치관이 암시적으로 반영되어 있다고 볼 수 있으며, 내담자의 행동 변화를 평가하는 사회적인 맥락도 간접적으로 개입되는 것이다.

여기에서 순수한 심리학적 구성개념과 개인을 환경에 연관시키는 기준변인을 구분할 필요가 있다. 즉 행동변화 및 성취결과가 바람직한지의 여부와 정도는 그 행동이 일어나는 사회환경적 맥락을 구체적으로 규명하지 않고서는 판단하기 어려운 것이다. 특히 상담연구에서는 개념적 기준 및 기준행동과 연구문제 및 연구자의 관련 목표 등을 구별하여 이해할 필요가 있다. 개념적 기준은 연구의 일반적 목표를 근거로 한 사회적 관련성 및 효과의 의미에 대한 기준을 말한다. 관련 목표의 기준 행동은 개념적 기준을 정확히 반영하는 것으로 판단되는 관찰자료(예: 심리검사 점수, 상담 만족도에 관한 내담자의 보고 등)라고 할 수 있다.

기준 행동의 자료가 얼마나 개념적 기준을 반영하는지의 판단은 이론적 또는 논리적 해석이 개입되어야 하므로 논란의 여지가 있다. 또한 이 기준 행동의 측정 절차에서도 그것이 과연 합당한 측정이 되는지에 대한 논란이 있을 수 있다. 그렇기 때문에 상담연구에서는 어떤 문제를 가진 어떤 내담자를 어떤 조건에서 누가 어떻게 상담했을 때 어떤 변화가 있었는가 하는 점이 분명히 제시되어야 한다. 그렇지만 어떤 평가절차를 따르느냐 하는 것은 상담연구자의 관점과 견해에 따라 달라질 수 있다. 이 장에서는 상담효과의 기준을 선정하는 조건과 기준의 차원이 무엇인지, 그리고 상담효과를 측정하는 방법에는 어떤 것들이 있는지에 대해 살펴보도록 한다.

1. 상담효과 기준 선정의 조건

심리학과 같은 행동과학에서 어떤 심리적 속성을 측정하고 양화하는 것은 연구의 가장 기본적인 절차임에도 불구하고 종전의 상담연구는 이 부분에 과학적이고 객관적인 접근을 하지 못했다. 단적인 예로 과거의 상담연구에서는 상담의 효과를 평가하기 위한 지표로 상담자의 직접적인 평정에만 의존했을 뿐이다. 비교적 최근에 와서야 상담의 효과를 보다 객관적으로 파악하기 위한 노력으로 내담자, 다른 전문가나 관찰자, 생리적 지표, 사회적 기록 등 다양한 평가와 비교의 관점을 복합적으로 고려하기 시작한 것이다.

상담효과 연구의 초반에는 각 이론의 독특한 입장이 반영된 측정도구가 사용되었다. 정신분석학파에서는 로샤검사, 주제통각검사, 인물화 검사, 문장완성검사 등이 사용되었고, 인간중심치료에서는 주로 큐 소트(Q-sort) 기법이 사용되었다. 이러한 이론중심적 측정법은 점차 특정 이론과는 무관하게 객관적인 방법을 추구하는 방향으로 변화하였다.

여기서 상담의 효과를 측정하기 위한 여러 방법들을 생각하기 전에 먼저 고려해야 할 문제가 있는데, 그것이 바로 기준의 문제이다. 상담의 효과를 측정하기 위한 기준을 선정할 때 어떠한 기준의 차원과 관점에 주목하는가에 따라 그 효과를 측정하는 방법이 달라질 것이다. 예를 들어, 상담 회기의 진행에 따른 시간적 차원을 고려할 때 기준 변인은 처치(상담) 직후 바로 측정할 수 있는 즉각적 기준, 얼마간의 시간이 경과한 후에 측정가능한 중간적 기준, 처치 및 활동의 최종적 결과를 측정하는 최종적 기준의 세 가지가 있을 수 있다. 이러한 차원에서 볼 때 상담연구에서 제시되는 근거는 이 세 가지 기준 중에 적어도 한 부분에서라도 내담자에게 어떤 변화가 일어났다는 사실을 반영해야 할 것이다. 어떤 의미에서 상담의 효과를 연구하기 위한 기준의 선정은 내담자에게 일어난 변화를 파악하기 위한 기준을 마련하는 것과 동일한 맥락선상에 있다고 볼 수 있다. 따라서 상담연구는 변화에 대한 적합한 기준을 선정하는 것에서 시작한다고도 할 수 있겠다. 먼저 기준을 선정하기 위해서 생각해야 할 여러 조건들이 있다.

첫째, 기준은 구체적인 발달적 목표를 지향하는 행동 및 성취의 한 증거라는 관점에서, 내담자가 이룩한 성장과 발달에 대한 실증적 근거를 제시할 수 있는 구체적인 것이라야 한다. 이것은 상담이 그 정의상 "인간적 성장을 위한 학습과정"(이장호, 1995)이란 개념을 포함한다는 점을 고려할 때, 그 효과연구 역시 성장에 대한 근거를 제시하는 데 역점을 두어야 한다는 것이다.

둘째, 기준은 객관적 관찰과 보고가 가능한 행동의 단위로 기술되어야 한다. 만일 기록이나 측정의 기준이 내담자의 주관적인 속성이나 내재적인 측면들을 요구할 경우 획득되는 자료에서 객관성을 보장받기란 그리 쉬운 일이 아니다. 반면에 외현적이고 관찰이 용이한 행동 등을 관찰의 표적으로 할 경우 예를 들어, 표적 행동의 발생횟수 변화를 기록하는 것은 비교적 객관적인 자료로 사용될 수 있다.

셋째, 기준은 측정되는 속성의 양화를 위해서 척도화가 가능하도록 사전에 조작적으로 정의되어야 한다. 또한 측정되는 변인 값의 양극단은 분명하고도 구체적으로 정의될 수 있어야 한다.

넷째, 기준은 복수적 차원에서 설정될 필요가 있다. 이는 상담을 통한 내담자 변화가 여러 차원에서 복합적으로 일어나기 때문이다. 개인들을 획일화하지 않고 각각이 지니는 다양성과 독특성을 충분히 반영할 수 있기 위해서는 상담효과의 기준 역시 복수이어야 함은 상담연구에서 가장 기본적인 전제라고 할 수 있겠다. 다시 말하자면 상담에서 일어나는 변화는 다차원적이기 때문에 이를 반영하기 위한 측정도구 역시 다차원적으로 고려되어야 한다는 것이다.

다섯째, 상담의 결과 측정을 체계화하기 위해서는 측정방법, 평가의 근원, 변화의 영역 등 여러 측면에서 다차원적인 기준을 설정함으로써 수렴 타당도를 높여야 한다. 방법상에서는 행동관찰, 생리적 지표 측정, 평정 등 여러 자료 수집방법을 생각할 수 있고, 평가의 근원으로서는 상담자, 내담자, 타전문가 및 관찰자 등이 있을 수 있다. 변화의 영역에서는 이 장의 서두에 제시했던 것처럼 개인내 변화, 대인관계 영역에서의 변화, 사회적 역할 수행에서의 변화 등으로 구분해 결과에 대한 체계적인 접근을 시도할 수 있다.

여섯째, 상담 개입의 결과에 실제적 유의미성이 부여될 수 있는 평가의 기준을 마련해야 한다. 단순히 심리검사 결과의 통계적 의미를 추구하는 것이 반드시 실제적 유의미성을 뒷받침해 주지는 못한다. 상담연구에서 통계적 유의미성과 실제적 유의미성이 불일치하는 경우로 다음과 같은 예를 생각해 볼 수 있다. 예를 들어 내담자가 상담과정을 통해 사회적 불안을 측정하는 검사를 여러 번 시행했다고 할 때, 검사 결과에서 시행에 따라 나타난 수치상의 변화가 통계적으로 유의미하다고 검증되었다 할지라도 이러한 변화가 실제적으로 내담자의 대인관계 맥락에 충실히 반영된다는 보장은 없다.

2. 상담효과 기준의 차원

기준의 차원에는 여러 가지가 있을 수 있겠으나, 우선 여기서는 일반성·특수성, 객관성·주관성, 단일·복수, 내적·외적, 공통·개별의 다섯 개의 차원에서 그 의미를 생각해 보기로 한다.

(1) 일반성 대 특수성 기준

이는 내담자의 생활 일반에서의 향상에 초점을 맞출 것인가, 아니면 특정 영역에서 이루어진 성장 및 발전을 준거로 삼을 것인가에 따른 기준이다. 예를 들어, 개인적 적응을 기준으로 삼을 것이냐 성적의 향상을 준거로 삼을 것이냐의 경우가 한 예가 될 것이다. 이제까지는 대체로 모호하고 추상적이며 이론적 구성개념에 입각한 기준이 많았으나, 최근에는 행동주의적 상담의 영향을 받아서 전보다 구체화된 것이 많아지고 있다. 일반적 차원(예: 자기실현, 통찰)이 유용한 기준의 개념이 되려면 각 내담자의 개인적 문제에 관련된 구체적 행동으로 다시 정의되어야 할 것이다.

(2) 주관성 대 객관성 기준

이것은 상담의 경험에 대해 내담자가 주관적으로 보고하는 현상학적 자료를 쓸 것인지, 아니면 누구나 관찰할 수 있는 보다 객관적인 측정을 할 것인지의 문제이다. 주관적 기준은 주로 인간중심의 상담에서 많이 개발된 것으로 큐 소트(Q-sort), 자기평가 점수, 추수면접의 방법 등을 들 수 있다. 객관적 기준에는 학력증진, 적절한 직업선택, 직업적 성취, 구체적인 공포반응의 감소 등으로 내담자의 행동에서 직접적으로 관찰될 수 있고 추출가능한 객관적인 측정을 근거로한다. 객관적 기준은 주관적 기준에 비해서 자료의 수집이 더 어려우므로 실제에서는 양자를 다 쓰는 것이 보통이다.

(3) 단일 대 복수 기준

기준을 한 가지로 할 것이냐 아니면 복수로 할 것이냐의 문제와 관련해서 연구자들의 입장에서는 복수 기준을 사용할 것을 권하고 있다. 두 가지 이상을 측정함으로써 상담의 효과를 측정하는 데 관련된 한계를 극복할 수 있고 더 많은 정보를 얻을 수 있는 것이 사실이다. 여러 측정방법과 준거를 사용하여 나온 연구 결과는 단일 기준의 연구 결과에 비해 훨씬 더 강한 설득력을 지닐 것이다.

(4) 내적 대 외적 기준

내적 기준이란 상담과정 자체에서 표현된 것인데 반해, 외적 기준은 상담장면 밖에서 일어난 것이다. 전자의 예로는 내담자의 주관적 보고, 상담 내용의 축어록 및 심리검사 자료 등이 있다. 후자의 예로는 직업 안정성과 만족도, 주요한 타인과의 관계, 학교성적 등이 있다. 이것은 앞에서 말한 주관적·객관적 자료와 중첩되는 경우가 많다.

(5) 공통적 대 개별적 기준

모든 내담자에게 같은 기준을 사용해야 할 것이냐, 아니면 각 내담자에게 개별적인 기준을 사용해야 할 것이냐 하는 문제이다. 내담자마다의 호소문제, 관찰된 증상 및 내담자가 처한 상황의 특수성을 감안한다면, 상담효과에 관한 측정은 이러한 개별성을 보다 충실히 반영해야 할 것이다.

3. 상담효과의 측정방법

상담의 결과로 내담자들이 인지, 행동, 정서 등의 여러 차원에서 복합적인 변화를 겪게 된다는 점을 고려할 때, 상담의 효과를 측정하기 위한 방법들도 변화의 다양한 양상들을 포괄할 수 있는 다각적 측면에서 모색되어야 함은 당연한 일이다. 또 대부분의 성공적인 상담과정의 경우 내담자들은 여러 차원에서 복합적인 성장과 변화를 경험하게 되는 것이 일반적이다. 따라서 다음에 소개할 여러 가지 상담의 효과 측정방법은 각 내담자의 상담 경과와 특성에 따라 융통성 있게 복합적으로 적용되어야 할 것이다. 여기서는 상담의 효과를 측정·평가하는 주체가 누구인가에 따라 연구에 사용될 수 있는 측정방법들을 다음과 같이 분류하였다.

(1) 자기보고법

자기보고법(self-report method)은 내담자에게 자신의 생각, 느낌, 신념, 행동, 현재 상황 등을 스스로 평가하게 하는 방법으로 상담 심리학을 비롯한 여러 심리학 분야에 가장 흔히 사용되어 온 측정법 중의 하나이다. 상담의 효과를 측정하기 위한 자기보고법으로는 상담에 대한 내담자의 사후만족도를 측정하는 질문지나 증상 체크리스트, 성격검사지 등을 이용하는 지필검사와 내담자 스스로 자신의 행동을 관찰하여 기록하게 하는 자기감찰법 등이 사용된다.

1) 질 문 지

질문지법(questionnaire)이나 평정척도(rating scale)는 지필검사의 형태로 주로 내담자의 주관적 경험 내용을 평가하는 데 사용되어 왔다. 질문지법은 상담의 효과를 측정하기 위해 상담의 종결 단계에서 상담 결과에 대해 내담자 자신이 느끼는 만족도나 상담 후의 인지, 정서, 감정적 성장과 변화를 평가하는 한 방법으로 사용될 수 있다. 실제로 상담과 관련된 많은 연구들이 내담자 자신이 경험한 상담의 만족도, 변화와 성장에 대한 주관적 평가 등을 보고하게 하는 '측정방법을 통해 상담의 효과를 평가해 왔다. 보통 내담자는 이러한 사후질문에서 상담을 통해 겪은 전반적인 변화나 특정 목표 행동이나 인지 등과 관련해 자신에게 일어난 변화를 기초로 하여 일련의 문항들에 응답해 나가게 된다. 일반적으로 사후만족도 측정질문지는 높은 안면타당도를 지닌 문항들로 이루어지며, 그 실시절차가 신속하고 간단하다는 장점이 있다.

가필드(Garfield, 1978)는 이러한 사후만족도 질문지에 대한 내담자의 응답은 상담을 통해 경험한 실제적인 변화보다는 종결시 자신의 상태인식으로부터 더 강한 영향을 받는 경향이 있다고 지적했다. 이

것은 무엇보다도 내담자들이 스스로 호소했던 초기의 심리적 고통과 그 변화의 정도에 둔감하기 때문인 것으로 이해할 수 있다. 사후만족도 측정질문지의 이러한 단점을 보완하기 위해서 뷰틀러와 크레이고 (Beutler & Crago, 1983)는 내담자가 상담 종결시의 현상태뿐 아니라 상담 시작 당시의 심리적 고통 수준을 같이 평가하게 하는 질문지 형식을 구성하기도 했다. 즉 여기서는 이 두 시점에서의 두 평정치간의 차이가 상담과 관련된 실제적인 변화 정도를 반영한다고 볼 수 있는 것이다.

2) 증상 체크리스트

상담의 효과를 측정하기 위해 사용되는 증상 체크리스트는 내담자의 구체적인 문제와 증상을 측정하는 것으로, 벡 우울 질문지(Beck Depression Inventory)와 상태-특질 불안 척도(State-Trait Anxiety Inventory) 등이 이에 속한다. 이와 같이 특정 증상을 평가하는 증상 체크리스트 외에, 홉킨스 증상 체크리스트(Hopkins Symptom Checklist)와 같이 동시에 여러 차원의 증상을 측정하는 검사지도 있다. 후자는 이질적인 내담자 집단에 잘 적용되지만, 전자는 동일한 문제를 호소하는 동질적인 내담자집단의 연구에 적합하다. 가장 많이 쓰이는 증상 체크리스트는 간이정신진단검사(SCL-90-R)이다. 이 척도는 아홉 개의 개별 증상 차원과 세 개의 전체적 지표를 통해 정신 병리의 정도를 진단하는 검사지로 총 90문항으로 구성되어 있다.

체크리스트의 특성상 복합적인 증상이나 특질 차원을 동시에 측정하는 중다 체크리스트가 필요한 경우도 있지만, 특정 증상에 초점을 맞춰 상담의 효과를 측정하기 위해서는 한 개 이상의 단일 증상 체크리스트를 사용하는 것이 보다 효과적이다. 상담의 효과를 측정함에 있어 체크리스트의 장점은 다음과 같다. 우선 체크리스트는 실시가 간단하고 신속하게 정보를 얻어 낼 수 있으며, 사후만족도 측정질문지에 비해 보다 잘 표준화되어 있다. 이 검사방법이 일반적으로 상담을 통한 치료적 개입의 효과를 민감하게 반영해 낸다는 점 역시 중요한 장점의 하나이다.

3) 성격검사

상담의 효과를 측정하는 자기보고법의 한 방법으로 흔히 사용되는 것 중의 하나가 객관적 성격검사이다. 객관적 성격검사는 사후 만족도 질문지, 체크리스트 등 다른 자기보고식 측정방법에 비해 비교적 지속적이고 광범위한 욕구나 갈등, 증상, 성격 패턴 등을 측정하는 데 사용된다. 즉 이 검사는 정신병리적 측면과 더불어 일반적 성격 특성에 대한 상담효과를 검증하는 데에도 사용될 수 있다. 상담의 효과를 측정할 때 초점의 대상이 개인의 특정 증상이나 성격 특질에 대한 것이라면 증상 체크리스트가 효과적으로 이용될 수 있지만, 연구자의 목표가 인지, 정서, 행동 등 성격 전반에 대한 상담의 효과를 밝히기 위한 것이라면 성격검사가 다른 어떤 자기보고식 검사보다도 효과적인 도구로 이용될 수 있다.

물론 이러한 성격검사 방식에 의한 상담연구에도 여러 회의적 시선이 있는 것 또한 사실이다. 각 성격검사에서 측정하고자 하는 기본적인 성격 차원들이 과연 실재하는 것인지에 관한 논란은 상담연구에 있어서 성격검사를 사용하는 것에 보다 신중할 필요가 있다는 점을 상기시켜 준다. 대부분의 자기보고식 질문지가 가지는 단점이지만, 반응경향성에 의한 내담자의 주관적인 반응 왜곡은 성격검사가 상담의 효과 측정방법으로 지니는 효용성을 그만큼 감소시키는 것이기도 하다. 따라서 성격검사방법이 상담의 효과를 측정하는 데 유용한 도구가 되기 위해서는 무엇보다도 검사도구 자체의 신뢰도와 타당도를 증진키기 위해 보다 많은 노력을 기울여야 한다.

가장 많이 쓰이는 성격검사의 대표적인 것들로는 다면적 인성검사, 아이젠크 성격질문지, 16 성격요인질문지, 캘리포니아 성격질문지, 사회행동구조분석 등이 있다. 또 다른 성격검사로 로샤나 주제통각검사 등이 있는데, 이들 투사적 성격검사들은 전반적인 성격의 이해를 위해 매우 보편적으로 사용되지만 상담의 성과나 결과에 대한 연구에는 그리 바람직하지 않은 것으로 여겨진다(Lambert, Shapiro & Bergin, 1986). 투사법 검사들은 물론 성격 분석의 측면에서는 유용한 자료를 제공한다. 하지만 상담의 효과 측정을 위해 이들 검사를 여러 차례 시행했을 때 그 결과에서 어떤 변화가 나타났다 하더라도 그 시행간의 차이가 실제적인 성장과 발전에 대한 직접적인 근거라고 보기는 힘들다. 뿐만 아니라 투사법 검사 자료는 상담 개입에 의한 변화나 효과에도 민감하지 못하고, 그 실시절차 역시 시간적·경제적으로 비효율적인 점을 감안할 때 상담의 효과를 측정, 평가하는 연구에는 다소 적합하지 못하다고 할 수 있다.

4) 자기감찰법

자기보고법의 또 다른 방법으로 인지행동적 입장에서 중요시되는 자기감찰법이 있다. 이것은 내담자가 스스로 자신의 인지, 정서, 행동 등을 일관되고 체계화된 방식에 의해 관찰하고 기록하는 것이다. 실제로 대부분의 연구에서는 주로 행동반응에 초점을 맞추고 있다.

이 방법은 그 특성상 발생빈도가 아주 적거나 제삼자가 관찰할 수 없는 행동 등 상담자가 접근하기 어려운 내담자의 행동들을 초점으로 하여 내담자 스스로 관찰하여 기록하도록 한다. 따라서 이 방법은 내담자가 어느 정도의 인지적 예민성과 솔직성을 가지고 있고 상담과정에 대해 적절한 협조적 자세를 지닐 것을 전제로 한다. 또한 감찰의 대상이 되는 행동 역시 명확하게 정의되고 비교적 관찰하기 쉬운 성질의 것이어야 한다.

자기감찰법은 연구방법상 정교한 통제가 허용되지 않기 때문에 그 정확성과 신뢰성에 영향을 주는 여러 요인들이 복합적으로 엉켜 있다. 목표 행동의 성질, 시간계획, 목표 행동과 공존하는 행동이나 상황의 특성, 내담자의 자기감찰 훈련정도와 인지적 정확성, 자기감찰에 대한 동기부여 정도, 채택된 행동관찰 기록방식 등은 상담의 효과를 정확하게 측정함에 있어 상당한 영향을 미치는 변인들로 작용할 수도 있는 것이다. 이러한 잠재적 문제점에도 불구하고 자기감찰법은 적절한 주의만 주어진다면 유용한 정보 제공원이 될 수 있고, 실제로도 그런 가치를 인정받아 중독행동, 강박행동, 학습행동, 수면행동 등에서 나타나는 부적응적 행동의 교정을 위한 자료획득에 널리 사용되어 왔다. 예를 들어, 음주 및 흡연 행동, 음식 섭취량, 성적 행동, 강박적 사고 및 행동 등이 자기감찰의 목표 행동으로 관찰될 수 있다.

　자기감찰법이 지니는 특징 중의 하나는 이것이 상담의 효과를 측정할 수 있다는 연구적 이점 외에 그것 자체가 치료적 효과를 지니고 있다는 것이다. 내담자가 자기감찰과정에 들어가면 관찰에 의한 반응성이 유발되어 스스로에게 긍정적 피드백을 제공하여 바람직한 행동을 증가시키고, 문제 행동을 감소시키는 순기능적 양상을 보이는 경우가 있다. 하지만 그 치료적 이점에도 불구하고 이러한 측면은 상담연구에서 상담과정이 가지는 효과의 정도를 정확하게 측정해 내는 데에는 장애가 되는 잠재적 요소가 될 수도 있다. 이러한 반응성 요인 외에도 상담의 효과를 정확하게 측정하기 위한 목적에 역행하는 여러 요소가 있다. 앞에서도 밝혔듯이, 내담자가 비협조적이거나 자기감찰에 대한 충분한 동기와 이해를 가지고 있지 못한 경우 이 방법은 신뢰로운 자료를 제공하지 못한다. 또 만일 내담자가 어떤 행동이 발생한 직후에 기록을 하지 않고 자신의 기억에 의존한다면 그 결과의 신뢰성은 떨어지기 마련이다. 하지만 실제로 내담자가 대상 행동들을 매번 바로 기록하기란 그리 용이한 일이 아니다. 또한 내담자가 자신의 행동을 민첩하게 관찰, 기록해야 한다는 점에서 이 방법은 내담자의 일상생활을 어느 정도 방해하거나 부자연스럽게 만들어 상담의 효과 측정을 오염시킬 여지가 있다. 따라서 이 방법을 사용할 때 연구자는 내담자에게 자기감찰법에 대한 올바른 이해와 동기를 부여해 분명한 동의를 얻어 내고, 자기감찰이 일상생활에 주는 지장을 최소화하는 간편한 기록방식을 고안하여 이러한 문제점들을 최대한 배제한 자연스러운 상황에서의 자기감찰이 이루어질 수 있도록 세심한 주의를 기울여야 한다. 이러한 자기보고법의 여러 단점에도 불구하고 이 방식은 심리학 연구의 종속변인 값을 제공함에 가장 빈번하게 사용되는 방법임에는 틀림이 없다.

지금까지 상담효과의 측정에 사용되는 자기보고법의 종류들을 간단히 살펴보았다. 일반적으로 이러한 방법들이 가지고 있는 기본적 전제 및 조건은 내담자들이 자신의 심리적·행동적 상태를 진실하게 반영해야 한다는 것이다. 부언하면 이들 방법의 효용성은 내담자들이 얼마나 정직하고 진실하게 검사 상황에 반응하는가에 따라 결정된다는 것이다. 마지막으로 이러한 전제조건과 특성으로 인해 자기보고법의 측정도구들이 지니게 되는 장·단점을 종합하면 다음과 같다.

〈표 11-1〉 **상담효과 측정을 위한 자기보고법의 장·단점**

1. 자기보고법의 장점

　첫째, 실시절차와 방법이 비교적 간단하다.

　둘째, 집단을 대상으로 검사를 한 번에 실시할 수도 있기 때문에 경우에 따라 검사에 소요되는 시간을 절약할 수 있다.

　셋째, 상담자가 관찰, 평가할 수 없는 부분들에 대해 내담자로부터 직접 정보를 얻어 낼 수 있다.

　넷째, 자기보고법은 상담과 심리치료의 현상학적 관점에 잘 부합한다. 현상학적 관점에서는 내담자 자신의 생각과 느낌이 가장 중요시된다. 따라서 행복감, 불안감 등에 대한 내담자 자신의 보고 자료는 현상학적 관점에서 볼 때 진정한 경험적 의미를 내포하고 있는 것이다.

2. 자기보고법의 단점

　첫째, 내담자들이 연구자의 의도를 파악하려 시도하고 그에 부응하는 반응을 하려 할 때 검사 결과가 왜곡될 수 있다.

　둘째, 자신을 실제보다 과장해서 좋게 보이려 하는 경우, 즉 사회적 선희도에 의한 응답은 자료의 정확성을 떨어뜨린다.

　셋째, 위와 반대로 오히려 자신의 증상을 과장하여 위장된 불편감을 호소하는 경우도 자료의 신뢰성을 잃게 만든다.

(2) 전문가 또는 훈련된 관찰자에 의한 상담효과 평가

　여기서 말하는 전문가나 훈련된 관찰자는 상담자와 내담자 이외의 상담장면에 대한 직접적 개입이 없는 제삼의 관찰자를 의미한다. 이처럼 간접적 인물을 통해 상담의 효과를 측정하는 것은 상담자나 내담자의 관찰이 내포하고 있는 왜곡과 오류의 가능성을 배제하고 중립적인 관찰 자료를 획득함으로써 상담의 효과 측정에 보다 객관적인 결과를 얻기 위함이다.

　잠시 평정척도를 예로 들어 상담자와 내담자가 보일 수 있는 오류들을 언급해 보겠다. 앞에서도 지적했듯이 우선 내담자는 여러 가지 반응 경향성을 통해 자료를 왜곡한다. 상담자의 입장에서 저지르기 쉬운 오류에는 다음의 것들이 있다. 먼저, 상담자는 자기가 지닌 편견에 의해 왜곡되고 주관적인 평정을 내리기 쉽다. 특별히 상담자가 극히 제한된 상황의 내담자만 관찰해 왔다면 그 평정은 특수한 상황적 요인에 의한 영향을 받기가 쉬워진다. 이런 의미에서 상담을 통한 내담자 변화의 일반적·전체적 측면을 살펴보기 위해서는 다양한 상황에서 내담자를 관찰할 것이 요구된다. 상담자가 내담자에 대해 어떤 전반적 인상에 의거하여 어떤 평가를 내리고 나면 여기서 비롯되는 후광효과(halo effect)로 인해 평정의 객관성이 상실될 수 있다.

또 많은 평정자가 평정시에 몇몇 평정 유목에 한정된 평정을 내리는 경향을 보이기도 한다. 예를 들어, 5점 평정척도에서 전반적으로 '보통 이상'의 중간적 평정을 내리게 되면 결과적으로 적용된 척도는 3점 평정척도가 되어 본래의 척도값이 지니는 의미를 잃게 된다. 다른 심각한 경우는 평정자가 제한된 정보에 근거하여 내담자를 어느 범주에 할당하고 그에 부합되는 일관적 평정을 내리게 되는 경우로, 이때는 매우 임의적인 자료를 얻게 된다. 요컨대, 이러한 오류들은 상담의 효과를 정확히 측정함에 저해요인으로 작용할 뿐이다. 따라서 제삼의 관찰자를 통해 내담자를 관찰하게 하는 것은 많은 오염변인들을 제거하는 효과적인 통제방법이 되는 것이다.

1) 구조화된 면접

빈즈(Wiens, 1990)는 면접을 다음과 같이 정의했다: "면접이란 언어적·비언어적으로 교환되는 의사소통을 통하여 면접자와 피면접자간에 정보와 아이디어, 태도, 감정, 메시지를 교환하는 과정이다." 면접은 그 기준을 어떻게 잡느냐에 따라 여러 유형으로 나뉠 수 있다. 특별히 여기서는 상담효과의 측정시 제삼의 훈련된 관찰자에 의해 사용될 수 있는 방법으로서 구조화된 면접을 들 수 있다. 이것은 면접과정, 문항 내용의 구조화된 정도에 따른 분류의 한 유형이다. 이 면접은 진행중에 제시될 질문의 항목과 순서가 일정하게 표준화되어 있다. 면접자는 정해진 규격과 순서에 따라 면접을 이끌어 나간다.

구조화된 면접의 장점은 특정 증상의 유무를 평가함에 있어서 정확성과 신뢰도가 높다는 점이다. 관찰자가 훈련이 부족해 미숙한 상태일지라도 표준화된 절차를 따라 면접을 진행하면 되므로 필요한 내용과 정보를 누락시킬 위험이 적다는 점 또한 표준화된 면접의 장점이다. 참고로 비구조화된 면접은 면접과정이 고정되지 않고 상황에

따라 융통성 있게 이루어지므로 고도로 숙련된 면접자가 아니고서는
상담효과의 측정을 위한 연구에 사용되기 힘들다. 따라서 대부분의
임상, 상담가들은 구조화된 면접 내용에 자신의 융통성을 발휘할 수
있는 부분적으로 구조화된 면접(semistandardized interview)을 이용한
다. 이 방법 역시 직접 자료를 수집하게 되는 제삼의 면접자가 많은
훈련을 받은 숙련된 관찰자나 전문가가 아니고서는 연구의 실제적 적
용에 많은 어려움이 있을 수 있다.

2) 행동계수법

구조화된 면접과 함께 훈련된 제삼의 관찰자에 의한 상담효과 측
정법으로 빈번하게 사용되는 것에는 행동계수법(behavioral counts)이
있다. 행동계수법 역시 구조화된 면접법과 마찬가지로 비전문가에 의
해 실시될 수 있는 비교적 객관적인 관찰 연구방법이다. 특히 이 방
법은 사회장면 속에서의 행동을 대상으로 할 때 효과적으로 이용될
수 있다.

이 방법에 의해 얻게 되는 자료는 주로 단위시간 내에 발생하는
표적 행동의 발생 빈도이다. 실제 상담장면에서 각각의 표적 행동이
주어진 단위 시간 내에 어느 정도나 발생하는지를 기록함으로써 상담
효과의 측정에 유용한 자료를 얻을 수 있는 것이다. 특별히 부적응적
인 행동의 제거를 목적으로 하는 경우에는 문제 행동이 나타나는 시
간 간격을 측정함으로써 연구에 유용한 자료를 수집할 수도 있다.

행동계수법을 통해 상담의 효과를 측정하기 위해서는 제삼의 관
찰자가 내담자의 생활을 지속적으로 관찰할 수 있는 위치의 사람이어
야 한다. 만일 표적 행동의 상황 영역이 내담자의 생활 전반에 걸쳐
있는 것이라면 이러한 조건은 더욱 까다로워진다. 또 표적 행동이 사
적인 특정 상황 영역에 속한 것이라면 관찰은 내담자의 배우자와 같
이 극히 제한된 관찰자에 의해서만 이루어지는 경우도 있다.

(3) 내담자 주변인에 의한 평가

일반적으로 상담효과의 연구에서 상담장면 외의 상황에서 내담자와 접촉하는 인물들로부터 유용한 정보를 얻을 수 있는 경우가 많이 있다. 특히 내담자의 부모, 배우자, 형제, 친구, 교사, 고용인 등은 내담자를 가까이에서 지속적으로 관찰할 수 있기 때문에 가족, 결혼, 성 문제 등에 관한 상담의 효과를 측정하는 데 유용한 정보를 제공하는 근원이 된다. 이런 유형의 관찰, 평가법은 행동 평가의 참여관찰법(participant observation)에 해당하는 것이기도 하다. 다시 말해 내담자의 주변 인물 가운데 특별히 그의 생활환경 속에 자연스럽게 관여하고 있는 관찰자를 통해 자료를 수집하는 것이다. 예를 들어, 참여관찰자는 정해진 시간에 맞추어 내담자가 보이는 표적 행동을 관찰하고 기록하게 된다. 매일 밤 한 시간 동안 아동이 보이는 부적응적 행동의 빈도를 평가한다든지, 매일 밤 부부 사이에서 일어나는 대화나 행동의 특정 측면을 관찰한다든지 하는 식이다. 따라서 이 방법은 주로 관심의 측면이 여타의 관찰인을 허용하지 않거나, 타관찰자의 개입이 내담자의 일상생활을 방해하게 되는 제한적인 경우들에 사용된다. 이를 다른 각도에서 보면 그만큼 관찰자의 선정과 훈련이 제한적이고 용이하지 않다는 것을 의미하기도 한다.

지금까지 전문가, 훈련된 관찰자, 혹은 내담자 주변의 참여관찰자에 의해 상담의 효과를 측정하는 방법들을 제시하였다. 구조화된 면접이나, 그 외 여러 관찰 유형도 모두 내담자를 관찰하고 기록하는 방식에 의존하는 만큼 여기서 얻을 수 있는 정보는 내담자의 행동적 측면에 관한 것들로 국한된다. 이 방법들은 전통적 임상평가의 위치를 대신하고 있는 행동평가의 하위 유형들로 생각할 수 있다. 관찰자를 통해 내담자를 평가하는 방식은 앞에서 다룬 자기보고법의 여러

한계들을 극복하고 보다 객관적이고 정확한 평가 자료를 획득할 수 있도록 해 준다. 즉 피험자의 반응성 문제나 사회적 선희도나 증상과장 등에 의한 의도적인 왜곡을 효과적으로 배제할 수 있다는 장점을 지닌다. 따라서 상담의 효과를 측정하는 연구들은 자기보고법과 관찰법을 적절히 병행하여 자료를 수집함으로써 타당도와 정확성을 확보할 수 있을 것이다.

그러나 관찰법 역시 세심한 주의를 기울이지 않을 경우 많은 문제가 발생할 수 있다. 관찰법들을 연구에 포함시킬 때 주의해야 할 문제점을 제시하면 다음과 같다. 우선, 대부분의 관찰법에서 가장 문제가 되는 것은 관찰대상인 내담자의 반응이다. 관찰법에서는 피관찰자들이 관찰의 대상이 된다는 점을 의식하게 된다면 평소의 실제 행동과 다른 부자연스러운 행동을 취하게 되는 경우가 많다. 이렇게 되면 관찰된 자료는 정확도, 타당도를 잃게 된다. 또한 관찰 자체가 실제로 피관찰자의 행동을 영구적으로 변형시키게 되는 경우도 발생할 수 있다. 그렇게 되면 치료적 개입과 그로 인한 효과간의 인과관계가 희미해진다. 이 경우도 위와 마찬가지로 실제의 행동이 아닌 관찰에 대한 반응 행동을 관찰하게 됨으로써 치료적 개입과 그 효과간의 인과관계를 명확히 알 수 없게 된다. 관찰이 일어나는 상황적 요인이나 관찰자의 부정확성이나 미숙성 등에 의해 자료가 왜곡될 가능성도 있다. 그리고 관찰의 표적이 명확히 정의되지 않거나 행동의 특성상 관찰이 가능하지 않거나, 표적 행동의 선정과정에 오류가 생긴다면 유용한 자료를 얻을 수 없게 된다. 관찰자가 관찰 후 기록하는 방식이나 평가 척도의 완성이 복잡할 경우에는 피관찰자에 대한 평가가 부정확해질 가능성도 있다.

특히 참여관찰자에 의해 자료를 수집하는 참여관찰법에는 다음과 같은 여러 문제점이 있음을 주의해야 한다. 우선 관찰자를 구하기가 쉽지 않고, 구한다 해도 관찰을 위한 훈련이나 동기 부여가 어려위 과학적으로 통제된 관찰을 하기 힘들다. 또 이 방법은 전문가의 참여가 배제되고 전적으로 미숙한 관찰자들에 의존하는 방법이므로 여러 오류들이 생길 위험이 크다고 볼 수 있다. 게다가 참여관찰자의 개입을 요하는 문제들은 보통 개인적인 영역에 속한 것들이기 때문에 사생활의 관찰로부터 비롯되는 윤리적 문제들이 발생할 수 있다. 또 관찰자가 관찰대상자와 가졌던 과거의 경험을 통해 형성한 피관찰자에 대한 평가나 선입견이 관찰에 개입하게 되면 관찰된 결과는 정확성을 보장할 수 없게 된다. 참여관찰법에서도 관찰자, 피관찰자의 반응성이 존재할 가능성이 있다. 관찰자는 자신이 관찰자라는 사실로 인해 부자연스럽게 행동하게 되고 피관찰자는 관찰받는다는 사실을 인식함으로써 역시 행동이 부자연스러워질 수 있다. 현실적으로 내담자 주변의 참여관찰자를 관찰자로 사용할 경우 이들이 가지고 있는 선입견이나 사전 지식을 배제할 수 없는 경우가 대부분이다. 따라서 이미 자료의 내적 타당도, 즉 정확성에 대해서는 어느 정도 포기하고 들어가는 관찰방법이라 해도 지나친 말은 아니다. 이런 이유로 참여관찰법은 자기보고법의 보조적 평가도구로 사용되는 경향이 있다. 그러나 접근하기 어려운 특수한 상황에서의 내담자 행동을 연구할 경우, 참여관찰법은 자기보고법과 균형을 맞출 수 있는 유일한 행동관찰법임은 분명하다고 하겠다.

(4) 상담자에 의한 평가

상담자가 직접 자신의 상담효과를 평가하는 것에 대해서는 회의적인 시각들이 많다(Newman, 1983). 상담과정에서는 상담자가 유일한 책임자이지만, 상담 결과의 평가에 관한 한 상담자가 직접 참여하는 것에는 부정적인 시각들이 있다는 것이다. 그 이유는 상담자가 가질 수 있는 여러 가지 편향들이 상담 결과의 평가에 개입될 수 있기

때문이다. 현재의 상담연구 동향을 고려할 때 이전처럼 치료자 자신
이 직접적으로 상담 결과에 대한 유일한 정보의 근원이 될 가능성은
별로 없다. 그러나 이런 이유로 인해 상담자를 상담효과 및 결과연구
에서 배제한다는 것은 전 상담과정을 통해 내담자를 관찰하고 내담자
와 상호작용해 온 상담자만이 제공해 줄 수 있는 중요한 정보를 누락
시키는 맹점을 지니게 되므로 그리 바람직하지 못하다.

다행히 상담자들이 자신의 상담 결과를 직접 평가할 경우에 실제
보다 그 효과를 과대평가하는 오류를 범할 소지가 많음에도 불구하
고, 최근에 적절한 방법과 절차를 이용하기만 한다면 상담자로부터의
정보 역시 다른 근원으로부터 수집된 자료와 마찬가지로 상담연구에
유용하게 활용될 수 있음이 보고되기도 하였다(Mintz, Auerbach,
Luborsky & Johnson, 1973; Newman, 1983). 앞에서 훈련된 관찰자,
전문가 등에 의해 사용될 수 있는 상담효과의 연구법으로 구조화된
면접을 제시했었다. 만일 적절하게 구조화되어 있는 면접 검사지나
면접절차 등을 이용한다면 상담자도 이 방법을 통해 직접 상담효과
연구에 정보의 근원으로서 기능할 수 있을 것이다. 상담자에 의해 사
용될 수 있는 측정법으로 다음에 두 가지 정도만 제시하겠다.

1) 주 호소 증상 중심의 관찰법

이 방법은 상담자가 상담 초기에 내담자가 호소하는 주요 문제나
증상들을 평가하고 다시 상담 종결시에 이들 문제의 상태를 재평정하
게 하는 측정방식이다. 이 방법의 절차는 짧은 시간만을 요하고, 상
담 개입에 의한 변화에도 민감하며, 측정 결과 역시 신뢰할 만한 것
으로 알려져 있다. 그러나 이 방법의 제한점은 검사 상황이 주는 단
서로 인해 내담자가 상담자의 의도를 파악해 실제의 반응을 왜곡시킬
가능성이 있고, 검사의 내용과 절차가 다소 피상적이라는 점이다.

2) 모의관찰

모의관찰(analogue observation)은 행동평가법의 한 유형으로 상담자가 직접 자신의 상담 결과를 평가할 때 이용할 수 있는 관찰방법이다. 이것은 관찰의 효율성을 높이고 각종 오염변인들이 개입될 여지를 줄이기 위해 관찰 대상자를 통제된 상황으로 옮겨 놓은 것이다. 즉 상담실이나 놀이실 등의 상담상황에서 가족관계, 사회적 관계, 아동의 행동, 부부간 행동 등의 변화를 관찰하는 것이다. 예를 들어, 인위적으로 만들어진 침실 등에서 수면행동을 관찰하고 평가함으로써 수면장애 내담자에 대한 상담의 효과를 엿볼 수 있는 것이다. 또한 결혼생활에 문제가 있는 부부는 자기들의 부부관계에 대한 대화과정이 상담실에 설치된 일방향 거울을 통해 관찰되고 평가받는 경우가 있을 수 있다.

모의관찰은 자연스러운 환경에서는 관찰하기 어렵거나 발생빈도가 낮은 행동을 관찰할 수 있다는 이점이 있다. 이 방법은 표적 행동을 관찰하기 위해 이 행동이 발생할 가능성이 높은 상황을 조성함으로써 관찰의 효율성을 높여 준다. 모의관찰의 대표적인 장점으로는 경제성과 효율성을 들 수 있다. 이와 함께 가외변인을 어느 정도 배제할 수 있다는 점도 이 방법의 특징이다.

모의관찰법의 단점으로는 다음과 같은 것을 들 수 있다. 우선 고안된 인공환경이 아무리 실제 자연환경과 유사하다 하더라도 내담자들은 자신이 처한 상황이 실제 상황이 아니라는 점을 의식하기 때문에, 이러한 장면을 통해 검증된 상담의 효과가 그대로 일상생활에 일반화되리라고 기대하기는 힘들다. 인위적으로 조작된 관찰환경이 개인의 행동에 영향을 미쳤을 가능성이 얼마든지 존재하기 때문이다. 모의관찰법의 가장 큰 문제는 일반화, 즉 외적 타당도의 문제이다. 따라서 모의관찰이 상담효과의 연구에 유용한 정보를 제공하고 때로는 접근하기 힘든 상황을 관찰할 수 있게 해 주지만, 그 관찰 결과가 상담의 효과를 실제보다 과소 혹은 과대 평가할 위험이 있음을 감수해야 한다.

(5) 사회적 자원의 활용

마지막으로 상담의 효과를 측정하는 연구에서 지역사회의 자원을 정보의 근원으로 이용하는 방식이 있다. 이러한 정보는 주로 학교, 병원이나 법집행기관 등의 조직에서 주로 내부적 사용을 위해 보존하고 있는 기록들로부터 얻게 된다. 지역사회 기관을 통해 획득된 자료는 상담연구의 진행과는 관계없이 별개로 수집되었던 것이고, 또 이 자료들은 정상적인 사회상황에 속한 개인들과 광범위한 지역사회 사이의 복잡한 상호작용을 반영하는 자료이므로, 이를 통해 지지되는 상담 개입의 효과는 사회적 측면에서도 상당한 의미를 지닌다고 볼 수 있다.

특별히 지역사회 기관의 정보를 통한 내담자 평가는 상습적인 장애 행동의 경우에 커다란 이점을 지닌다. 알콜중독, 약물남용 등과 관련된 재입원률, 임상적 기록 등은 상담연구시 상담 개입의 효과에 대해 중요한 사회적·개인적 준거를 마련해 준다.

(6) 기   타

상담효과의 측정방법을 평가의 주체를 기준으로 나누는 방법 외에도 이를 측정하는 다른 여러 방법들이 있다. 여기서는 큐 소트, 은밀한 측정(unobstrusive measurement), 생리적 단서의 측정 등에 대해 살펴보기로 한다.

1) 큐 소 트

큐 소트(Q-sort)법의 가장 특징적인 원리는 사람들간의 반응보다는 한 개인 내의 다양한 반응들간에 비교를 한다는 것이다. 여러 가지 자극카드를 주고서 이것을 고정된 분포(대개는 정규분포)로 분류하도록 요구한다. 방법은 먼저 양극단으로 분류하고 그 다음에 중간 것을 하라고 지시한다. 큐 소트가 상담연구에서 쓰일 때는 내담자가 상담의 효과 및 자기 자신에 대해 긍정적 혹은 부정적으로 기술하고 있는 일련의 목록들을 자신의 판단에 가까운 정도에 따라 분류하도록 한다. 따라서 이 방법은 일반적으로 내담자의 자기개념을 반영하게 된다. 우리 나라에서 사용할 수 있는 것으로 이혜숙과 조대경(1979)의 큐 소트 문항(70개)이 있다. 큐 소트의 이점은 많은 수의 자극들 간에 비교적 정확한 비교 반응을 찾을 수 있다는 것이다. 또한 빠르고 쉽게 비교 평정을 얻을 수 있다는 것이다.

2) 은밀한 측정

상담효과의 측정에 자신이 평가받고 있다는 점을 내담자가 모르도록 하여 정보를 수집하는 방법이 종종 사용된다. 이러한 방법으로 얻은 측정 결과를 은밀한 측정치(unobtrusive measures)라고 한다. 웹, 캠벨, 슈바르쯔 및 제크레스트(Webb, Campbell, Schwartz & Sechrest, 1966)가 이 방법에 대해 자세히 언급했다. 자연상황에서 피험자가 모르게 관찰한다거나, 연구 보조자를 사용하여 피험자를 관찰하거나, 문헌이나 학교기록 같은 것으로부터 정보를 수집하거나, 쓰레기나 낙서와 같은 물리적 흔적을 조사하는 방법 등이 있다.

이 방법의 가장 큰 장점은 비반응성(nonreactivity)에 있다. 피험자가 정보가 수집되고 있다는 것을 알지 못하기 때문에 자신의 행동을 의식적으로 왜곡하지 않는다. 또한 대부분의 경우에 이 방법은 자기보고법보다 더 정확한 정보를 제공해 준다. 이에 반해 여러 가지 제한점들이 있는데, 첫째는 비윤리적일 수 있다는 것이다. 예를 들어, 피험자의 허락을 받지 않고 공공기관에서 개인의 사적인 정보를 수집하는 것은 문제가 될 수 있다. 또 다른 제한점은 정보를 얻는 것이 어렵고 비용이 많이 든다는 것이다. 그리고 정보수집과정에서 해석과 분류가 필요하다는 점이다. 예를 들어 낙서를 연구한다면, 낙서가 성적인 것인지, 약물에 관련된 것인지, 폭력적인 것인지 등을 분류하는 것이 필요하다. 이 방법이 상담연구에 널리 퍼져 있지는 않지만 많은 연구들이 이 방법을 사용해 왔다(Heesacker, Elliott & Howe, 1988).

3) 생리적 지표

종종 피험자의 생리적 반응으로 심리적 상태를 추론할 수가 있다. 많은 심리 현상에는 생리적 단서들이 관련되어 있다. 어떤 때는 생리적 반응이 심리적 구성개념의 직접적인 측정치로 받아들여지기도 한다. 예를 들어, 불안의 자기보고에 많은 요인이 영향을 미치지만, 생리적인 각성 수준은 직접적으로 측정할 수 있고 이 결과를 받아들일 수 있는 것이다.

생리적인 면을 측정하는 것이 최근에 상담 및 심리치료 효과의 측정치로서 각광받고 있다. 흔히 자율신경 계통의 말초 부위를 측정한다. 예를 들면 맥박, 체온, 근육 전위, 피부전도반응 등이 있다. 그렇지만 생리적인 상태와 심리 현상과의 관계가 기대했던 것처럼 직접적인 것으로 판명되지는 못하고 있다. 또한 생리적 측정치들에서의 개인차가 심하기 때문에 상담의 효과 측정보다는 상담과정의 단위별 측정연구에서 보다 큰 도움이 되고 있다. 그리고 생리적 측정은 비용이 많이 들고, 특정한 전문가가 필요하며, 내담자의 여러 가지 기계적·전기적 요인으로 인한 실수에 따라 결과가 달라질 수 있기 때문에 상담연구에서는 드물게 사용된다.

4. 몇 가지 부가적인 문제들

이제까지 상담의 효과를 측정하는 연구에 사용될 수 있는 여러 방법들을 검토하고 각각의 장·단점들을 간략히 살펴보았다. 가필드는 상담의 결과를 평가하는 연구에서 고려해야 할 주요 변인의 세 가지로 다음의 것들을 들었다. 첫째는 상담자 특성으로 여기에는 상담자가 받은 훈련이나 이론의 방향, 상담자의 성격, 경험의 풍부성, 선호하는 내담자 유형 및 상담기법 등이 포함된다. 두 번째는 내담자 특성으로 증상이나 장애의 정도, 상담에 대한 기대, 회복에 대한 동기와 의지, 실제의 생활 상황, 인구학적 특성, 장애의 지속 기간 등을 생각해 볼 수 있다. 세 번째는 결과변인으로 이것은 상담자 유형과 내담자 유형간의 상호작용 효과가 상담 결과에 미치는 영향을 의미한다. 상담자와 내담자 모두 자신이 선호하는 내담자, 상담자의 유형이 있다. 예를 들어 어떤 내담자들은 여러 상담자 가운데 특정한 특성을 지닌 상담자와 더 잘 관계가 형성되고, 역으로 어떤 상담자들은 여러 유형의 내담자들 중에서 자신이 선호하는 특정 유형의 내담자와 보다 효과적이고 순조로운 상담관계를 맺어간다. 따라서 상담 결과에 대한 연구에서 반드시 상담자와 내담자 유형 사이에 일어나는 상호작용의 양상을 고려해야만 한다.

또 상담의 효과를 측정하는 연구에서 이것들과 함께 고려해야 할 사항들로는 이 장의 서론에서 제시했듯이 다음과 같은 것들이 있다. 첫째, 모든 내담자들을 동일한 측정도구로 평가할 수 있는가? 아니면 각 내담자를 위한 기준을 마련해야 하는가? 둘째, 어떤 종류의 변화는 다른 것보다 더 중요한가? 그렇다면 누구의 관점에서 중요도에 차별성을 부여할 것인가? 셋째, 상이한 목표를 가진 여러 가지 상담이 동일한 절차와 방식에 의해 획일적으로 평가될 수 있는가? 넷째,

어느 정도의 추수기간을 거친 뒤의 지속적인 변화라야 의미 있는 것
으로 간주될 수 있는가?

이러한 주의점들에도 불구하고 과거의 상담연구는 이러한 사항
들에 대해 문제의식을 갖지 못했다. 키슬러(Kiesler, 1966)가 지적했
듯이 과거의 연구들은 상담자 변인, 내담자 변인, 이 양자간의 상호
작용 등을 전혀 고려하지 않은 채 상담 사례들을 통해 측정된 과정과
결과치들을 무조건 단순 합산하는 '획일성의 신화'(uniformity myth)
를 범해 온 것이다. 사실 이와 같은 연구들은 상담자 변인, 내담자
변인, 이들간의 상호작용과정이 가지는 개별성과 특수성을 무시한 채
로 단순히 평균화된 결과만을 추구했을 뿐인 것이다. 반면에 현재의
상담연구는 상담 결과의 연구에 각 변인들의 복잡한 상호작용으로 나
타나는 상담과정의 특수성을 이해하기 위한 노력을 경주하고 있다.

앞에서 상담의 효과를 평가하는 여러 측정방법들을 검토해 봤지
만 완벽한 방법은 존재하지 않는다. 따라서 상담 결과연구를 위한 측
정방법의 이상적인 방향은 종합적이고 포괄적인 맥락하에서 설정되
어야 할 것이다. 마지막으로 스트럽과 해들리(Strupp & Hadley, 1977)
의 관점을 통해 이상적인 상담효과 연구의 방향을 살펴보겠다.

각 측정방법은 각각의 한계점과 함께 본질적으로 여러 장점들을
가지고 있다. 따라서 상담효과의 연구를 위해서는 이 모두를 고려해
야 한다는 것이다. 주목해야 할 세 가지 관점은 "내담자의 관점, 정
신건강 전문가의 관점, 사회의 관점"이다. 간략하게 설명하면 내담자
의 관점에서는 스스로 자신이 잘 적응하고 있는지에 대한 주관적 느
낌과 인식이 고려되어야 하고, 전문가의 관점에서는 행동관찰, 심리
검사의 결과, 상담가가 가진 성격과 정상기능에 대한 자신의 지식,
이론, 견해 등을 통합함으로써 내담자에 대한 상담 개입의 효과를 평
가한다. 마지막으로 사회적 관점하에서는 사회에서 기대되는 사회규
준적 역할과 습관에 비추어 개인의 행동을 평가함으로써 상담의 효과

를 검토한다.

하지만 스트룹과 *해들리*의 이러한 관점을 연구에 충실히 반영하기 위해 노력한다 해도 상담과정이 본질적으로 지니는 복잡성으로 인해 위의 세 관점에서 일치된 결과를 이끌어 내기란 그리 쉬운 일이 아니다. 이런 경우에는 각 상담이 지니는 상황의 특수성을 고려한 신중한 판단이 요구될 수밖에 없는 것이 상담효과의 연구가 안고 있는 과제이다. "상담효과의 연구 결과에서 여러 관점에 따른 불일치가 발생했을 때 어떠한 관점에 우선순위가 두어져야 하고, 세 입장이 통합될 필요가 있을 때 누가 중재자로서의 역할을 해야 하는가"의 문제는 단순한 선택으로 해결될 성질의 것이 아니다. 그러므로 이런 맥락에서 볼 때 상담효과의 연구에서 가장 중요한 요건은 상담의 효과를 객관적이고 정확하게 평가하기 위해서 우선적으로 각 상담이 지니는 상황적 특수성이 충분히 이해되어야 한다는 점이다.

상담연구의 동향과 전망

12 장
상담연구의 동향과 전망

오늘날 상담에 대한 일반 대중들의 인식과 관심은 날로 늘어가고 있다. 근래에 이르러 언론매체에 인용·보도되는 정신건강 관련 기사들의 폭발적인 증가는 이를 반영하는 하나의 단적인 예이다. 이러한 사회적 관심의 증가는 상담의 저변을 확대할 수 있는 좋은 기회가 된다는 점에서 환영할 만한 일이지만, 그와 더불어 상담이 개인의 삶의 문제의 해결과 인간적 성장에 도움이 되는 심리학적 절차임을 객관적인 방법을 통해 입증해야만 하는 상담연구자들의 책임 또한 그만큼 커진다고 볼 수 있다. 상담의 궁극적인 목표가 바람직한 내담자 변화에 있다면, 상담연구의 목표는 상담이 과연 내담자가 원하는 변화를 달성하는 데 도움이 되는지, 만약 도움이 된다면 어떤 상담 접근과 절차, 또 어떤 상담 기법과 조건들이 내담자 변화를 달성하는 데 더 효율적인지를 평가하는 데 있다.

상담과 심리치료의 효율성에 관한 연구는 상담 및 임상심리학 분야에서 확고하게 자리잡은 핵심적인 연구 영역 중의 하나이다. 1970년에 발족된 심리치료 전문 연구자들의 학술 모임인 「심리치료 연구회」(Society for Psychotherapy Research)에 가입한 회원들이 27개 국가에 걸쳐 1,000명 이상에 이르는 것만 보아도 이를 짐작할 수 있다 (Strupp & Howard, 1992). 또한 심리치료에 관한 연구성과들을 연구

영역별로 집대성한 「심리치료 및 행동변화 편람」(Handbook of Psy-
chotherapy and Behavior Change)(Bergin & Garfield, 1971; Garfield &
Bergin, 1978, 1986)이 10여년을 주기로 계속 개정되어 왔다는 사실은
상담과 심리치료 연구성과물들이 꾸준히 수행되어 축적되고 있음을
나타낸다.

  이 장에서는 우선 상담과 심리치료 연구의 역사, 즉 상담과 심리
치료 연구가 실제로 어떻게 수행되어 왔는지를 살펴보고자 한다. 상
담과 심리치료이론이 발달하고 그 적용 분야가 확대되어 감에 따라
관련된 연구들 또한 날로 더 세분화·전문화되어 가는 경향이 있다.
하지만 그 어떠한 연구 물음보다도 "무엇을 어떻게 도와 주는 것이
바람직한 내담자 변화에 더 효과적인가"라는 물음은 상담 연구자들
로부터 가장 큰 관심과 주목을 받아온 핵심적인 연구문제이다. 실제
로 이 물음에 답하고자 하는 연구자들의 노력과 그 성과물들은 상담
과 심리치료 연구의 근간을 이루어 왔다. 이러한 점에서 여기에서는
상담과 심리치료의 과정 및 성과 연구들을 개관하는 데 주로 초점을
맞출 것이다. 또한 이러한 개관을 바탕으로 상담과 심리치료 연구의
동향을 파악하고 미래의 연구가 나아가야 할 몇 가지 방향들을 제시
하고자 한다.

1. 상담연구의 기원

  현대적 의미의 상담과 심리치료의 등장은 거의 100여년 전으로
거슬러 올라가지만, 상담과 심리치료에 대한 본격적인 연구가 시작된
것은 50년이 채 안 된다. 1952년 아이젠크(Eysenck)가 심리치료의
효과에 관한 논문을 발표한 것을 기점으로 현재에 이르기까지 상담과
심리치료에 대한 수많은 연구들이 축적되어 왔다. 그러나 그렇다고

해서 20세기의 초반 50여년 동안 심리치료에 대한 연구가 전혀 없었 다고 말할 수는 없다.

1896년 현대 심리치료의 창시자로 불리는 프로이트(Freud)가 심 리적 증상과 장애에 대한 의학적 처치 모형의 대안적 모형으로서 정 신분석이론을 공식적으로 출범시킨 것과 거의 동시에 심리학적 처치 들의 타당성과 효율성을 평가하기 위한 시도들이 있어 왔다. 자유연 상을 통해 무의식적 갈등에 접근하여 의식의 통찰 범위와 깊이를 확 대함으로써 히스테리 환자의 증상을 근원적으로 해소할 수 있다는 정 신분석 출범 초기의 이론적 명제는 심리적 장애에 대한 기존의 의학 적 모형을 대체하는 심리학적 치료이론으로서 그 타당성과 효율성을 스스로 입증해야만 하는 책임을 동시에 떠안고 출범했던 것이다.

정신분석 치료의 효율성과 관련하여 프로이트(1916)가 제시한 자료들은 주로 사례연구방법에 의한 것이었다. 즉 자신을 비롯하여 여러 정신분석가들에 의해 수집된 임상적 관찰 자료들이 정신분석 치 료의 효율성을 입증하는 주된 경험적 증거 자료로 활용되었다. 프로 이트는 20세기 초반기에 행동의 연구에 적용되기 시작한 '통계적' 연 구방법은 정신분석 치료의 효율성을 입증하는 데에는 적절하지 않은 것으로 보았다. 왜냐하면 그에게 있어서 임상적 자료들은 너무나 다 양하고 이질적이기 때문에 이들을 함께 묶어 서로 의미 있게 통계적 으로 비교하는 것은 거의 불가능한 것으로 여겨졌기 때문이다. 프로 이트는 자신을 비롯해 여러 정신분석가들이 사례연구를 통해 수집한 임상적 자료들이 정신분석 치료의 효율성을 입증하는 데 충분한 것으 로 보았다. 그러나 정신분석 치료의 효과에 관한 보다 객관적인 자료 에 대한 요구는 전혀 수그러들지 않았다. 비정신분석 계열의 이론가 나 연구자들의 견지에서 보자면 정신분석가들이 사례연구를 통해 수 집·제시한 임상 자료들은 정신분석적 치료의 효율성에 대한 의문을 해소하는 데 불충분한 것으로 여겨졌다.

정신분석 치료에 회의적인 비평가들의 이와 같은 지속적인 의문에 직면하여 1920년대에는 베를린, 런던, 시카고 및 토페카 등지에 개설된 정신분석 훈련 연구소들과 연합된 치료센터들은 프로이트의 비난과 반대를 무릅쓰면서도 치료 결과에 대한 보다 체계적인 자료를 수집하기 시작했다(Bergin & Lambert, 1978). 이같은 맥락에서 볼 때, 심리치료에 관한 연구는 정신분석 치료의 효율성에 대한 의문에 답하고자 하는 프로이트 및 기타 정신분석가들의 노력에서서부터 기원한 것으로 볼 수 있다. 즉 심리치료 연구의 역사는 현대 심리치료의 역사 그 자체와 맥을 같이한다고 볼 수 있다.

치료 결과에 관한 자료들을 체계적으로 수집하고자 한 정신분석 연구소들의 이같은 초기의 노력에 뒤이어, 1930년대에는 정신분석 치료의 성과에 관한 연구들이 보다 활발히 수행되었다. 이 시기의 연구들은 연구방법론 측면에서 많은 문제점들을 지닌 것은 사실이지만(Strupp & Howard, 1992), 이전에 비해 보다 객관적인 연구방법들이 적용되기 시작했다는 점에서는 그 의의를 높이 평가할 수 있다. 그러나 1940년대에 접어들면서 정신분석 치료의 효과에 관한 연구들은 당초의 기대보다는 활발하지 못했는데, 이는 정신분석 치료 연구자들의 연구정책의 변화에서 그 이유를 찾을 수 있다. 기존에 수행된 치료 효과연구들은 당초의 기대보다는 정신분석 치료의 효율성을 입증하는 데 크게 기여하지 못했고, 이러한 연구 결과들은 정신분석 치료에 비판적인 견해를 가지고 있던 다른 이론가나 연구자들에 의해 정신분석을 공격하는 자료로 사용되기도 했다. 이에 따라 정신분석 계열의 연구자들은 정신분석 치료의 효율성을 입증할 만한 보다 체계적이고도 객관적인 연구 성과들을 축적할 필요성을 느끼게 되었다. 기존의 단편적이고도 소규모적인 성과연구 대신 잘 통제된 대규모의 연구 프로젝트를 통해 정신분석 치료의 효과를 입증할 만한 자료를 장기적으로 축적해 나가는 것이 더 적절한 것으로 여겨지게 되었던 것이다. 1950년을 전후로 시작되어 거의 30년간 지속되어 온「메닝거 심리치료 프로젝트」(Menninger Psychotherapy Project)가 하나의 예이다.

정신분석 치료의 효율성을 입증하고자 했던 정신분석 연구자들의 노력은 심리치료 연구의 장을 처음으로 열었다는 점에서 의의를 찾을 수 있다. 반면에 심리치료 연구방법을 한층 진일보시킨 공은 로저스(Rogers)에게 있다. 1940년에 로저스는 오하이오 주립대학에서 수많은 뛰어난 대학원생들과 함께 자신이 주창한 비지시적 상담이론 (내담자중심 상담이론의 초기 형태)에 관한 연구 프로그램을 수행하기 시작했다. 그는 상담의 진행과정을 녹음하여, 이러한 녹음 자료를 상담기법과 상담관계를 연구하는 기초 자료로 활용함으로써 상담에 대한 객관적 자료의 수집을 처음으로 시도했다. 로저스의 이같은 연구방법은 오늘날 상담과 심리치료의 과정연구의 모태라고 할 수 있다. 또한 1954년에 출간된「심리치료와 성격변화」*(Psychotherapy and Personality Change)*(Rogers & Dymond, 1954)는 거의 전적으로 심리치료 연구에 관해 쓰여진 최초의 책들 중의 하나로 손꼽히고 있다 (Strupp & Howard, 1992).

2. *아이젠크의 주장*

1952년에 영국의 심리학자인 아이젠크는 심리치료의 효과에 관한 중요한 논문을 발표하였는데, 이 논문으로 인해 상담과 심리치료의 효과문제가 본격적으로 연구자들의 관심을 끌게 되었다. 상담과 심리치료에 관한 연구는 크게 치료성과에 관한 연구와 치료과정에 관한 연구로 대별될 수 있는데, 아이젠크는 상담과 심리치료의 성과 문제, 즉 '상담이나 심리치료가 과연 효과가 있는지'에 대한 근본적인 물음을 제기하고 나선 것이라 볼 수 있다. 이후로 상담과 심리치료

분야에서의 연구자들은 아이젠크가 제기한 문제에 답하려고 시도하
였고, 그것이 바로 치료성과 연구가 본격적으로 등장하게 된 배경이
되었다.

1952년에 발표된 논문에서 아이젠크는 심리치료의 성과에 관해
기존에 발표되었던 24개의 연구 결과들을 검토하고 평가하였다. 아이
젠크(1952)의 연구는 심리치료가 신경증적 문제의 경감에 얼마나 효
과가 있는지를 평가하는 데 주된 목적을 둔 것이었다. 문제 증상이나
인구학적 특성 등에 있어서 환자들을 동질적인 집단으로 보는 데에는
다소 무리가 있지만, 그의 검토에 포함된 연구들의 환자들은 주로 신
경증적인 문제를 가진 것으로 여겨졌다. 그는 검토에 포함된 24개의
연구들에서 나타난 심리치료를 통한 신경증 환자들의 증상 호전율을
전혀 치료를 받지 않거나(예: Landis, 1937) 비전문가에 의해 처치를
받은(예: Denker, 1946) 신경증 환자들의 증상 호전율에 관한 자료와
비교하였다. 아이젠크(1952)의 연구 결과를 기술하기 전에 랜디스
(Landis, 1937)와 덴커(Denker, 1946)의 연구 결과를 먼저 제시하면
다음과 같다.

랜디스(1937)는 미국의 주립 정신병원에서 신경증으로 분류된
환자들의 증상 호전율을 조사했는데, 이 환자들은 입원기간중 아무런
공식적인 심리치료도 받지 않은 환자들이었다. 뉴욕주의 경우 매년
신경증 환자들의 70% 정도가 증상으로부터 회복되거나 호전되어 퇴
원하는 것으로 조사되었다. 미국 전체로 보면 신경증 환자의 68% 정
도가 증상 호전을 이유로 퇴원하는 것으로 나타났다. 랜디스는 이를
토대로 공식적인 심리치료 방법들은 적어도 이 수치를 초과하는 증상
호전율을 보여야만 그 효과를 입증할 수 있다고 주장했다.

한편 덴커(1946)는 신경증으로 인한 신체장애를 호소하는 500명
의 환자들을 대상으로 자발적인 증상 호전율을 계산했다. 이 환자들
은 전문적인 심리치료자나 정신과의사가 아닌 일반 의사들에 의해 처

치를 받았는데, 진정제 처방이나 안심시키기 등 외에 심리치료라고 이름붙일 수 있는 전문적인 치료적 처치는 전혀 행해지지 않았다. 이 환자들은 신경증으로 인한 신체 장애가 처음으로 나타난 시점으로부터 최소 5년에서 최대 10년까지의 기간 동안 추적 조사를 받았다. 이 조사로부터 덴커는 환자들의 45% 정도가 1년 이내에 증상 호전을 보였으며, 나머지 중 27%는 2년 이내에 증상 호전을 보였음을 발견했다. 이는 증상의 최초 발현 이후 2년 이내에 72% 정도의 신경증 환자들이 신체 증상으로부터 회복되었음을 나타낸다. 추적 조사의 기간이 늘어날수록 증상 호전율은 더 증가했는데, 증상 발현 후 5년이 경과한 시점에서는 전체 환자들의 90% 정도가 증상 호전을 보인 것으로 조사되었다. 덴커의 이같은 조사 결과는 비정신과의사에 의해 심리치료 이외의 방식으로 가장 초보적인 형태의 처치를 받은 환자들의 2/3 이상이 2년 이내에 증상으로부터 회복됨을 나타내는 것이다.

아이젠크는 이 두 연구에서 제시된 자발적 증상 호전율이 서로 매우 일치한다는 점에 주목했다. 그는 이 두 연구에서 나타난 신경증 환자의 자발적 증상 호전율을 공식적인 심리치료에 의해 처치받은 신경증 환자들의 증상 호전율과 비교하였다. 그는 우선 심리치료를 받은 신경증 환자들의 증상 호전에 관한 자료들을 다룬 24개의 연구들을 개관하였는데, 이 중 5개의 연구는 정신분석 치료에 관한 것이었고 나머지는 절충적인 치료에 관한 연구들이었다. 24개의 연구들에 포함된 사례들의 수는 7,000여개에 달했다.

아이젠크가 요약한 자료에 의하면, 정신분석 치료에 의해 증상 호전을 보인 환자의 비율은 39-67%의 범위에 이르는데, 전체 평균은 44%였다. 절충적인 심리치료의 경우는 그 범위가 40-77%에 이르고 평균 64%의 호전을 보인 것으로 나타났다. 이러한 자료에 근거해서 보면 정신분석 치료의 결과는 절충적 치료의 결과만큼 만족스러운 것은 아닌 것으로 보인다. 그러나 만약 정신분석 치료가 끝나기 전에 치료를 중단한 환자들이 계산에서 제외된다면 정신분석을 통해 증상의 호전을 보인 환자들의 비율은 평균 66%로 증가되며, 이 비율 은 절충적인 치료의 평균과 거의 동일한 것이 된다.

그러나 아이젠크가 제시한 결과의 주된 초점은 절충적인 치료와 정신분석 치료가 크게 다른 결과를 보이지 않는다는 점이 아니라 모든 심리치료의 결과들이 실제 아무런 심리치료도 받지 않은 입원 환자나 심리치료에 대해 아무런 훈련도 받지 않은 의사로부터 피상적인 수준의 치료만을 받은 환자들로부터 얻은 결과보다 더 나은 점이 없다는 것이다. 이런 결과를 요약하면서 아이젠크는 정신분석적 치료든 아니든 간에 심리치료는 신경증 환자의 회복을 촉진하지 못하며, 전체 신경증 환자들 중 약 2/3 정도는 심리치료를 받든 아니든 간에 증상의 최초 발현 이후 약 2년이 지나면 완전히 회복하거나 현저한 증상 호전을 보인다고 주장했다. 심지어 그는 심리학자가 상담이나 심리치료에 종사하기 위해 과연 훈련을 받을 필요가 있는가라는 의문을 제시하기도 했다.

아이젠크의 주장은 심리치료 연구자들 사이에 상당한 당혹감을 불러일으켰다. 심리치료 연구자들로부터 가장 처음으로 나온 공식적 반응 중의 하나는 샌포드(Sanford, 1953)의 것인데, 그는 아이젠크와 같은 류의 도전에 대한 유일한 현명한 방책은 그것을 무시하는 것이 라고 주장하였다. 그러나 정작 무시된 것은 아이젠크의 주장이 아니 라 샌포드의 주장이었다. 많은 심리치료 연구자들이 아이젠크의 결론 과 그가 인용한 연구들의 결점을 지적하는 등 뜨거운 반응들이 일어 났다.

로젠쯔바이그(Rosenzweig, 1954)는 아이젠크의 연구가 포함된 연구들은 각기 다른 성과 기준들을 사용하고 있는데, 이러한 서로 상이 한 성과 기준들을 일률적으로 비교하는 것은 문제가 있다고 언급하면서, 심리치료에 대한 *아이젠크*의 비판은 그리 결정적이지도 않고 심리치료가 비효율적이라는 점이 입증되지도 않았다고 주장했다. *가필드*(Garfield, 1981) 또한 *아이젠크*의 연구에 포함된 연구들에는 각기 서로 이질적인 환자들과 치료자들이 포함되어 있다는 점과 각 연구들에서 사용된 성과기준들이 서로 상이하다는 점에 초점을 맞추어 그의 연구의 방법론상의 결점들을 지적하였다.

여러 연구들에서 치료받은 환자들을 함께 묶어서 서로 비교할 수 있는가라는 점은 심각한 문제가 될 수 있다. 예를 들어, '신경증'이라는 분류는 너무 광범위하기 때문에 그러한 진단 명칭 안에는 여러 가지 이질적인 증상군들이 서로 뒤섞여 있을 가능성이 있다. 따라서 신경증이라는 포괄적이고도 신뢰롭지 못한 진단 분류에 기초하여 내려진 결론은 타당하지 않을 가능성이 충분히 있다. 또한 *아이젠크*의 개관에 포함된 24개의 연구들에서 환자들은 주로 외래 환자들이었는데, 이들을 다른 두 통제집단의 입원 환자들과 그대로 비교한다는 것 또한 문제가 될 수 있다. 이외에도 조사에 포함된 연구들에서 치료자들은 각기 치료의 경력이나 치료의 방식 면에서 아주 다양하며, 따라서 이러한 이질적인 치료자들에 의해 치료받은 환자들의 치료 결과를 비교한다는 것 역시 많은 문제를 야기할 수 있다. 이와 같은 점들을 종합한다면, *아이젠크*의 연구는 여러 가지 혼입변인들(confounding variables)들을 적절히 통제하지 못했다는 점에서 문제가 있다.

*아이젠크*의 연구에서 적절한 통제가 결여되었다는 점 외에도 신경증 환자들의 증상 호전의 기준이 모호하다는 점에 대해서도 많은 비판들이 제기되었다. 대부분의 심리치료들에서 내담자나 환자의 증상이 얼마나 호전되었는지는 치료자의 판단에 맡겨진다. 여기에서 치료자들의 주관적인 임상적 판단을 아무런 객관적 절차의 사용 없이 서로 비교하는 것이 가능한가라는 점과 그러한 임상적 판단의 신뢰성에 대해 문제가 제기될 수 있다.

하나의 예로서 *가필드와 커쯔*(Garfield & Kutz, 1952)가 보고한 연구에 의하면, 치료자들은 103개의 사례에 대한 평가를 기술하는 데 25개 이상의 서로 다른 평가적 용어들을 사용한 것으로 나타났다. 여기에는 "호전된, 매우 호전된, 약간 호전된, 많이 호전된, 약간의 호전, 최대의 호전, 양호한 적응, 증상적 호전, 더 이상 치료가 필요없는, 적응하는 것 같은, 회복된, 치료가 성공적으로 완결된" 등과 같은 용어들이 포함된다. 치료 결과에 대한 이러한 평가들에서 볼 수 있듯이, 이러한 주관적이고도 각기 상이한 기준들을 사용하여 여러 치료자들이 행한 치료의 결과들을 서로 비교한다는 것은 매우 어려운 일이다.

위에서 언급한 것과 같은 유형의 문제는 *아이젠크*가 여러 연구들을 개관하면서 그 결과들을 정리하는 과정에서 뚜렷이 드러나고 있다. *아이젠크* 자신은 베를린 정신분석 연구소가 보고한 결과들을 평가할 때 '호전된'이라는 범주를 그의 평가기준에선 '약간 호전된'이라는 범주에 해당한다고 결정하였다. 그러나 *버긴*(Bergin, 1971)은 동일한 자료를 검토하면서 그러한 사례들은 '약간 호전된' 것으로 보기보다는 오히려 '호전된' 것으로 보아야 한다고 주장했다. '약간 호전된' 것으로 판단된 치료사례들은 *아이젠크*가 치료의 결과로 생기는 호전율을 계산하는 데 포함시키지 않았기 때문에, 치료 결과에 대한 평가기준이 달라질 경우 *아이젠크*가 내렸던 결론과는 상이한 결론이 내려질 수 있다. 예를 들어, *아이젠크*는 베를린 정신분석 연구소의 증상 호전율을 38%로 보았지만, 버긴은 *아이젠크와*는 다른 성과 기준을 적용하여 증상 호전율을 91%로 보고하였다.

*아이젠크*의 연구가 지닌 이같은 문제점들에 대한 비판을 감안한다면, 심리치료의 효과에 관한 그의 결론을 그대로 수용하기는 어렵다. *아이젠크*(1961, 1966)는 이후 심리치료의 효과에 관한 두 개의 개관논문을 더 발표하였다. 이러한 새로운 개관연구들은 이전의 연구

에 비해 더 세련되고 통제된 많은 보충연구들에 기초하고 있긴 하지만 결론은 이전에 발표된 논문에서의 그것과 근본적으로 동일한 것이었다. 저명한 심리치료 이론가인 프랭크(Frank, 1961) 또한 아이젠크와 유사한 주장을 펼쳤다. 그의 주장은 정신과의사나 심리학자들은 심리치료 비전문가들에 비해 결코 더 월등한 치료를 제공하지 않는다는 것이었다. 비록 프랭크의 주장은 개인들의 심리적 문제를 해결하는데 사용되는 절차들은, 그것이 공식적인 심리치료이든 아니든간에, 어떤 공통적인 치유 요인(healing factor)들을 포함하고 있다는 점을 강조하는 데 초점이 주어진 것이긴 하지만, 그의 이같은 주장은 아이젠크의 주장과 더불어 심리치료의 효과에 관한 논쟁을 지속시키는 데 일조를 하였다.

3. 상담성과연구

아이젠크가 심리치료 결과들에 대한 개관을 한 것에 대해 수많은 반응들이 있었지만, 연구 문헌들을 달리 개관하고 처음으로 실질적인 반응을 보인 사람은 멜쪼프와 콘라이히(Meltzoff & Kornreich, 1970)였다. 그들은 101개의 연구 결과들을 분석하였는데, 그 중 80% 정도의 연구들에서 심리치료의 효과가 입증되었다고 보고했다. 그 이후로 추가적인 개관연구들이 있어 왔다. 앞서 언급되었듯이, 버긴(1971)은 아이젠크가 개관한 몇몇 자료들을 재분석하여 정신분석의 치료효과에 관한 상이한 결론을 내리기도 했다. 또한 그는 아이젠크의 연구에 포함되지 않은 48개의 새로운 연구들을 더 분석하였는데, 그 결과는 심리치료는 '적당할 정도로 긍정적인 효과'를 보인다는 것이었다. 특히 그는 자발적인 증상 호전의 비율, 즉 심리치료를 전혀 받지 않고도 증상 호전을 보인 사람들의 비율을 평가하는 데 있어서도 아이젠크와는 매우 달랐는데, *버긴의 평가는 아이젠크*가 제시한 자발적 증상 호전율의 절반에 채 못미치는 약 30% 정도였다. 그러나 *아이젠크*의 동료인 *라흐만*(Rachman, 1971, 1973)의 개관연구는 버긴의 결론과는 매우 차이가 났는데, 그는 행동치료를 제외한 기타의 심리치료의 효과는 아직 증명되지 않았다고 주장했다.

루보스키, 징거 및 루보스키(Luborsky, Singer & Luborsky, 1975)는 적절한 방법론적인 기준을 적용하여 심리치료의 결과를 보고한 여러 연구들을 평가하여 최소한의 방법론적 자격요건을 갖춘 33개의 연구들의 결과를 분석하였다. 분석에 포함된 각 연구들에서 특정 유형의 심리치료의 효과는 통제집단의 그것과 비교되었다. 33개의 연구들 중 20개의 연구들에서 심리치료가 행해진 집단이 통제집단에 비해 현저하게 더 나은 증상 호전이 있었음이 드러났다. 나머지 13개의 연구들에서는 심리치료집단과 통제집단 사이에 어떠한 차이도 나타나지 않았으며, 통제집단이 심리치료를 받은 집단보다 더 나았다는 연구는 하나도 없었다. 이 연구자들은 이같은 분석 결과를 심리치료의 효과를 입증하는 것으로 해석하고 있지만, 그 수치는 심리치료의 옹호 자료로서는 그리 인상적인 것은 아니었다. *버긴과 램버트*(Bergin & Lambert, 1978)는 또 다른 개관연구를 발표하였는데, 그에 따르면 심리치료를 받고 증상이 호전된 비율은 약 65%에 달하며 자발적인 회복의 추정치는 43% 정도인 것으로 보고되었다. 이러한 결과는 심리치료의 효과는 비교적 크지 않은 편이나 치료를 하지 않은 경우보다는 더 나은 효과를 나타냄을 시사하는 것이다.

스미스와 그래스(Smith & Glass, 1977)는 심리치료의 결과를 보고한 연구들을 대규모로 개관하는 연구 프로젝트의 예비 보고서를 발표했는데, 이것은 375개의 연구들을 기초로 하였다. *스미스와 그래스*는 상위분석(meta-analysis)이라는 새로운 통계방법을 사용하여 연구결과들을 분석하였는데, 이 절차는 각각의 개별 연구들을 검토하고

평가하는 데 있어서 연구자의 주관적 판단을 최소화할 수 있기 때문에 일련의 연구들에 대한 보다 객관적인 평가를 가능하게 해 줄 수 있는 것으로 여겨졌다. 상위분석방법은 '효과의 크기'(effect size), 즉 처치효과에 관한 양적인 추정치를 얻을 수 있게 해 주는데, 효과의 크기는 종속 측정치상에서의 처치집단의 평균 점수와 통제집단의 평균 점수간의 차이를 통제집단의 표준편차로 나눔으로써 구해진다. 상위분석은 이런 식으로 여러 가지 다른 측정치들을 사용한 연구들을 서로 동등하게 비교할 수 있게 해 준다.

375개의 연구들을 기초로 한 예비 보고서에서 스미스와 그래스는 심리치료의 효과에 대해 .65 표준편차라는 효과의 크기를 얻었다. 그것을 다른 말로 하자면 치료의 종결시 처치집단의 결과 점수가 통제집단의 결과 점수의 75%를 초과했다는 말이다. 스미스와 그래스는 이 결과를 심리치료가 효과적임을 나타내 주는 것으로 해석했다. 그러나 *아이젠크*(1978)는 이 개관연구에 포함된 연구들은 '쓰레기처럼 보잘 것 없는' 것들이 대부분이라고 비판하면서 이 연구자들의 결론을 받아들이지 않았다.

스미스, 글래스 및 밀러(Smith, Glass, & Miller, 1980)는 475개의 연구들을 상위분석하여 .80 표준편차라는 효과의 크기를 얻었는데, 이는 심리치료를 받은 내담자들의 평균 결과가 통제집단의 평균 결과의 85%를 초과하였음을 나타내는 것이다. 이 연구자들은 이같은 효과의 크기를 심리치료가 분명히 효과가 있다는 것을 입증해 주는 것으로 해석하였다. 그러나 같은 해에 출간된 *라흐만과 윌슨*(Rachman & Wilson, 1980)의 저서에서는 스미스 등(1980)의 결론과는 매우 상이한 결론이 얻어졌다. *라흐만과 윌슨*은 여러 형태의 심리치료에 대한 연구들을 개관하였다. 이들의 개관에 따르면, 먼저 정통적인 정신분석의 효과를 지지해 주는 확고한 자료가 아직은 존재하지 않는 것으로 나타났다. 정신분석의 결과를 평가하고자 한 체계적인 경험적 연구들이 매우 부족하기 때문에 정신분석의 효과는 아직 입증되지 않았다는 것이다. 그 외에 정신분석적으로 지향된 심리치료와 내담자 중심치료 등 다른 형태의 심리치료들에 대해서는 그러한 심리치료의 효과를 지지해 주는 다소간의 증거들이 있는 것은 사실이지만 부정적인 자료가 훨씬 더 많다고 주장했다. 그러나 라흐만과 윌슨은 행동주의를 옹호하는 그들의 평소 입장과 일치되게 행동치료와 인지치료는 여타의 치료 접근들에 비해 가장 나은 결과를 보였다고 결론내렸다.

지금까지 아이젠크에 의해 처음으로 공식적으로 제기된 이후 심리치료가 과연 효과가 있는지에 대한 여러 개관연구들을 소개하였다. 심리치료의 효과에 관한 여러 개관논문들을 검토한 가필드(1983)는 심리치료를 받은 사람들 중 약 65% 정도는 다소간의 효과를 보는 것 같다라는 결론을 잠정적으로 내리고 있긴 하지만, 앞서 살펴본 바와 같이 이러한 개관연구들에서 내려진 결론은 서로 일치하지 않으며, 따라서 '심리치료가 과연 효과가 있는지', '효과가 있다면 그 효과의 크기는 어느 정도인지'에 대한 어떤 합치된 결론을 내리기는 현재로서는 힘들다고 볼 수 있다.

각각의 개관연구들이 개별 연구들을 개관에 포함시키는 기준이 서로 다르고, 그러한 개별 연구들의 결과를 비교하는 방법이 서로 일치하지 않는다는 점 등을 감안한다면, 심리치료의 효과에 관한 추정치가 각 개관연구들마다 서로 다르다는 점은 어쩌면 당연한 일인지도 모른다. 즉 연구를 수행하는 방법과 절차에 있어서의 차이가 결과의 차이로 이어졌을 가능성이 충분히 있다는 것이다. 따라서 현재까지 제시된 심리치료의 효과에 관한 여러 추정치들은 각각의 연구를 수행하는 방법을 반영하는 것에 다름 아닐 가능성이 있다. 이와 같은 점은 보다 객관적이고 신뢰로운 절차와 방법을 통해 심리치료의 효과에 관한 보다 타당한 결론을 내릴 수 있는 개관연구가 요구됨을 의미한다. 그러나 애석하게도 1980년대 이후로 이러한 요구조건을 충족시키는 뛰어난 개관연구는 거의 발표되지 않고 있다.

　이상에서 살펴본 내용은 상담이나 심리치료가 내담자 문제의 해결에 과연 도움이 되는지에 대한 좀더 근본적인 물음에 관한 것이었다. 상담과 심리치료에 대한 새로운 이론적 접근들이 생겨나고 이것들이 이미 받아들여진 기존의 이론들과 경쟁하게 되면서 심리치료의 성과와 관련된 또 다른 중요한 물음이 제기되기 시작했다. 즉 새로운 이론적 모델들은 각기 저마다의 이론들을 확실하게 굳히고, 가다듬고, 확장시키는 절차를 거치면서 자신의 치료법의 효율성과 독특성, 즉 자신의 이론이 타이론에 비해 효과 면에서 더 우월하다는 것을 입증하고자 하였던 것이다. 이에 따라 "상이한 이론에 근거한 치료법들이 효율성 면에서 각기 어떠한 차이가 나는가" 하는 문제가 대두되게 되었다. 기존의 물음이 상담과 심리치료의 전반적인 효과에 관한 문제였다면, 이러한 물음은 상이한 치료가 상이한 결과를 초래하는지에 관한, 즉 치료법에 따른 효과의 차별성이라는 문제를 제기한 것이었다.

　1960년대와 1970년대 초기에는 상담과 심리치료 영역에서 이론들간의 경쟁이 심했는데, 인간중심 치료와 행동적 접근 사이의 논쟁이 특히 심했다. 그리고 1970년대 초반에는 정신분석적 치료와 행동주의간에 치료효과를 둘러싼 논쟁이 일었고, 1980년대에 이르러서는 심리학 전반에서의 인지주의의 확산에 힘입어 치료 분야에서도 인지치료가 주요 치료법 중의 하나로서의 입지를 굳히게 되었고, 따라서 상이한 접근들간의 치료효과에 관한 논쟁은 한층 더 가열되게 되었다. 이러한 문제에 관심을 둔 연구들의 주된 특징은 심리치료이론들 사이의 공통성이나 유사성보다는 차이나 구분을 강조한다는 것이다. 즉 이 시기의 연구자들은 자신이 선호하는 특정 치료 모형이 다양한 문제들을 치료하는 데 전반적으로 더 효과가 있음을 입증하려 하였다.

〈표 12-1〉 **상담성과 비교연구의 실례— 슬로운 등(1975)의 연구**

슬로운, 스테이플스, 크리스톨, 요크스톤 및 휘플(Sloane, Staples, Cristol, Yorkston, Whipple, 1975)은 행동치료와 정신분석적으로 지향된 심리치료의 치료 성과를 비교하는 연구를 수행하였다. 슬로운 등은 신경증적이거나 성격적인 문제를 가진 90명의 외래 환자들을 성별이나 장애의 정도 등을 통제하여 다음과 같은 세 가지 처치조건에 무선할당 하였다. 첫번째 집단은 세 명의 경험 많은 심리치료자들로부터 정신분석적으로 지향된 처치를 받는 집단이었고, 두 번째 집단은 경험많은 세 명의 행동치료자들로부터 행동치료를 받는 집단이었다. 세 번째 집단은 4개월 뒤에 정식 치료를 받을 것을 약속받은 대기 명부 통제집단이었다.

두 처치집단의 환자들은 각기 4개월간 일주일 간격으로 치료를 받았으며, 통제집단의 환자들은 처치집단과 동일한 처치전 평가를 받았으며 주기적으로 연구자들과 접촉하면서 나중에 치료를 받게 됨을 거듭 약속받았다. 4개월의 처치 기간이 흐른 후 모든 환자들은 처치 후 평가를 받았으며, 처치가 종료된 8개월 후에는 추수평가가 있었다.

이 연구의 주된 종속 측정치는 세 가지 유형이었는데, 첫째는 환자들이 호소한 표적 증상에 대한 평정이었고, 두 번째는 구조화된 면접으로부터 나온 직업, 사회 및 성적인 적응 정도에 대한 평정이었으며, 세 번째는 치료받기 전에 비해 전반적으로 개선된 정도에 대한 평정이었다. 이러한 평정은 치료자, 환자, 독립적인 평정자 및 환자의 친지들에 의해 행해졌다.

연구 결과, 표적 증상의 경우 통제집단의 약 50% 정도와 두 처치집단의 약 80% 정도가 증상이 개선되거나 증상으로부터 완전히 회복된 것으로 나타났다. 적응 정도와 관련해서는 행동치료를 받은 환자들은 직업 및 사회 적응 면에서 상당한 개선을 보인 반면, 정신분석적으로 지향된 심리치료를 받은 환자들은 직업 적응의 면에서 다소간의 개선을 보인 것으로 나타났다. 전반적인 개선 정도에 대한 평가에서는 행동치료를 받은 환자들이 가장 좋은 결과를 보인 것으로 나타났다. 1년 후에 행해진 추수평가에서는 세 가지 종속측정치들상에서 세 집단 간에 의미 있는 차이가 발견되지 않았다.

이들의 연구는 이제까지 수행된 치료성과 비교연구들 중에서 가장 잘 통제된 연구 중의 하나로 손꼽힌다. 방법론적인 측면에서 볼 때 슬로운 등의 연구는 치료 처치집단에 경험 많은 치료자들을 사용하였고, 치료에 대한 동기가 높은 많은 수의 내담자들을 연구에 포함시켰으며, 각 집단에 대한 환자들의 무선할당이 성공적으로 이루어졌고, 추수평가를 포함했다는 점에서 장점을 지니고 있다. 또한 비처치 통제집단을 포함시켜 처치집단의 치료성과를 평가하는 준거로 사용하였고, 처치 및 평가가 행해지는 동안 피험자 탈락이 없었다는 점에서 잘 통제된 연구라 할 수 있다. 그러나 치료성과를 평가하는 준거로 객관적인 측정치보다는 임상적 평정을 사용하여 평정자의 주관적 왜곡 가능성을 방지하지 못했다는 점과 구체적인 치료기법이 아니라 전반적인 치료 접근의 성과를 비교함으로써 증상 호전을 초래하는 구체적인 변화 유발변인들을 확인하지 못했다는 점 등은 이 연구의 약점으로 지적된다.

몇몇 개관논문들이 심리치료의 효과를 비교하는 연구들을 분석하였다. 결론부터 말하자면 대부분의 개관연구들에서 상이한 치료적 접근들은 그 효과 면에서 서로 별다른 차이가 나지 않는 것으로 밝혀졌다(Lambert, Shapiro & Bergin, 1986). 즉 연구들이 축적되어 감에 따라 각 이론들이 제각기 제한점들을 가지고 있다는 것이 분명해졌고, 상담이나 심리치료에 대한 상이한 접근들이 서로 다른 결과를 가져오지 않는다는 것이 밝혀졌다(Kazdin, 1982). 모든 치료법들은 제각기 장·단점을 가지고 있어서 특정한 문제에 대해서는 보다 성공적인 성과를 나타낼 수는 있어도 전반적으로는 하나의 특정 치료법이 다른 치료법보다 더 우월하다고는 말할 수 없게 된 것이다. 성과연구의 이같은 결과들은 상담이나 심리치료에 대한 새로운 연구 접근, 즉 과정연구가 본격적으로 등장하게 된 배경으로 작용했다.

4. 상담과정연구

모든 형태의 심리치료가 효과 면에서 큰 차이가 없다는 결론이 내려지게 됨에 따라 상이한 접근들 사이의 차별적인 치료 성과에 연구의 초점을 맞추는 일은 별 의미가 없게 되었다. 어느 한 접근이 더 뛰어난 결과를 초래하지 못했다는 불만은 상담과 심리치료를 이전과는 다른 관점에서 보도록 만들었고, 접근들 사이의 차이점보다는 공통적 요소에 초점을 맞추도록 하였다(Goldfried & Padawer, 1982). 즉 모든 상담이나 심리치료에서 공통적으로 나타나는 요인들은 무엇이며, 이러한 요인들이 상담 성과와 어떤 관련이 있는지가 주요 관심사로 대두되게 된 것이다. 이에 따라, "상담이나 심리치료에서 변화를 구성하는 것은 무엇인가," "성공적인 결과를 얻은 상담 사례에서 어떤 요인이 어떻게 작용했는가"하는 물음들이 보다 중요한 것으로 여겨지게 되었다. 즉 심리치료의 전반적인 효과보다는 바람직한 내담자 변화를 가져오는 심리치료에서의 특정 요인을 상담과정에 초점을 맞추어 규명하려는 과정연구의 필요성이 점차 부각되게 된 것이다 (Goldfried, 1983; Hill, 1982).

상담과정이란 상담시간 동안 발생한 상담자와 내담자의 정서, 행동, 인지 및 상담자와 내담자간의 상호작용 모두를 지칭한다. 그리고 과정연구는 상담과정에서 발생하는 일들에 초점을 맞추는 연구를 의미한다. 즉 과정연구란 상담시간 동안에 어떤 일이 어떤 방식으로 발생하며, 그것이 상담성과와 어떤 관련이 있는지에 주로 초점을 두는 연구인 것이다. 순수한 의미에서의 과정연구는 과정변인들간의 관계에만 관심을 둔다. 즉 상담과정에서 발생하는 일들이 서로 어떤 관계가 있는지를 알아보되, 그것을 상담성과와는 관련짓지 않는 연구인 것이다. 예를 들어, 상담자가 탐색 반응을 많이 하는 것과 내담자의 자기공개 사이에 어떤 관계가 있는지를 알아보는 것이 한 예가 될 수 있다. 그러나 순수한 의미에서의 과정연구는 드물고 대부분의 과정연구들은 과정변인과 성과변인간의 관계에 초점을 맞추는 경향이 있다. 즉 상담과정중에 일어나는 일들이 궁극적인 혹은 매번의 상담시간마다의 내담자 변화와 어떤 관계가 있는지에 주로 관심을 두는 것이다.

상담과정 연구에는 녹음기술과 녹화기술의 발달이 큰 영향을 미쳤다. 물론 정신분석가들 중에는 요즘에도 녹음이나 녹화를 시도하지 않는 경우가 있지만, 상담시간중에 상담자와 내담자 사이에 오고간 말의 내용을 충실히 기록할 수 있음으로 인해 과정연구는 한층 더 발전할 수 있었다. 대부분의 과정연구는 이렇게 녹음이나 녹화된 상담 내용을 분석함으로써 이루어진다. 예컨대, 연구를 위해 녹음된 자료, 즉 상담자와 내담자의 언어 및 비언어적 반응들은 적절한 분석 도구(예를 들어, 상담자 및 내담자 언어반응 유목체계)를 통해 분류되고 유목화되어지므로, 이러한 분류된 유목들에 대해 적절한 통계적 분석을 가함으로써 상담과정상의 중요한 특징이나 패턴이 발견될 수 있다. 그리고 여기에서 발견된 상담과정상의 특징이나 패턴과 상담 성과와의 관계가 다시 분석되어진다.

이렇게 볼 때, 어떠한 분석도구를 가지고 상담과정상의 어떠한 측면을 어떻게 분석하여 그것을 상담성과와 어떻게 관련짓는지가 과정연구의 핵심적인 측면이 된다. 연구방법론의 발전으로 인해, 상담시간중에 오고간 상담자와 내담자의 겉으로 드러난 외현적 언어행동만을 분석하던 차원에서 나아가 최근에는 각각의 언어 반응에 내포된 정서적 느낌이나 내현적인 인지 내용 등도 분석할 수 있게 되었다. 따라서 과정연구를 통해 밝힐 수 있는 현상들의 폭이나 깊이가 그만큼 다양해지게 되었고, 이는 과정연구를 통해 상담의 중요한 특징들이 확인될 수 있고 나아가 바람직한 내담자 변화를 구성하는 상담의 본질적 요소를 밝힐 수 있게 되었음을 의미한다.

〈표 12-2〉 **상담과정연구의 실례——조성호(1992)의 연구**

조성호(1992)는 상담이 성공적이려면 상담자가 내담자에 비해 더 우월한 위치에서 더 많은 통제력과 영향력을 행사해야 한다는 헤일리(Haley, 1963)의 주장을 검토하고자 하였다. 이를 위해 27개의 초기 상담 회기들을 대상으로 펜만(Penman, 1980)이 고안한 도식을 사용하여 각각의 상담자 반응들을 대인권력과 대인관여 차원에서의 상대적 위치에 따라 분류하고, 어떠한 유형의 상담자 반응이 상담 효율성과 더 밀접한 관계가 있는지를 조사하였다. 상담 효율성은 진행된 회기의 순조로움과 깊이에 대한 내담자의 주관적 평가에 의해 측정되었다.

연구 결과, 대인권력 차원보다는 대인관여 차원이 내담자가 평가한 상담의 효율성과 더 밀접한 관계가 있다는 결과가 얻어졌다. 즉 상담자의 높은 대인권력 반응은 진행된 상담의 순조로움과만 유의미한 정적 상관을 보인 반면, 상담자의 긍정적인 대인관여 반응은 상담의 순로조움과 깊이 모두와 유의미한 정적 상관을 보이는 것으로 나타났다. 이 결과는 상담의 진행과정에 대한 상담자의 일방적인 통제력과 영향력 행사보다는 내담자에 대한 상담자의 대인적 또는 정서적 태도가 초기 상담의 회기 성과에 더 깊게 관련됨을 시사하는 것으로 해석된다.

연구 결과들이 축적되어 감에 따라 상담과정을 바라보는 시각도 그만큼 다양해지게 되었는데, 그 중에서도 가장 주목을 끄는 것이 상담자와 내담자 사이의 상호작용을 강조하는 것이다. 이러한 시각의 기본적인 가정은 바람직한 내담자 변화는 상담자와 내담자 사이의 상호작용의 함수라는 것이다. 과정연구의 초기에는 상담자가 내담자에게 어떤 영향을 미치는지 혹은 내담자가 상담자에게 어떤 영향을 미치는지와 같은 일방향적인 상담관계에만 초점을 맞추었다. 하지만 상담자의 반응은 선행하는 내담자의 반응에 대한 반응이며, 이같은 상담자의 반응은 다시 내담자의 반응에 영향을 준다. 즉 상담과정은 상담자가 내담자에게 영향을 미치고 내담자는 다시 상담자에게 영향을 미치는 양방향적이고도 역동적인 상호작용과정인 것이다. 이러한 시각을 통해 연구자들은 상담과정에 대한 더욱더 풍부한 지식을 축적할 수 있게 되었고, 그만큼 상담이나 심리치료 그 자체에 대한 이해의 폭도 더 넓어지게 되었다.

1954년에 상담 관련 학술지에 과정연구가 처음 소개된 이래로, 상담과정연구는 아직도 발전중에 있다. 물론 그러한 발전에는 성과연구에 대한 연구자들의 실망이 하나의 계기가 되었지만, 보다 직접적으로는 상담과정을 분석하는 방법의 발달에 힘입은 바 크다.

5. 상담연구의 발전과 전망

종전의 상담성과연구들에는 방법론적인 문제점들이 많았는데, 최근에 몇 가지 문제점들이 해소되고 있다. 힐과 코베트(Hill & Corbett, 1993)는 상담성과 연구에서 고려해야 할 몇 가지 방법론적인 문제점들을 지적하고 이에 대한 보완책들을 제시했다. 첫째, 상담성과에 대한 측정이 보완되어야 한다. 전통적으로 성과연구자들은 상담이 시작되기 전과 끝난 후에 내담자가 나타내 보이는 변화를 성과에 대한 주된 측정치로 삼아왔으나, 앞으로의 성과연구에서는 성과에 대한 측정치가 보다 세분화되고 다양해질 필요가 있다. 즉 보다 다양한 방법으로(예를 들어, 내담자의 주관적인 자기보고뿐 아니라 행동적 및 생리적 변화의 측정), 다양한 관점에서(예를 들어, 내담자, 상담자, 훈련된 외부 관찰자 및 내담자의 친지 등) 내담자 변화를 측정해야 하며, 그런 측정방법을 표준화시킬 필요가 있다. 둘째, 상담 처치의 주요 구성요소와 그것이 상담에서 실시되는 절차를 보다 상세히 기술할 필요가 있다. 기존의 성과연구들은 상담 처치를 그것이 주로 어떤 치료이론에 근거했는지에 의해서만 기술하는 경향이 있었다. 예를 들어, 우울한 내담자에 대해 벡(Beck)의 인지치료를 사용했다는 식이다. 그러나 만약 인지치료가 내담자의 우울 완화에 효과가 있는 것으로 검증되더라도 처치의 구성요소와 절차가 상술되어 있지 않으면 무엇의 효과인지가 분명하지 않을 수 있다.

셋째, 상담에서의 내담자 변화는 상담에서 사용되는 상담 처치 이외에도 여러 가지 요인들의 결과일 수 있다. 예컨대, 동일한 인지치료라 하더라도 그것을 사용하는 상담자가 초심자인 경우와 경험이 풍부한 상담자인 경우에는 나타나는 상담성과가 달라질 수 있다. 따라서 상담성과에서는 처치요인의 효과와 처치 이외의 요인의 효과를 구분해 낼 수 있어야 한다. 그러기 위해서는 상담자의 특성, 내담자의 특성 등과 같은 비처치요인들 또한 성과연구의 주요 변인으로 취급하는 것이 필요하다. 넷째, 성과연구의 결과 나타나는 통계적 의의에 연연하지 말고 그것의 임상적 의의에 보다 많은 관심을 기울일 필요가 있다. 예컨대, 불안에 대한 인지치료와 행동치료의 효과를 서로 비교하는 연구에서, 상담 후의 내담자의 불안 점수가 각기 10점과 13점이었다고 할 때 이 점수들은 통계적으로는 의의가 있을지 몰라도 임상적으로는 별다른 의의가 없을 수 있다. 따라서 실제 연구에서 상담성과를 객관적으로 수량화하는 것도 필요한 일이기는 하지만 그것의 임상적 의미 또한 고려의 대상이 되어야 하는 것이다.

앞에서도 이미 언급한 대로 성과연구들은 치료법들간의 공통점보다는 차이점에 더 많은 관심을 기울인다. 하지만 각 치료법들마다의 특수한 요소 이외에도 치료법들간의 공통적인 요소가 상담성과에 영향을 미칠 수 있으며, 이것이 바로 연구자들이 상담과정에 관심을 기울이게 된 이유이기도 하다. 따라서 앞으로의 상담연구는 성과연구에서 나타난 각 치료법들간의 차이점과 과정연구에서 나타난 여러 치료법들간의 공통적인 요소들을 함께 고려하는 방식으로 수행되어야 할 것이다. 즉 성과연구와 과정연구의 통합이 요구된다고 할 수 있다.

상담과정연구가 과거에 비해 많은 발전을 이루어 온 것은 사실이
지만, 여기에도 앞으로의 발전을 위해 몇 가지 고려해야 할 점들이
있다. 무엇보다도 과정연구에서는 상담과정중의 어떤 측면을 어떻게
측정할 것인가가 관건이 된다. 그리고 그러한 과정변인은 상담성과와
관련되는 것이라야 한다. 기존의 과정연구들이 상담을 이해하는 데
많은 도움을 준 것은 사실이지만, 고려되는 변인들이 상담과정의 특
정 부분에만 관심을 둔 것이거나 너무 지엽적인 것이어서 그 실제적
가치가 의심되는 연구들이 많은 실정이다. 과정연구에서 측정되는 변
인들은 상담이 추구하는 궁극적인 목표, 즉 상담성과와 관련이 있는
것이라야 하며, 그러기 위해서는 연구를 수행하기 전에 보다 체계적
인 방법으로 과정변인들의 의미를 검토할 필요가 있다.

요컨대, 앞으로의 과정연구는 한편으로는 측정방법의 객관화와
더불어 측정되는 과정변인들을 다양화함으로써 더욱 세분화된 분화
과정을 거칠 것으로 전망되며, 다른 한편으로는 그러한 다양한 과정
변인들을 체계화하고 조직화하는 통합과정을 거칠 것으로 보인다. 즉
기존의 단순한 발견지향적이고 기술적인 과정연구로부터 보다 이론
주도적이고 상담성과와 관련되는 방향으로 과정연구가 발전해 나갈
것으로 보인다. 그렇게 함으로써 과정연구에서 나타난 결과들이 보다
체계적인 방식으로 상담 실제에 응용될 수 있을 것이다.

한편, 한국에서의 상담연구는, 상담심리학 관련 석사학위 논문수
를 기준으로 하여 볼 때, 80년대 후반에 이르면서 급격히 증가하는
양상을 띠고 있다. 예를 들어, 1986년 이후 1992년에 이르기까지 상
담심리학 관련 석사학위 논문은 매년 약 26편 가량이 발표되고 있는
데, 이는 1971년 이후 1985년에 이르기까지 매년 약 10편 내외의 상
담관련 논문이 발표된 것과 비교하면 크게 증가한 것이다(참고로 최
근 10년간 서울대학교 심리학과 및 교육학과에서 발표된 석·박사 학위논
문들을 〈표 12-3〉에 제시하였다).

이는 한국심리학회 산하 상담 및 심리치료학회가 1987년에 임상 및 상담심리학 분과학회로부터 분리·독립한 것과 관련된 것으로 보인다. 즉 1980년대 후반은 한국에서 독자적인 상담관련 학회가 출범될 만큼 상담심리학에 대한 관련 전문가들의 관심이 증가한 시기로 볼 수 있다. 따라서 이 시기를 전후해서 상담심리학 관련 석사학위 논문수가 증가하였다는 것은 나름대로 이해가 가는 일인 것이다.

한국에서의 최근의 상담 관련 논문들의 내용을 살펴보면 몇 가지 특징이 나타난다. 우선, 치료집단 및 훈련집단을 포함하여 집단상담에 대한 연구가 거의 절반에 이른다는 것이다. 집단상담에 대한 연구 중의 대부분은 집단상담 경험이 내담자의 동기나 불안, 성격, 대인관계, 자아개념 등에 미치는 영향을 조사함으로써 성과연구의 양상을 띠고 있다. 하지만 몇몇 연구들은 개인상담의 과정연구의 흐름을 집단상담연구에 도입하여 집단상담과정을 보다 세부적으로 기술하고 설명하고 있다는 점에서 보다 진일보한 연구 경향을 보이고 있다.

한국에서의 최근의 상담 관련 논문들의 또 하나의 특징은 개인상담 분야에서 과정연구의 중요성이 부각되는 최근의 추세를 반영하여 상담과정에 대한 연구가 꾸준히 증가하고 있다는 것이다. 상담과정 연구는 독립변인으로 주로 상담자 변인과 내담자 변인 모두를 고려하는 경우가 많았으며, 종속변인으로는 내담자 변인을 많이 사용했다. 또한 상담자와 내담자의 관계 혹은 상호작용이 상담 효율성에 어떠한 영향을 미치는지에 관한 연구도 많이 수행되었다. 즉 한국에서의 과정연구는 대부분 상담자와 내담자의 특징을 고려하여 상담자와 내담자의 어떠한 특성들이 상담을 효과적으로 이끄는지를 연구하거나, 상담자와 내담자의 관계 혹은 상호작용이 상담 효율성과 어떤 관련성이 있는지를 연구하는 식으로 수행되었던 것이다. 집단상담 및 상담과정에 대한 연구 외에도, 상담기법, 종교와 관련된 상담연구, 우울 및 스트레스에 관한 연구 등이 한국에서의 석사학위 논문의 주된 연구내용이었다.

요컨대, 한국에서의 최근의 상담연구는 연구의 절대수 면에서 증가 양상을 보이고 있다. 또한 연구주제 면에서는 몇몇 주제들에 한정되는 경향이 있고, 연구접근 면에서는 상담에 대한 과정적 접근이 보다 부각되고 있는 것으로 특징지어진다.

〈표 12-3〉 **최근 10년간 서울대학교 심리학과 및 교육학과 상담관련 학위 논문**

발표자	학과(학위)	발표연도	논문 제목
조성호	심리(박사)	1997	내담자 저항과 내담자 반발성, 상담자 개입 특성 및 작업동맹과의 관계
유유정	심리(석사)	1997	초기 상담에서 상담자 역할에 대한 내담자의 선호와 예상
김봉환	교육(박사)	1997	대학생의 진로결정 수준과 진로준비행동의 발달 및 2차원적 유형화
유정이	교육(박사)	1997	한국 학생상담 형성과정 연구
이윤주	교육(석사)	1997	상담 수퍼비전의 과정과 성과간의 관계
신희천	심리(석사)	1995	내담자의 특성에 따른 상담 상호작용 패턴과 작업동맹과의 관계: 방어성과 자아강도를 중심으로
강혜영	교육(석사)	1995	상담자 경력에 따른 상담 협력 관계의 차이 분석
신을진	교육(석사)	1995	전화상담에서의 내담자 호소 유형에 대한 상담자의 상담 전략에 관한 연구
이재규	교육(석사)	1995	로저스 인간중심 상담에서의 존중의 의미
서혜경	교육(석사)	1995	상담자-내담자 지각 양식 매칭에 따른 초기 상담 평가
금명자	심리(박사)	1994	상담 단계와 내담자 체험 수준에 따른 상담자 개입 패턴의 즉시적 성과
김지은	심리(석사)	1994	초기 상담에서 상담자와 내담자의 언어적 상보성과 작업동맹과의 관계

발표자	학과(학위)	발표연도	논문 제목
손은령	교육(석사)	1994	상담회기내 주요 이벤트 전후의 상담과정에 관한 연구
문형춘	심리(석사)	1993	초기 상담에서 내담자-상담자 반응 연계 유형에 따른 즉시적 성과
심 온	심리(석사)	1993	내담자의 내외향성에 따른 주관적 반응과 상담자 의도와의 상호작용 분석
김원중	교육(박사)	1993	상담자 자아개방이 관찰자의 상담 평가에 미치는 영향──상담자의 성에 따른 차이를 중심으로
김동민	교육(석사)	1993	상담 초기 작업동맹 형성에 관한 상담자와 내담자의 언어 상호작용 연구
이상희	교육(석사)	1993	상담 회기 평가 질문지(Session Evaluation Questionnaire)의 타당화 연구
정문경	교육(석사)	1993	통제 차원을 중심으로 한 상담자와 내담자의 상호작용 유형과 상담성과와의 관계
조성진	교육(석사)	1993	상담자-내담자 언어 상호작용과 상담 성과의 관계: 힘의 상보성과 관여의 상응성을 중심으로
조성호	심리(석사)	1992	초기상담에서 대인권력과 대인관여에서의 상호작용 패턴과 상담 효율성과의 관계
이동귀	심리(석사)	1992	초기 상담 면접에서 상담자 반응의도/내담자 주관적 반응간의 연계단위와 상담 회기 효율성 지각간의 관계
김인규	교육(석사)	1992	상담 상호작용의 사례별 시계열 연구방법에 관한 고찰
김선경	교육(석사)	1992	상담자-내담자 초기 협조 관계의 지각과 언어 상호작용 유형과의 관계 분석
윤혜란	교육(석사)	1992	상담자 언어의 반응 구조화 정도와 내담자 반응 유형의 관계
최명숙	심리(석사)	1991	내담자의 주관적 반응에 대한 상담자의 주관적 지각일치성이 상담 효율성에 미치는 영향

발표자	학과(학위)	발표연도	논문 제목
방기연	심리(석사)	1991	상담 초기 작업동맹과 상담자 반응간의 관계
강신덕	교육(석사)	1991	상담 과정에서의 지배성과 상담 성과간의 관계: 두 사례 시계열 종단 연구
강선미	심리(석사)	1990	상담자의 처치 양식과 내담자의 자기-지각 확신 수준이 우울 완화에 미치는 영향
김정욱	심리(석사)	1990	초기 상담에서 화제 결정과 상담 효율성과의 관계
정남운	심리(석사)	1990	부정적 사건에 대한 귀인과 통제감이 우울에 미치는 영향
유정이	교육(석사)	1990	연계분석으로 본 언어 상호작용과 공감적 이해의 지각
구자경	교육(석사)	1990	촉진적 조건의 지각과 자기 탐색 반응 및 상담 효과간의 관계
이미경	심리(석사)	1989	상담자의 자기공개와 내담자의 자의식이 내담자의 자기공개 반응에 미치는 영향
임승환	심리(석사)	1989	선불교적 대면집단에서의 언어반응 추이와 자아개념 변화에 관한 연구: 동사섭 소집단 훈련을 중심으로
김수현	심리(박사)	1988	상담자의 언어 반응과 내담자의 친애욕구가 상담의 과정 변인에 미치는 영향
채계숙	심리(석사)	1988	내담자의 자기검색 정도에 따라 상담자의 자기공개 의도 및 상담자에 대한 개인적 호감에 미치는 영향
김순진	심리(석사)	1988	성취 및 대인 스트레스 상황에서 자기비판형-의존형 우울 취약성이 우울 정서에 미치는 영향
김현순	교육(석사)	1988	상담 단계별 상담자와 내담자의 언어반응과 내담자의 자기 반응 분석
유성경	교육(석사)	1988	상담자와 내담자의 언어적 상호작용과 상담의 효율성과의 관계

발표자	학과(학위)	발표연도	논문 제목
김정희	심리(박사)	1987	지각된 스트레스, 인지세트 및 대처방식의 우울에 대한 작용: 대학신입생의 스트레스 경험을 중심으로
정방자	심리(박사)	1986	정신역동적 상담과정에서의 상담자와 내담자의 언어반응 변화 분석
오경희	심리(석사)	1986	초기상담에서 상담자의 반응 의도가 내담자의 의도 지각 및 상담의 효율성 평가에 미치는 영향
전용오	교육(석사)	1986	소외 수준과 MMPI와의 관계
김창대	교육(석사)	1986	우울과 스트레스 대처방식

논문 작성 체험기

유 유 정

　　이제 나도 마침내 석사 논문을 완성했다. 남들 다 쓰는 그 흔한 석사 논문이건만, 나 개인으로서는 처음으로 해보는 일이라 그런지 결코 쉽지만은 않았다. 내가 논문을 쓴 과정을 돌이켜보니, 그 길지 않은 시간 동안에도 다른 사람들은 모르는 나만의 우여곡절을 겪으면서 여러 가지 생각을 했고, 난생 처음 내 이름을 내건 성과물(?)을 탄생시키는 과정 속에서 조금은 더 성숙해지지 않았나 싶다. 내가 논문을 쓴 과정은 결코 정석이라고 할 수는 없을 것 같다. 체계적으로 장기적인 계획을 세워 알찬 논문을 써 냈노라고 자신 있게 말할 수 있는 것과는 거리가 멀다. 단지 나와 비슷한 상황에서 논문을 쓰게 될지도 모르는 후배들에게 동병상련의 위로 내지는 타산지석의 조그마한 도움이 되기를 바라면서 나의 경험을 적어보고자 한다.

1. 주제 선정

　　내가 막상 논문을 쓰려고 하니까 선배들이 논문 쓰는 것을 옆에서 볼 때와는 실로 엄청난 차이가 있었다. 논문 쓸 시기가 되면 그간에 보고 듣고 공부한 것을 바탕으로 자연스럽게 주제가 떠오르고 연구를 시작할 수 있을 것이라고, 근거 없이 막연하나마 희망적인 기대

를 품고 있었던 터였다. 그런데 바로 그 시기가 닥쳤는데도 현실의
상황은 전혀 그 기대를 따라주지를 않았다. 대학원 생활을 특별히 불
성실하게 한 것 같지도 않은데 머릿속은 왜이리 허하기만 한지, 도무
지 짚이는 주제가 없는 것이었다. 주변에서 보면 논문 주제를 잡는
것에 그다지 어려움을 겪지 않는 경우도 종종 있는 것 같았다. 공대
같은 곳에서는 실험실에서 프로젝트를 하며 대를 이어가는 연구 줄기
가 있는 경우도 보았고, 또 어떤 똘똘한 대학원생들의 경우에는 대학
원 입학 때부터 나름대로 학문적인 관심 분야가 있어 야무지게 꾸준
히 준비해 온 사람들도 있는 것 같았다.

   이도저도 아닌 나는 막막함에 고민하다가 도서관에 가서 관련 분
야의 최근 잡지들을 무작정 뒤적이기 시작했다. 그리고 관심이 가는
제목의 논문들을 복사해서 읽어 보았다. 이렇게 논문들을 쌓아놓고
읽어보기는 했지만 막막함은 더해만 가는 듯했다. 제목은 재미있을
것 같았는데 내용은 제목의 인상과 동떨어진 경우도 많았고, 그 연구
자체는 좋지만 실제 내가 처한 연구 상황과 어떻게 접목시킬 수 있을
지 전혀 감이 안 오는 경우도 있었다.

   한동안 이처럼 뜬구름 잡기 식의 방황을 하다가, 이래서는 안 되
겠다 싶어서 우리 연구실 선배들의 논문들부터 읽어 보기로 하였다.
연구실 책장에 항상 꽂혀 있던 선배들의 논문이건만 발등에 불이 떨
어지고 나서야 제대로 읽어보는 셈이었다. 선배들의 논문의 주제와
연구의 방법론적 틀, 그리고 사용한 측정도구 등을 정리해 보면서 선
배들이 제한된 여건 속에서 대체로 어떤 식의 연구들을 했었는지 알
수 있었다.

   선배들의 논문을 살펴보고 나서 정보의 양은 조금 늘은 것 같았
지만 여전히 구체적인 생각은 잘 떠오르지 않았다. 나는 최근에 연구
가 많이 되었던 주제부터 좀더 자세히 알아보기로 하고, 외국 잡지에
서 그 주제에 대한 개관논문을 찾아서 읽었다. 상담관계를 다룬 그

개관논문은 나에게 큰 도움이 되었다. 단지 특정 주제에 대한 개관 뿐만이 아니라 그 주제가 최근에 부각되기까지의 배경에 대해서도 알 수 있었기 때문에, 연구 동향의 흐름을 파악하는 데 많은 도움을 주었다. 나는 그 개관논문을 꼼꼼히 읽으면서 작업동맹, 상보성 등 몇 가지 관심 포인트를 설정한 후 참고문헌에서 정보의 출처가 될 만한 논문과 책들을 찾아나갔다.

이후에 완전히 내 논문의 연구 틀을 확정짓기까지는 미로찾기 게임 혹은 탐정 실습과 같은 과정을 거쳤다고 할 수 있다. 몇 가지 단서를 놓고 실마리를 추적해 나가다가 막다른 골목에 부딪히면 진로를 수정하고, 큰 길에서부터 골목골목 물어 올라가다 보니 처음에 출발했던 곳과는 꽤 거리가 먼 지점에 와 있게 되었다. 결국 내가 논문의 주제로 선정한 것은 '상담에 대한 기대'로서, 중요한 도움이 된 개관논문이 다루었던 주제와 관련이 없지는 않지만 어느 정도 그 테두리를 벗어난 것이었다.

2. 연구계획의 구체화

주제를 잡고 나서도 연구계획을 구체화하기까지 희망과 낙담이 수없이 교차하는 것을 경험했다. 이렇게 저렇게 하면 되겠다고 혼자서 열심히 설계를 하며 서광이 비치는 듯하여 회심의 미소를 짓다가, 다음 순간 이것도 안 되겠구나 싶어서 기분이 곤두박질치곤 했다.

이런 과정 속에서 선배, 동료들과의 토론은 큰 도움이 되었다. 비현실적인 연구계획을 수정하는 데, 중요한 힌트를 얻는 데, 정보를 추적하는 데 있어서 선배들의 조언은 결정적인 기여를 하였다. 뿐만 아니라 내가 손에 넣을 수 없는 참고자료들을 구하는 데 있어서도 선배와 친지의 도움이 없었다면 연구 진행에 큰 차질이 있었을 것이다.

   처음에 내가 생각한 연구 물음은 상담에 대한 내담자의 기대에
따라 실제 상담의 언어반응 연계상에서 어떤 특징이 나타나는가, 그
리고 회기가 진행됨에 따라 상담에 대한 기대와 작업동맹이 어떻게
상호작용하면서 변화해 나가는가 하는 것이었다. 그러나 연구 물음이
너무 광범하고 애매하며 논리적 연관성이 부족하다는 선배들의 의견
을 듣고 연구의 초점을 축소시킬 필요가 있음을 인식하였다. 그래서
상담에 대한 내담자의 여러 가지 기대의 차원 중에서 상담자의 역할
에 대한 기대로 초점을 한정시키기로 하였다.

   그 다음에 내가 생각해 낸 연구계획은, 이 분야에서 고전적인 연
구라고 할 수 있는 아펠바움(Apfelbaum, 1958)의 연구에 나타난 세
가지 치료자 유형(양육적 치료자, 비판적 치료자, 모델로서의 치료자)에
대한 기대가 한국 대학생 내담자집단에서도 군집으로 확인되는지 검
토하는 것이었다. 또한 각 군집에서 구체적인 상담자 반응 유목에 대
한 기대는 어떤 특징을 보이는지 알아본 다음, 해당 반응 유목이 실
제 상담장면에서 구현되었을 경우, 내담자의 기대가 충족되는 정도와
상담효율성 및 조기종결과의 관계를 검증해 보려는 것이었다.

   그러나 이 계획도 토론과정에서 비현실적이라는 판정을 받고 말
았다. 세 가지 기대 군집이 나타나는가를 큐소트(Q-sort)를 사용하여
검증해 보려고 하였는데, 선배들의 의견은 실제 상담장면에서 이런
방법을 사용하는 것이 현실적으로 너무 어려울 뿐만 아니라, 제한된
여건에서 이런 식의 검증을 한다는 것이 내 능력으로는 불가능한 욕
심이라는 것이었다. 그리고 사용가능한 질문지를 구해보라고 충고해
주었다.

   그래서 내가 읽은 논문들 중 실제로 가장 큰 참고가 되었던 논문
에서 사용했던 도구인 버진스(Berzins, 1971)의 '심리치료 기대 질문
지'를 구해보기로 하였다. 그리고 그 질문지를 구하는 것을 전제로
생각해 본 연구계획은, 그 질문지가 국내에서 사용된 적이 없는 것이

므로 신뢰도 및 타당도를 확인하고 내담자의 특성과 관련된 다른 질
문지들과의 관련성을 알아본 후, 그 질문지를 사용해서 내담자의 기
대가 충족되는 정도와 상담효율성의 관계를 검토하고 한 회기에서의
현실 지각이 다음 회기의 기대에 어떤 영향을 미치는지 알아보려는
것이었다.

   그런데 그 질문지를 구하는 것이 생각처럼 쉽지가 않았다. 미국
에서 공부하고 있는 선배와 오빠에게 부탁하여 어렵게 어렵게 몇 주
만에 받아본 그 질문지는 막상 보고 나니 기대에 못 미치는 것이었
다. 그 질문지는 상담자의 관점과 내담자의 관점이 혼합되어 있어 연
구의 초점과 일치하지 않는 면이 있었을 뿐만 아니라, 시간이 촉박한
상황에서 번안과 신뢰도, 타당도 검증 작업도 제대로 하지 못할 것
같았다.

   연구계획안 발표일은 다가오고, 긴장과 불안이 고조되는 가운데,
나는 현실적으로 가능한 방법을 선택하기로 마음먹었다. 내가 사용하
기로 결정한 도구는 틴슬리, 워크맨과 카스(Tinsley, Workman &
Kass, 1980)가 개발했고 금명자(1991)가 번안하여 신뢰도 확인 작업
을 마친 '상담 기대 질문지'였다. 이 질문지 중에서 상담자의 역할에
해당하는 문항만을 고르고, 문항 내용은 그대로 두되 나의 연구내용
에 적합하도록 구성을 새로 하여 사용하기로 하였다.

   마침내 결정하여 발표한 연구계획안의 제목(지금은 논문 표지의
제목이 되었다)은 "초기상담에서 상담자 역할에 대한 내담자의 선호
와 예상"이었다. 내 연구에서는 상담자의 역할에 대한 내담자의 기대
를 선호 및 예상으로 구별하고 이 둘을 함께 평가하여 비교함으로써
두 개념의 차이를 검토하고, 역할에 대한 기대의 불일치와 초기 상담
성과의 관계를 검증하고자 하였다. 또한 상담 초기에서 선호의 변화
와 예상의 변화를 비교하고, 선호 및 예상과 지각된 현실과의 차이가
그 변화에 어떤 영향을 미치는지 알아보고자 하였다.

3.　자료 수집

　　연구의 틀을 정하고 나서 자료 수집으로 들어가니 또 다른 어려움이 기다리고 있었다. 상담연구의 특성상 자료 수집을 할 시간이 다른 분야에 비해서 많이 필요한데, 나의 경우에는 연구계획이 구체화된 시점이 늦었기 때문에 시간이 부족했다. 뿐만 아니라 실제 내담자를 대상으로 하는 연구였기 때문에 자료 수집의 진행상황을 통제할 수가 없었던 것이다. 제한된 시간에 필요한 자료의 양을 확보하기 위해서는 우리 학교 내의 상담소뿐만이 아니라 외부기관에서도 자료를 모아야만 했다. 그래서 선배님들이 일하고 계시는 기관들에 찾아가서 자료 수집을 부탁드렸다. 자료 수집을 시작한 이후로는 이곳저곳을 번갈아 쫓아다니느라 정신이 없었다.

　　자료 수집은 계획대로 잘 되지가 않았다(으레 그런 것이라고 선배들이 일러주었듯이). 가뜩이나 시간도 부족한데 내담자들은 꼬박꼬박 와 주지도 않았고 조기종결되기도 했으며, 여러 가지 측정치들 중에 누락되는 부분이 생기는 등 온전히 사용할 수 있는 사례 수는 부족하기만 했다. 자료 수집을 하면서 나는 현실과 이상의 괴리를 다시 한 번 절감하였으며, 욕심을 버리고 포기할 줄도 아는 인생공부(?)를 한 셈이다.

　　어쨌거나, 번거로움에도 불구하고 자료 수집을 도와주신 선배님들과 상담자분들, 그리고 귀찮은 질문지에 응답하느라 수고한 내담자들이 안 계셨다면 논문을 완성하지 못했을 것이다.

4. 자료 분석과 결과 발표

통계 처리에 필요한 사례 수를 확보하기 위해 기다리다 보니 자료를 분석해서 결과를 내놓을 수 있는 시간이 너무 부족했다. 더구나 통계에는 능숙한가 하면 전혀 아니었다. 대학원에 올라와서 통계 수업을 듣기는 했지만, 간신히 과제 제출과 시험 치르기에 급급한 수준으로 공부를 해놓은 상태였기 때문에 혼자서 통계 처리를 통째로 할 생각을 하니 깜깜하기만 했다. 그래도 어쩌겠는가. 논문을 완성하고 졸업을 하고야 말겠다는 일념으로 고3 때도 안하던 밤샘을 며칠이나 한 끝에 마침내 통계 처리를 해 내었다. 덕분에 통계 프로그램 짜는 실력은 진일보했다고 말할 수 있을 것 같다.

정신없이 통계 처리를 하는 동안의 느낌은 좋게 말하면 스릴 있고, 나쁘게 말하면 불안하기 짝이 없는 것이었다. 그렇게 애써서 모은 자료가 어떤 결과로 나타날까, 만약 가설과 너무나 동떨어지게 나오면 어떻게 하나 하는 불안감을 지울 수 없었다. 통계 결과가 안 나와서 결국 졸업이 다음 학기로 미루어졌다는 전례들이 자꾸 생각나서, 별이 뜨기를(통계상 유의미하면 별 표시가 나타난다) 간절히 빌었다.

비교적 다행스럽게도, 내 연구의 통계 처리 결과는 아주 깨끗하게 똑떨어지지는 않았지만(나는 이제 실제 연구에서 이런 결과를 바라지 않을 만큼은 현명해졌다) 혹시나 하고 걱정했던 것처럼 판이하게 이상한 결과는 나오지 않았다.

불분명한 부분이 없지 않았지만, 추가분석을 좀더 하고 논의를 잘하면 졸업은 할 수 있겠다 싶은 생각이 들었다.

며칠 밤샘을 해서 결코 말쑥하지 못한 몰골로, 부랴부랴 눈썹을 휘날리며 준비한 발표 자료를 가지고, 비록 헛점이 많아서 당연한 비판도 받기는 했지만, 아무튼 결과 발표를 하고 나니 안도의 한숨이

내쉬어졌다.

5. 끝맺는 말

　논문계획안 발표, 결과 발표, 논문 심사, 최종 수정과 제본 등 이
런저런 과정을 어렵사리 모두 거쳐서 결국 나는 논문을 끝마쳤다. 이
제 인쇄되어 나온 나의 석사 논문을 보는 내 심정은 흡사 못난 자식
을 보는 부모의 심정과 비슷하지 않을까 싶다. 깨물면 아프지만 남
앞에 내놓기에는 부끄러운, 그런 심정 말이다.

　지금까지 적었듯이 결코 모범적이지 못한 나의 논문 쓰기 체험을
바탕으로 후배들에게 조언을 몇 가지 해볼까 한다.

　첫째, 주제를 미리 정하라. 대학원 생활을 떠밀리듯 수동적으로
할 것이 아니라 대학원 입학 때부터 자신의 학문적 관심의 초점을 능
동적으로 찾아내어야 할 것이다. 물론 어떤 분야에 관심을 가진다고
해서 그것이 꼭 논문 주제와 직접적인 연관을 갖게 되는 것은 아닐지
도 모르지만, 좀더 깊이 있고 주체적인 공부에 틀림없이 도움이 될
것이다. 그리고 그런 식의 공부 태도를 대학원 생활 초기부터 가꾸어
나간다면, 논문을 쓸 시기쯤에는 자연스럽게 논문 주제를 선정할 수
있을 것이며, 허겁지겁 임시방편식이 아니라 내실 있는 연구를 계획
적으로 진행시킬 수 있을 것이다.

　둘째, 토론을 많이 하라. 선배나 동료들과 정기적인 세미나를 하
는 것은 물론이고, 세미나를 진행하는 방식에 있어서 자료의 내용 전
달에 치중할 것이 아니라 그 내용을 바탕으로 의견이나 의문점, 연상
할 수 있는 아이디어들을 서로 교환하라. 그런 과정 속에서 자신이
아는 것과 모르는 것을 확실히 구분할 수 있게 되고, 어떤 문제에 대
한 여러 사람의 다각적인 시각을 접해 봄으로써 사고의 영역을 넓혀

갈 수 있을 것이다.

셋째, 통계와 연구 설계에 대한 기초를 철저히 다져두라. 이런 공부는 한꺼번에 할 수 있는 것이 아니고 시간을 두고 차근차근 해야 하는 것이다. 동일한 연구 주제를 다룬다 하더라도 기본이 되는 방법 론을 얼마나 알고 있는가에 따라 연구의 충실성은 많은 차이가 날 수 있을 것이다. 또한 현실적인 측면에서, 같은 자료를 가지고도 통계에 대한 지식 및 실제 통계 프로그램 이용 실력의 수준에 따라 자료 분석의 깊이가 확연히 달라지기도 한다.

넷째, 논문을 쓸 때 어려움을 함께 나누고 서로 격려할 수 있는 좋은 동료를 마련(?)해 두라. 논문을 쓰는 과정은, 그 논문이 특별해서가 아니라 나로서는 처음 써 보는 것이기 때문에, 그리고 결국은 혼자 책임질 수밖에 없기 때문에 외롭고도 힘들다. 이런 동병상련의 정을 나눌 '논문 메이트(mate)'가 없다면 논문을 쓰는 길은 훨씬 더 춥고 험난할 것이다. 나의 경우 논문을 쓰는 고비고비마다 토론도 하고 하소연도 할 수 있는 훌륭한 논문 메이트가 있었기에 얼마나 큰 힘이 되었는지 모른다.

마지막으로, 내가 논문을 쓰면서 가장 크게 느낀 점은 사람이 결코 혼자 사는 것이 아니라는 것이다. 좀 거창하게 들릴지 모르지만 나는 정말 그것을 뼈저리게 느꼈다. 내가 얼마나 모자란 점이 많은가를 절실히 깨달았고, 주변 사람들의 도움이 얼마나 필요하며, 어려움에 처했을 때 작은 도움이라도 얼마나 고맙게 다가오는지를 새삼 알게 되었다. 그리고 나 자신도 앞으로는 내가 할 수 있는 한 주위 사람들에게 도움이 되기 위하여 노력하겠다는 다짐도 하게 되었다. 이 것이야말로 내가 석사 논문을 쓰면서 얻을 수 있었던 가장 값진 체험이 아닌가 생각한다.

참고문헌

강선미(1990). 상담자의 처치양식과 내담자의 자기-지각 확신 수준이 우울 완화에 미치는 영향. 미발표 석사학위 청구논문, 서울대학교.

권정혜(1991). 임상에서의 단일사례 실험연구법. 한국심리학회 편, 현장연구 **방법론 각론**. 서울: 성원사.

김계현(1991). 상담과정 연구에서 연계 분석의 이용. 한국심리학회 편, 현장 연구방법론 각론. 서울: 성원사.

김계현(1994). 상담심리학의 최근 경향. 한국심리학회 편, 심리학 연구의 최근 동향. 서울: 한국 심리학회.

김수현(1986). 상담자평가척도. 미발표논문.

김수현(1988). 상담자의 언어반응과 내담자의 친애욕구가 상담의 과정변인에 미치는 영향. 미발표 박사학위 청구논문, 서울대학교.

김영채(1993). 현대통계학. 서울: 박영사.

김인규(1992). 상담 상호작용의 사례별 시계열연구방법에 관한 고찰. 미발표 석사학위 청구논문, 서울대학교.

김정욱(1990). 초기상담에서 화제결정과 상담효율성과의 관계. 미발표 석사학위 청구논문, 서울대학교.

김정희(1987). 지각된 스트레스, 인지 세트 및 대처방식의 우울에 대한 작용. 미발표 박사학위 청구논문, 서울대학교.

김중술, 원호택 역(1988). 임상심리학. 서울: 박영사.

박영숙(1994). 심리평가의 실제. 서울: 하나의학사.

박현순(1996). 공황장애 환자의 인지특성: 신체감각에 대한 파국적 해석 가설의 검증. 미발표 박사학위 청구논문, 서울대학교.

손은령(1994). 상담회기내 주요이벤트 전후의 상담과정에 관한 연구. 미발표 석사학위 청구논문, 서울대학교.

신일철, 신중섭 역(1985). 현대의 과학철학. 서울: 서광사.

신혜경(1991). 상담자와 내담자의 사회문화적 배경에 따른 문제귀인양식과 상담 효율성 평정에 관한 연구. 미발표 박사학위 청구논문, 숙명여

자대학교.

윤관현(1982). 상담자의 면접행동에 대한 내담자의 접근, 공격, 회피 반응. 미발표 석사학위 청구논문, 서울대학교.

이동귀(1992). 초기 상담 면접에서 상담자 반응의도/ 내담자 주관적 반응간의 연계 단위와 상담 회기 효율성 지각간의 관계. 미발표 석사학위 청구논문, 서울대학교.

이민규(1991). 강박성향자의 정보처리적 특성: 기억출처의 변별과 인지적 통제. 미발표 석사학위 청구논문, 서울대학교.

이영호(1993). 귀인양식, 생활사건, 사건귀인 및 무망감과 우울의 관계: 공변량구조모형을 통한 분석. 미발표 박사학위 청구논문, 서울대학교.

이영희, 박외숙, 고향자(1996). 상담자-잠재적 내담자의 가치관 유사성과 기대되는 상담의 효과에 관한 연구. 한국심리학회지: 상담과 심리치료, 8, 27-45.

이장호(1995). 상담심리학. 서울: 박영사.

이정모(1988). 과학적 물음의 본질: 과학 철학적 관점들과 그 시사점. 한국심리학회편, 실험심리 연구법 총론. 서울: 성원사.

이정모(1988). 실험의 논리: 과학적 설명과 추론. 한국심리학회 편, 실험심리 연구법 총론. 서울: 성원사.

이혜숙, 조대경(1979). Q-sort에 의한 적용도의 평가. 학생연구, 15, 107-119, 서울대 학생생활 연구소.

조성호(1992). 초기상담에서 대인권력과 대인관여에서의 상호작용 패턴과 상담 효율성과의 관계. 미발표 석사학위 청구논문, 서울대학교.

조성호(1997). 내담자 저항에 영향을 미치는 상담요인에 관한 연구. 미발표 박 사학위 청구논문, 서울대학교.

차재호(1984). 동기진단검사. 전인교육연구소.

차재호(1988). 실험설계의 논리와 오류. 한국심리학회 편, 실험심리 연구법 총론. 서울: 성원사.

채계숙(1988). 내담자의 자기검색 정도에 따라 상담자의 자기공개가 내담자의 자기공개 의도 및 상담자에 대한 호감에 미치는 영향. 미발표 석사학위 청구논문.

하정혜(1994). 상담과정에서의 내담자 대인관계 패턴변화에 관한 시계열 복수 사례 연구. 미발표 석사학위 청구논문, 서울대학교.

홍대식(1993). 실험연구법. 서울: 양영각.

홍대식 편저(1994). 사회심리학. 서울: 양영각.

홍두승(1994). 사회조사 분석. 서울: 다산출판사.

Adams, H. E., & Hughes, H. H.(1976). Animal analogues of behavioral treatment procedures: A critical evaluation. In M. Hersen, R. M. Eisler & P. M. Miller(Eds.), *Progress in behavior modification. Vol. 3.* New York: Academic Press.

Anastasi, A.(1982). *Psychological testing.* New York: Macmilan Publishing Co.

Andersen, B., & Anderson, W.(1985). Client perceptions of counselors using positive and negative self-involving statements. *Journal of Counseling Psychology, 32,* 462-465.

Battle, C. C., Imber, S. D., Hoehn-Saric, R., Stohe, A. R., Nash, C., & Frank, J. D.(1996). Target complaints as criteria of improvement. *American Journal of Psychotherapy, 20,* 184-192.

Bergin, A. E.(1971). The evaluation of therapeutic outcomes. In A. E. Bergin & S. L. Garfield(Eds.), *Handbook of psychotherapy and behavior change.* New York: Wiley.

Bergin, A. E., & Garfield, S. L.(1976). *Handbook of psychotherapy and behavior change.* New York: Wiley.

Bergin, A. E., & Lambert, M. J.(1978). The evaluation of therapeutic outcomes. In S. L. Garfield & A. E. Bergin(Eds.), *Handbook of psychotherapy and behavior change.* New York: Wiley.

Beutler, L. E., & Crago, M.(1983). Self-report measures of psychotherapy outcome. In M. J. Lambert, E. R. Christensen & S. S. De Julio(Eds.), *The assessment of psychotherapy outcome.* New York: Wiley.

Bordin, E. S.(1965). Simplification as a research strategy in psychotherapy. *Journal of Consulting Psychology, 29,* 493-503.

Bordin, E. S.(1979). The generalizability of the psychoanalytic concept of working alliance. *Psychotherapy, 16,* 252-260.

Borenstein, M., & Cohen, J.(1988). *Statistical power analysis: A computer program.* Hillsdale, N.J.: Erlbaum.

Borgen, F. H.(1984). Counseling psychology. *Annual Review of Psychology, 35,* 579-604.

Campbell, D. T.(1969). Reforms as experiments. *American Psychologist, 24,* 409-412.

Campbell, D. T., & Stanley, J. C.(1963). *Experimental and quasi-experimental designs for research.* Chicago: Rand McNally.

Carkhuff, R. R.(1968). A "non-traditional" assessment of graduate education in the helping professions. *Counseling Education and Supervision, 8,* 252-261.

Cohen, J.(1988). *Statistical power analysis for the behavioral sciences.* Hillsdale, N.J.: Erlbaum.

Cook, T. D., & Campbell, D. T.(1979), *Quasi-experimentation: Design and analysis issues for field settings.* Boston: Houghton Mifflin, 1979.

Corrigan, J. D., Dell, D. M., Lewis, K. N., & Schmidt, L. D.(1980). Counseling as a social influence process: A review [Monograph]. *Journal of Counseling Psychology, 27,* 395-441.

Daniels, L. K.(1976). An extension of thought stopping in the treatment of obsessional thinking. *Behavior Therapy, 7,* 131.

Dell, D. M., & Schmidt, L. D.(1976). Behavioral cues to counselor expertness. *Journal of Counseling Psychology. 23,* 197-201.

Denker. P.(1946). Results of treatment of psychoneuroses by the G. P. *New York State Journal of Medicine, 46,* 2164-2166.

Dixon, D. N., Heppner, P. P., Petersen, C. H., & Ronning, R. R. (1979). Problem-solving workshop training. *Journal of Counseling Psychology, 26,* 133-139.

Dorn, F. J.(1986). *Social influence processes in counseling and psychotherapy.* Springfield, IL.: Charles C. Thomas.

Drew, C. F.(1980). *Introduction to designing and conducting research.* St. Louis: C. V. Mosby.

Edwards, B. C., Lambert, M. J., Moran, P. W., McCully, T., Smith, K. C., & Ellingson, A. G.(1984). A meta-analytic comparison of the Beck Depression Inventory and Hamilton Rating Scale for Depression as measures of treatment outcome. *British Journal of Clinical Psychology, 23,* 93-99.

Elliot, R.(1983). Fitting process research to the practicing psychotherapist. *Psychotherapy, 20,* 45-55.

Elliott, R.(1979). How clients perceive helper behaviors. *Journal of Counseling Psychology, 26,* 285-294.

Elliott, R.(1984). A discovery-oriented approach to significant events in psychotherapy: Interpersonal process recall and comprehensive process analysis. In L. N. Rice & L. S. Greenberg(Eds.), *Patterns of Change.* New York: Guilford Press.

Elliott, R.(1985). Helpful and nonhelpful events in brief counseling interviews: An empirical taxonomy. *Journal of Counseling Psychology, 32,* 307-322.

Erlebacher, A.(1977). Design and analysis of experiments contrasting the within — and between — subjects manipulation of the independent variable. *Psychological Bulletin, 84,* 212-219.

Exner, J. E., Jr.(1974). *The Rorschach: A comprehensive system.* New York: Wiley.

Eysenck, H. J.(1952). The effects of psychotherapy: an evaluation. *Journal of Consulting Psychology, 16,* 319-324.

Eysenck, H. J.(1961). The effects of psychotherapy. In H. J. Eysenck (Ed.), *Handbook of Abnormal Psychology.* New York: Basic Books.

Eysenck, H. J.(1966). *The effects of psychotherapy.* New York: International Science Press.

Eysenck, H. J.(1978). An exercise in mega-silliness. *American Psychologist, 33,* 517(Comment).

Feldman, D. A., Strong, S. R., & Danser, D. B.(1982). A comparison of paradoxical and nonparadoxical interpretations and direcrtives. *Journal of Counseling Psychology, 29,* 572-579.

Frank, J. D.(1961). *Persuasion and healing.* Baltimore: Johns Hopkins University Press.

Freud, S.(1916). Analytic therapy. In J. Strachey(Ed. and Trans.), *The standard edition of the complete psychological works of Sigmund Freud. Vol. 16.* London: Horgarth Press.

Gamsky, N. R., & Farwell, G. F.(1966). Counselor verbal behavior as a function of client hostility. *Journal of Counseling Psychology, 13,* 184-190.

Garfield, S. L.(1981). Evaluating the psychotherapies. *Behavior Therapy, 12,* 295-307.

Garfield, S. L.(1983). *Clinical psychology: The study of personality and behavior.* New York: Aldine Publishing Company.

Garfield, S. L., & Bergin, A. E.(1978). *Handbook of psychotherapy and behavioral change*(2nd eds.). New York: Wiley.

Garfield, S. L., & Bergin, A. E.(1986), *Handbook of psychotherapy and behavioral Change.*(3rd eds.). New York: Wiley.

Garfield, S. L., & Kutz, M.(1952). Evaluation of treatment and related procedures in 1,216 cases referred to a mental hygiene clinic. *Psychiatry Quarterly, 26,* 414-424.

Gelso, C. J.(1979). Research in counseling: Methodological and professional issues. *The Counseling Psychologist, 8,* 7-35.

Gelso, C. J.(1985). Rigor, relevance, and counseling research: On the need to maintain our course between Scylla and Charybdis. *Journal of Counseling and Development, 63,* 551-553.

Gendlin, E. T.(1979). Experiential psychotherapy. In R. Corsini(Ed.), *Current psychotherapies*(rev. ed.), Itasca, Illinois: F. E. Peacock.

Goldfried, M. R., & Padawer, W.(1982). Current status and future directions in psychotherapy. In M. R. Goldfried(Ed.), *Converging trends in psychotherapy.* New York: Springer.

Goldstein, A. P., Heller, K., & Sechrest, L. B.(1966). *Psychotherapy and the psychology of behavior change.* New York: Wiley.

Goodyear, R. K., & Benton, S.(1986). The roles of science and research in the counselor's work. In A. J. Palmo & W. J. Weikel (Eds.), *Foundation of mental health counseling*. Springfield, IL.: Charles & Thomas.

Greenberg, L. S.(1986). Change process research. *Journal of Consulting and Clinical Psychology, 54,* 4-9.

Greenwald, A. G.(1976). Within-subjects designs: To use or not to use? *Psychological Bulletin, 83,* 314-320.

Grice, G. R., & Hunter, J. J.(1964). Stimulus intensity effects depends upon the type of experimental design. *Psychological Review, 71,* 247-256.

Hay, W. M., Hay, L. R., & Nelson R. O.(1977). Direct and collateral changes in on-task and academic behavior resulting from on-task versus academic contingencies. *Behavior Therapy, 8,* 431-441.

Hays, W. L.(1994). *Statistics*(5th ed.). Orlando, Florida: Harcourt Brace College Pubrishers.

Heesacker, M., Elliott, T. R., & Howe, L. A.(1988). Does the Holland code predict job satisfaction and productivity in clothing factory workers? *Journal of Counseling Psychology, 30,* 180-187.

Heller, K. (1971). Laboratory interview research as an analogue to treatment. In A. E. Bergin & S. L. Garfield(Eds.), *Handbook of psychotherapy and behavior change*. New York: Wiley.

Heppner, P. P., & Claiborn, C. D.(1989). Social influence research in counseling: A review and critique [Monograph]. *Journal of Counseling Psychology, 36,* 365-387.

Heppner, P. P., & Dixon, D. N.(1981). A review of the interpersonal influence process in counseling. *Personnel and Guidance Journal, 59,* 542-550.

Heppner, P. P., & Krauskopf, C. J.(1987). Three approaches to research training in counseling. *The Counseling Psychologist, 15,* 371-447.

Heppner, P. P., Kivlighan, D. M., Wampold, B. E.(1992). *Research design in counseling*. Belmont, California: Wadsworth.

Hermansson, G. L., Webster, A. C., & McFarland, K.(1988). Counselor deliberate postural lean and communication of facilitative conditions. *Journal of Counseling Psychology, 35,* 149-153.

Hill, C. E.(1982). Counseling process research: Philosophical and methodological dilemmas. *The Counseling Psychologist, 8,* 7-20.

Hill, C. E., & Corbett, M. M.(1993). A perspective on the history of process and outcome research in counseling psychology. *Journal of Counseling Psychology, 40,* 3-24.

Hill, C. E., Cater, J. A., & O'Farrell, M. K.(1983). A case study of the process and outcome of time-limited counseling. *Journal of Counseling Psychology, 30,* 3-18.

Hill, C. E., Nutt, E. A., & Jackson, S.(1994). Trends in psychotherpy process research: Samples, measures, researchers, and classic publications. *Journal of Counseling Psychology, 41,* 364-377.

Johnson, D. W.(1971a). Effects of warmth of interaction, accuracy of understanding, and the proposal of compromises on listener's behavior. *Journal of Counseling Psychology, 18,* 207-216.

Johnson, D. W.(1971b). Effects of the order of expressing warmth and anger on the actor and the listener. *Journal of Counseling Psychology, 18,* 571-578.

Johnson, D. W., & Noonan, M. P.(1972). Effects of acceptance and reciprocation of self-disclosures on the development of trust. *Journal of Counseling Psychology, 19,* 411-416.

Kagan, N.(1975). Influencing human interaction: Eleven years with IPR. *Canadian Counselor, 9,* 44-51.

Kazdin, A. E.(1980). *Research design in clinical psychology.* New York: Harper & Row.

Kazdin, A. E.(1982). *Single-case research design: Methods for clinical and applied settings.* New York: Oxford University Press.

Kendall, P. C., & Nortonford, J. D.(1982). *Clinical psychology.* John Wiley & Sons.

Keppel, G.(1982). *Design and analysis: A researcher's handbook.* New

Jersey: Prentice-Hall.

Keppel, G., & Saufley, W. H., Ir.(1980). *Introduction to design and analysis: A student's handbook.* San Francisco: W. H. Freeman.

Kerlinger, F. N.(1986). *Foundations of behavioral research.* New York: Holt, Rinehart & Winston.

Kerlinger, F. N., & Pedhazur, E. J.(1973). *Multiple regression in behavioral research.* New York: Holt, Rinehart and Winston.

Kiesler, D. J.(1966). Some myths of psychotherapy research and the search for a paradigm. *Psychological Bulletin, 65,* 110-136.

Kim, K. H.(1988). A sequential analysis of counseling interview. Oregon: University of Oregon.

Kraemer, H. C., & Thieman, S.(1987). *How many subjects?: Statistical power analysis in research.* Newbury Park, CA.: Sage.

Lambert, M. J., Bergin, A. E., & Collins, J. L.(1977). Therapist-induced deterioration in psychotherapy, In A. S. Gurman & A. M. Razin (Eds.), *Effective psychotherapy: A handbook of research.* New York: Pergamon Press.

Lambert, M. J., Hatch, D. R., Kingston, M. D., & Edwards, N. C. (1986). Zung, Beck, and Hamilton rating scales as measures of treatment outcome: A meta-analytic comparison. *Journal of Consulting and Clinical Psychology, 54,* 54-59.

Lambert, M. J., Shapiro, D. A., & Bergin, A. E.(1986). The effectiveness of psychotherapy. In S. L. Garfield & A. E. Bergin(Eds.), *Handbook of psychotherapy and behavior change.* New York: Wiley.

Landis, C.(1937). A statistical evaluation of psychotherapeutic methods. In L. E. Hinsie(Ed.), *Concepts and problems in psychotherapy.* New York: Columbia University Press.

Lichtenberg, J. W., & Heck, E. J.(1986). Analysis of sequence and pattern in process research. *Journal of Counseling Psychology, 30,* 615-618.

Luborsky, L., Singer, B., & Luborsky, L.(1975). Comparative studies of psychotherapies. *Archieves of General Psychiatry, 32,* 995-1008.

Meador, B. D., & Rogers, C. R.(1984). Person-centered therapy. In R. Corsini(Ed.), *Current psychotherapies*. Itasca, Illinois: F. E. Peacock.

Meara, N. M., Schmidt, L. D., Carrington, C. H., Davis, K. L., Dixon, D. N., Fretz, B. R., Myers, R. A., Ridley, C. R., & Suinn, R. M. (1988). Training and accreditation in counseling psychology. *The Counseling Psychologist, 16*, 366-384.

Meltzoff, J., & Kornreich, M.(1970). *Research in psychotherapy*. New York: Atherton Press.

Metze, L. P., Craig, J. C., & Martray, C.(1977). Critical factors that predict performance in undergraduate psychology methods class. Paper presented at the meeting of the American Psychological Association, San Francisco.

Milliken, R. L., & Kirchner, R., Jr.(1971). Counselor's understanding of student's communication as a function of the counselor's perceptual defense. *Journal of Counseling Psychology, 18*, 14-18.

Mintz, J., Auerbach, A. H., Luborsky, L., & Johnson, M.(1973). Patients', therapists' and observers' view of psychotherapy: A "rashomon" experience or a reasonable consensus. *British Journal of Psychology, 46*, 83-89.

Munley, P. H.(1974). A review of counseling analogue research methods. *Journal of Counseling Psycology, 21*, 320-330.

Murphy, K. C., & Strong, S. R.(1972). Some effects of similarity self-disclosure. *Journal of Counseling Psychology, 19*, 121-124.

Newman, F. L.(1983). Therapist's evaluation of psychotherapy. In M. J. Lambert, E. R. Christensen & S. S. EdJulio(Eds.), *The assessment of psychotherapy outcome*. New York: Wiley.

Nezu, A. M.(1986). Efficacy of a social problem-solving therapy approach for unipolar depression. *Journal of Consulting and Clinical Psychology, 54*, 196-202.

Patterson, G. R., & Forgatch, M. S.(1985). Therapist behavior as a determinant for client noncompliance: A paradox for the behavior modifier. *Journal of Consulting and Clinical Psychology, 53,* 846–851.

Petty, R. E., & Cacioppo, J. T.(1986). *Communication and persuation: Central and peripheral routes to attitude change.* New York: Springer-Verlag.

Postman, L., & Riley, D. A.(1957). A critique of Kohler's theory of association. *Psychological Review, 64,* 61–72.

Rachman, S. (1971). *The effects of psychotherapy.* Oxford: Pergamon.

Rachman, S. (1973). The effects of psychological treatment. In H. Eysenck(Ed.), *Handbook of abnormal psychology.* New York: Basic Books.

Rachman, S. J., & Wilson, G. T.(1980). *The effects of psychological therapy.* New York: Pergamon.

Rice, L. N., & Greenberg, L. S.(1984). The new research paradigm. In L. N. Rice & L. S. Greenberg(Eds.), *Patterns of change,* New York: Guilford Press.

Rogers, C. R., & Dymond, R. F.(1954). *Psychotherapy and personality change.* Chicago: University of Chicago Press.

Rosenthal, R., & Rosnow, R. L.(1969). The volunteer subject. In R. Rosenthal & R. L. Rosnow(Eds.), *Artifact in behavioral research* (pp. 61–118). New York: Academic Press.

Rosenthal, R., & Rosnow, R. L.(1991). *Essentials of behavioral research: Methods and data analysis*(2nd ed.). New York: Mc-Graw-Hill.

Rosenzweig, S.(1954). A transvaluation of psychotherapy: A reply to Eysenck. *Journal of Abnormal and Social Psychology, 49,* 298–304.

Sanford, N.(1953). Psychotherapy. *Annual Review of Psychology, 4,* 317–342.

Schmidt, L. D., & Strong, S. R.(1971). Attractiveness and influence in counseling. *Journal of Counseling Psychology, 18,* 348–351.

Simkin, J. S., & Yontef, G. M.(1984). Gestalt therapy. In R. Corsini (Ed.), *Current psychotherapies*(3rd ed.). Itasca, Illinois: F. E.

Peacock.

Smith, M. L., & Glass, G. V.(1977). Meta-analysis of psychotherapy outcome studies. *American Psychologist, 32,* 752-760.

Smith, M. L., Glass, G. V., & Miller, T. I.(1980). *The benefits of psychotherapy.* Baltimore: The Johns Hopkins University Press.

Stiles, W. B.(1988). Psychotherapy process-outcome correlations may be misleading. *Psychotherapy, 25,* 27-35.

Stiles, W. B., Shapiro, D. A., & Firth-Cozens, J. A.(1988). Do sessions of different treatments have different impacts? *Journal of Counseling Psychology, 35,* 391-396.

Strohmer, D. C., & Newman, L. J.(1983). Counselor hypothsis-testing strategies. *Journal of Counseling Psychology, 30,* 557-565.

Strong, S. R.(1968). Counseling: An interpersonal influence process. *Journal of Counseling Psychology, 15,* 215-224.

Strong, S. R.(1971). Experimental laboratory research in counseling. *Journal of Counseling Psychology, 18,* 106-110.

Strong, S. R.(1984). Reflections on human nature, science, and progress in counseling psychology. *Journal of Counseling Psychology, 31,* 470-473.

Strong, S. R., & Dixon, D. N.(1971). Expertness, attractiveness, and influence in counseling. *Journal of Counseling Psychology, 18,* 562-570.

Strong, S. R., & Schmidt, L. D.(1970). Expertness and influence in counseling. *Journal of Counseling Psychology, 17,* 81-87.

Strong, S. R., & Taylor, R. G., Bratton, J. C., & Loper, R. G.(1971). Nonverbal behavior and perceived counselor characteristics. *Journal of Counseling Psychology, 18,* 554-561.

Strupp, H. H., & Hadley, S. W.(1977). A tripartite model of mental health and therapeutic outcomes: With special reference to negative effects in psychotherapy. *American Psychologist, 32,* 187-196.

Strupp, H. H.(1980a). Success and failure in time-limited psychotherapy: A systematic comparison of two cases-comparison 1. *Archives of General Psychiatry, 37,* 595-603.

Strupp, H. H.(1980b). Success and failure in time-limited psychothera-py: A systematic comparison of two cases-comparison 2. *Archives of General Psychiatry, 37,* 708-716.

Strupp, H. H.(1980c). Success and failure in time-limited psychothera-py: A systematic comparison of two cases-comparison 4. *Archives of General Psychiatry, 37,* 947-954.

Strupp, H. H.(1981). Clinical research, practice, and the crisis of confi-dence. *Journal of Consulting and Clinical Psychology, 49,* 216-219.

Strupp, H. H., & Howard, K. I.(1992). A brief history of psychothera-py research. In D. K. Freedheim(Ed.) *History of psychotherapy.* Washington, D. C.: American Psychological Association.

Tracey, T. J.(1986). Interactional correlates of premature termination. *Journal of Consulting and Clinical Psychology, 54,* 784-788.

Tracey, T. J., & Ray, P. B.(1984). Stages of successful time-limited counseling: an interactional examination. *Journal of Counseling Psychology, 31,* 13-27.

Wampold, B. E., & Kim, K. H.(1989). Sequential analysis applied to counseling process and outcomes: A case study revisited. *Journal of Counseling Psychology, 36,* 357-364.

Webb, E. J., Campbell, D. T., Schwartz, R. C., & Sechrest, R. C.(1966). Unobtrusive measures: *Nonreactive research in the social sciences.* Chicago: Rand McNally.

Wiens, A. N.(1990). Structural clinical interview for adult. In G. Goldstein & M. Herson(Eds.). *Handbook of psychological assess-ment.* New York: Pergamon Press.

Zimbardo, P. G., & Ebbesen, E. B.(1970). *Influencing attitudes and changing behavior.* Reading, MA.: Addison-Wesley.

인명색인

사항색인

[집필진 약력]

이 장 호
서울대학교 심리학과 졸업
텍사스대학원(오스틴) 교육심리학과 박사(상담심리학 전공)
서울대학교 학생생활연구소장, 한국 카운슬러협회장, 한국 심리학회장 역임
현, 서울대학교 명예교수, 중국연변대학 (겸직)교수
　〈저서〉 상담심리학(박영사, 1995) 외 다수

김 순 진
서울대학교 가정관리학과 졸업
서울대학교 대학원 심리학과 박사
현, 서울심리상담연구소 소장, 상담심리전문가

정 남 운
서울대학교 심리학과 졸업
서울대학교 대학원 심리학과 박사
현, 가톨릭대학교 심리학과 교수, 상담심리전문가

조 성 호
서울대학교 심리학과 졸업
서울대학교 대학원 심리학과 박사
현, 가톨릭대학교 심리학과 교수, 상담심리전문가

상담의 연구방법
━━━━━━━━━━━━━━━━━━━━━━━━━━━
1997년　4월　10일　　초판발행
2014년　3월　10일　　중판발행

공저자　이장호 · 김순진 · 정남운 · 조성호
발행인　안 종 만
발행처　(주) **박영사**
　　　　서울특별시 종로구 평동 13-31번지
　　　　전화 (733)6771　FAX (736)4818
　　　　등록 1959. 3. 11. 제300-1959-1호(倫)

www.pybook.co.kr　e-mail: pys@pybook.co.kr
━━━━━━━━━━━━━━━━━━━━━━━━━━━
파본은 바꿔 드립니다. 본서의 무단복제행위를 금합니다.

정 가　15,000원　　　　　　　　ISBN 979-11-303-0085-6